DAIMLER–BENZ

Wo das Auto anfing

Werner Walz

# DAIMLER – BENZ
## Wo das Auto anfing

Stadler Verlagsgesellschaft Konstanz

Stadler Verlagsgesellschaft mbH Konstanz
4. Auflage 1986,
zum 100jährigen Jubiläum von Daimler-Benz neu bearbeitet



ISBN 3-7977-0146-2

## Inhaltsübersicht

Benz „Patent-Motorwagen" 1886

*Daimler-Motorwagen, 1886*

*Vorhergehende Seiten: Links Karl Benz (1844–1929);
rechts Gottlieb Daimler (1834–1900).*

# 1 Kurzgefaßte Verkehrsgeschichte bis zu Ottos «Kapitalerfindung» 1878

Seit fünftausend Jahren, so klagen die Verkehrspioniere der Biedermeierzeit um 1830, seit den Zeiten Homers nämlich, habe sich im Verkehrswesen nichts geändert. Die Klage betraf in erster Linie den Zustand der Straßen. Denn das Rad, der Wagen, von Zugtieren gezogen, reicht als Erfindung und Erfahrung bis in die vorgeschichtliche Zeit zurück. Die Sumerer, vor den Ägyptern noch, kannten schon Streit-, Kampf- und Siegeswagen. Nicht abwegig scheint es, daß schon die Megalithkultur, von der wir nur die großartigen Tempel von Stonehenge und Malta einigermaßen erhalten vorfinden, Wagen und Räder kannte. Wir wissen aus der bildlich überlieferten Geschichte aus den ersten Jahrtausenden vor Christus, daß Esel, Maultiere und Pferde die Wagen zogen.

Doch am Zustand der Straßen hatte sich seither nichts geändert. Die Straßen, so scheint es, seien eher schlechter geworden. Die Kutschen kaum besser, vielleicht ein wenig bequemer.

Die Wasserwege, die Flüsse und Ströme, waren die meiste Zeit nicht benutzbar, einmal wegen Niedrigwasser, das andere Mal wegen Hochwasser. Auch waren die meisten Flüsse nicht kanalisiert, selbst der Rhein war nur bis Maxau schiffbar.

Tatsächlich: Der Zustand der Straßen war mindestens in deutschen Landen verheerend. Die Kunst des Straßenbaues, von den Römern auf eine hohe Stufe gebracht, war verloren gegangen. Man warf gröbsten Schotter und Bruchsteine auf unebenen, von Pfützen überzogenen Untergrund und überließ es den Fußgängern, den Reitern, den Kutschen und den Postwagen, aus den Steinen eine Straße zu machen.

Es gab wenige Ausnahmen, die ihre Gründe hatten. So zum Beispiel sorgte König Friedrich I. von Württemberg, König von Napoleons Gnaden, für gute Straßen, um sein neues Reich, das im Gefolge der napoleonischen Flurbereinigung doppelt so groß geworden war, fester zusammenzuhalten. Die gleichen Motive galten für Badens Großherzöge. Auch manche Städte legten Wert auf guten innerstädtischen Verkehr und pflasterten ihre Hauptstraßen, besonders die Residenzstädte, seien es die weltlicher oder geistlicher Fürsten.

Als einziges öffentliches Verkehrsmittel verkehrte in Deutschland die Thurn-und-Taxis-Post, über die Ludwig Börne eine Satire „Die deutsche Postschnecke" geschrieben hat. Dort kann man alle die Leiden der Fahrgäste nachlesen.

Es waren die Engländer, die im Zeichen aufblühender Industrien mit exakten Straßen und technisch vollendeten Kanälen, die sogar „durch die Lüfte" führten, für bessere Kommunikation sorgten.

Doch immer noch war es im wesentlichen das Pferd, das die Hauptlast des Verkehrs auf der Straße tragen oder ziehen mußte. Man züchtete stärkere, schnellere Pferde, sorgte durch Relaisstationen für Ablösung, doch blieben die langen Verkehrszeiten selbst über kurze Strecken im wesentlichen die gleichen. So bot sich wie von selbst der erste Arbeit verrichtende Automat, die Dampfmaschine, auch für die Kommunikation an.

Die Maschine hatte eine lange Entwicklungsgeschichte hinter sich, bis aus dem schwer zu bedienenden Ungetüm Newcomens unter den Händen des englischen Erfinders James Watt ein mit seinen Balancierstangen zappelndes Ungeheuer hervorging. Schon Watt versuchte, es auf Räder zu stellen; die letzte Fahrt des französischen Artillerieleutnants Cugnot mit seinem Geschützschlepper endete 1769 an einer Mauer, wo Mauer und Karren zerschellten. Doch erst dem unruhigen Mechaniker Trevithick gelang es um 1800, mit einer Dampfmaschine durch Dorfstraßen und endlich sogar durch London zu rollen. Schließlich – 1804 – setzte er das Fuhrwerk sogar auf Schienen, die in England erst in Gruben und dann in Fabrikhöfen für Kohlen- und Roheisentransporte schon lange benutzt worden waren. So entstand die Eisenbahn, die der Autodidakt George Stephenson zur Vollendung führte und damit dem guten Trevithick die Schau stahl. Als die ersten beiden Bahnen – Stockton–Darlington 1825 und Liverpool–Manchester 1830 – fuhren, da verkehrten zugleich auf den Straßen Englands eine große Anzahl von Dampfwagen, teils als Postdienste, teils als innerstädtischer oder Umlandverkehr. So hatte der Herzog von Wellington, Blüchers Mitstreiter in der Schlacht von Waterloo, eine Gesellschaft gegründet, die planmäßig Fahrten in Dampfwagen für London und Umgebung ausführte.

Es war in den dreißiger Jahren in England durchaus unentschieden, wer dieses Rennen zwischen ersten Eisenbahnen auf ihren Schienenwegen und den Dampfbussen auf den Straßen gewinnen würde. Doch da siegten die Investoren, die ihr gutes Geld in die Eisenbahnen gesteckt hatten, über die Straßenunternehmer. Sie brachten auch gute Gründe für ihren Antrag im Parlament vor, die Dampfwagenfahrten zu beschränken. Mehrmals nämlich waren durch unvorsichtiges Hantieren solche Kolosse umgefallen, Personen hatten Schaden genommen; Pferde an Fuhrwerken und Reitpferde wurden bei den unvermeidbaren Begegnungen auf der Straße durch Feuer, Rauch und Dampfwolken, aber auch durch das Geräusch erschreckt; es kam zu Unfällen.

So erging die Locomotive Act von 1836, wonach solche Lokomobile nur noch verkehren durften, wenn den Fahrzeugen ein Mann mit einer roten Fahne in einem Abstand von mindestens 54 Metern vorausginge. Damit war die Entwicklung einer Straßenfahrzeugmaschine, es gab bereits auch kleine Dampflokomobile für den privaten Verkehr, endgültig gestoppt. Sie war es noch 1878, als laut einem neuen Gesetz die Distanz zwischen Fahrzeug und warnender Person nur noch achtzehn Meter betragen sollte. Dieses Gesetz wurde erst 1896 nach einer Werbekampagne, an der auch Gottlieb Daimler als erster Direktor der neugegründeten Daimler Motor Company Ltd. aktiv teilnahm, in der Form aufgehoben, daß der Mann mit der roten Fahne aus dem neuen Gesetz verschwand und für derartige Straßenfahrzeuge zunächst eine Höchstgeschwindigkeit von 19,3 km/h zugelassen wurde. Von Daimler wird sogleich die Rede sein.

Deutschland, inzwischen das deutsche Kaiserreich, hatte für den Straßenverkehr keine derartig einschränkenden Gesetze. Zwar war seit 1835 das Eisenbahnnetz ausgebaut und dichter geknüpft worden. Dennoch lag noch längst nicht jeder Ort an einer Eisenbahnlinie, und in vielen Bundesstaaten bestanden erhebliche Lücken im Netz.

Die Finanzminister der Länder, in denen das Staatsbahnprinzip galt, wehrten sich gegen neue Linien, selbst wenn diese als Schmalspurlinien gebaut werden sollten. Denn je dünner das Verkehrsaufkommen, desto geringer wurde die „Rente“, wie man damals sagte, des Staatsbahnvermögens.

Andererseits hatten viele Staaten, als es sich herausstellte, daß die Eisenbahn alles was an ihrem Weg lag, zu „Gold machen“ würde (Friedrich List), den abseits wohnenden Bürgern versprochen, sie wenigstens durch feste Straßen zu entschädigen.

Es entsteht die Frage, warum in Deutschland nicht, wie dies in England der Fall gewesen war, wenigstens Dampfomnibusse für die nicht an der Bahn gelegenen Ortschaften eingesetzt wurden.

Gesetzliche Verbote gab es nicht. Einer der Gründe, warum das nicht geschah, ist zweifellos der geschilderte überaus schlechte Zustand der Straßen, der einen derartigen Verkehr jedenfalls in den ersten Jahrzehnten unmöglich machte. Erst nach den sechziger und siebziger Kriegen unternimmt auch in Deutschland der Straßenbau Anstrengungen, für eine bessere Kommunikation zu sorgen. Doch scheitern noch in den neunziger Jahren die ersten deutschen Omnibusverkehre, wie wir noch lesen werden, an den miserablen Straßenverhältnissen.

Zu jener Zeit beginnen auch die ersten Versuche, einen leichten, kleinen Motor zu schaffen, der vor allem in der Industrie, aber auch im mittelständischen Handwerk die immer noch gewaltige und umfangreiche, zugleich sehr teure Dampfmaschine ersetzen könnte.

Die schwere Gründerkrise der siebziger Jahre ist vorbei. Nach so vielen Konkursen und Zusammenbrüchen, vor allem der Eisenbahngesellschaften, wächst den Konstrukteuren und Erfindern wieder der Mut. Gerade auf dem Gebiet des Selbstbewegers sind Chancen; hier ist eine Marktlücke, über der wie im Märchen ein Zaubermantel liegt: Nur wenige sehen, was unter dem Zaubermantel steckt, aber nur vier Männer sind dazu berufen, die Lücke auszufüllen, die Welt zu ändern.

## Die Kapitalerfindung

Alle vier, Otto, Daimler, Maybach und Benz, beschäftigten sich mit dem stationären Gasmotor oder, wie er in der damaligen Fachliteratur heißt, mit der Gaskraftmaschine. Die Gaskraftmaschine ist der Oberbegriff für die Explosions- und Verbrennungsmaschinen sowie für die atmosphärischen Gaskraftmaschinen.

Auch die Gaskraftmaschine hat eine lange, bis ins achtzehnte Jahrhundert reichende Vorgeschichte, wobei nur die Versuche von Gerber (1791), Lebon (1799), Johnston (1841) und des zweifelhaften Reithmann (1858) erwähnt werden sollen. Lenoir präsentierte um 1860 eine Gaskraftmaschine, die er auch industriell verwertete. Als nachteilig erwies sich bei ihr ein hoher Gasverbrauch und eine nur unvollkommene elektrische Zündung, die zu häufigem Versagen führte.

Sie wurde abgelöst durch die 1868 konstruierte atmosphärische Gaskraftmaschine von Otto und Langen, die sehr sparsam war, aber durch ihr heftiges Explosionsgeräusch so lästig wurde, daß sie und mit ihr alle konkurrierenden Maschinen sofort verschwanden, als 1877/78 die Kompressionsmaschine von Otto, der berühmte Otto-Viertakter, auf der Bildfläche erschien.

Ottos Viertakter war die Kapitalerfindung (Kapital hier soviel wie umwälzend. Übrigens hat Beau de Rochas, ein Ingenieur der französischen Südbahn, 1862 in einer Schrift nebenbei den Viertaktmotor erwähnt und beschrieben. Er wurde nie gebaut.) von der Ferdinand Redtenbacher, Benz' Lehrer an der Polytechnischen Schule zu Karlsruhe – später Technische Hochschule – schwärmte. Er verstand darunter einen kleinen, leichten, überall einsetzbaren, mit Gas zu betreibenden Motor im Gegensatz zur Dampfmaschine. Der Otto-Motor bringt das Prinzip der Kompression der Ladung vor der Zündung im Arbeitszylinder zu einer gewissen Vervollkommnung. Es ist hier nicht der Platz, die genaue Abfolge und Konstruktion eingehend zu beschreiben, zumal alle Autofahrer in der Fahrprüfung darüber Auskunft geben können. Ein paar Stichworte genügen sicherlich, um das Geschehen wieder in das Gedächtnis zurückzurufen.

Der Viertaktmotor Ottos hat seinen Namen davon, daß der Kolben im Zylinder des Motors sich in vier Takten hin- und herbewegt, um einen Arbeitsvorgang zu vollenden. Nur der Kolbenvorgang, welcher der Explosion folgt, ist der eigentliche, Arbeit leistende Kolbenhub; die anderen drei dienen dem Ansaugen des Gemischs, dem Komprimieren und nach der Explosion dem Ausstoßen der Verbrennungsgase. Die entstehende Energie wird auf Kurbel und Schwungrad übertragen. Dies ist etwas vergröbert dargestellt das Prinzip aller Explosionsmotoren, die vier Takte besitzen.

Jedenfalls war der neue Otto-Motor ein Motor, der an Regelmäßigkeit des Laufs, geringer Störanfälligkeit und vor allen Dingen relativer Geräuscharmut alle anderen Motoren übertraf.

Hier taucht die Frage auf, warum Otto nicht seinen Viertakter, der an sich zunächst als stationäre Maschine gedacht war, auf Räder stellte. Es ist nicht sicher, und man kann in all den vorhandenen, belegenden Urkunden nichts darüber finden, ob Otto jemals daran gedacht hat. Wenn er es aber in Erwägung gezogen haben sollte (dem Vernehmen nach soll sich Otto sogar die Motorisierung des Verkehrs patentieren haben lassen), so stand dem von vorn-

2

*1 Preußischer Postwagen um 1840. Man beachte den Zustand der Straße.*

*2 Newcomens „einfach wirkende“ Dampfmaschine, die durch Watt verbessert wurde.*

*3 Dampfkarren des Artillerieleutnants Cugnot 1769. Konstruktionszeichnung.*

*4 Der Dampfkarren Cugnots in Betrieb (Liska).*

*5 Dampfwagen französischer Erfindung 1835. Man beachte die plumpen Räder und die schlechte Straße.*

*6 Englischer Dampfwagen mit Postkutschenaufbau.*

*7 Der Zeichner Liska stellt eine Dampfkalesche um 1840 vor.*

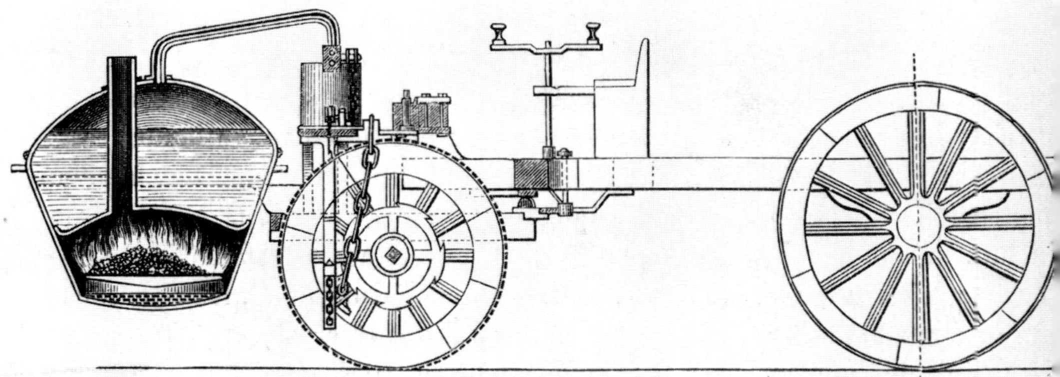

3

1

4

5

6

7

herein das hohe Gewicht dieses neuen Motors und seine geringe Umdrehungszahl im Weg. Auch war, wie später Daimler und Benz zu ihrem Kummer feststellen mußten, für eine solche mobile Maschine, also auf deutsch für ein Kraftfahrzeug, überhaupt keine Nachfrage da.

In einem technischen Abriß der Gasmotoren aus dem Ende des vergangenen Jahrhunderts heißt es, daß die Deutzer Gasmotorenfabrik, gestützt auf sehr weitgehende Patente, den gesamten Gaskraftmaschinenbau beherrschte. Zu der Zeit der Entwicklung des eigentlichen Viertaktmotors 1876 bis 1878 arbeiteten Gottlieb Daimler und Wilhelm Maybach in der Deutzer Gasmotorenfabrik. Daimler als Verantwortlicher für die Werkstätten und das Zeichenbüro und Maybach als Leiter der Konstruktionsabteilung.

Karl Benz war um die gleiche Zeit damit beschäftigt, seine „Eisengießerei und mechanische Werkstätte" in Mannheim vor dem geschäftlichen Zusammenbruch zu bewahren. Er wußte, daß seine augenblickliche Tätigkeit nicht seine Lebensaufgabe darstellen würde. Seine Gedanken gingen immer wieder zurück in die Jahre, in denen er an der Polytechnischen Schule studierte. Die Idee von der „Kapitalerfindung" ging ihm nicht aus dem Kopf.

Der Viertakter Ottos wird angekündigt, er steht unter weitgehendem Patentschutz. Aber es mußte möglich sein, dasselbe mit einem Zweitakter zu erreichen. Und dieser Zweitakter müßte mit den technischen Raffinessen versehen so leicht sein, daß man ihn in ein Fahrzeug einbauen könnte.

Hier ist übrigens der Punkt, an dem festzustellen ist, daß Benz niemals in Deutz gearbeitet hat, wie in einigen Biographien behauptet wird.

In einer Duplizität der Ereignisse reift bei Gottlieb Daimler die gleiche Idee. Sein Gedankengang führt allerdings noch weiter. Er denkt viel umfassender und progressiver in die Zukunft. Er hält den Viertakter für so entwicklungsfähig, daß man ihn nicht nur in Fahrzeuge, woran Benz in erster Linie denkt, sondern in alle Arbeitsgeräte einbauen kann. Ein Selbstbeweger für alle Arbeit leistenden Maschinen zu Lande, zu Wasser und in der Luft.

Die Zeit schreit gerade nach einem solchen Motor. Die Dampfmaschine war zu groß und schwer, rentabel nur für Großbetriebe. Wo gab es den kleinen Motor, der nicht von einer Gasanstalt abhängig war wie die üblichen Gaskraftmaschinen, der nicht rauchte und nicht rußte, keine Explosionsschläge von sich gab und bequem transportabel war?

In diesem Augenblick, in dem Otto, Benz und Daimler zusammen mit Maybach, die Ingenieure, eine Lösung ahnen und sie versuchen, ist es an der Zeit, diese vier Männer vorzustellen.

Denn die Geschichte der Motorisierung, dieser zweiten technischen Revolution im neunzehnten Jahrhundert, ist die Geschichte ihrer Pioniere und Erfinder. Sie heißen Otto, Daimler, Maybach und Benz.

## Wir stellen vor: Nicolaus August Otto, Gottlieb Daimler, Wilhelm Maybach und Karl Benz

### Nicolaus August Otto

Er ist der Mann, der als erster die Grundlage für die Arbeit der anderen drei schuf. Nicolaus August Otto (1832–1891) wurde als Sohn eines Gastwirts und Posthalters in Holzhausen/Taunus geboren. Nach dem frühen Tod des Vaters ermöglicht ein kleines, hinterlassenes Vermögen dem Sohn eine Schulbildung. Lehrjahre in einem dörflichen Warengeschäft enden mit einer zehnjährigen Tätigkeit als Handlungscommis auf Reisen, bei denen er Tee, Kaffee, Reis und Zucker, also Kolonialwaren, an seine Kunden verkauft.

Da hört er mit seinem Bruder Wilhelm zusammen von der Erfindung eines Franzosen namens Lenoir. Lenoir hat einen Gasmotor konstruiert, einen stationären Motor für das Handwerk und kleine Werkstätten, etwas, was dringend gesucht wurde. Während man für Dampfmaschinen eine Erlaubnis brauchte, ferner Raum für Kessel, Feuerung und Kohlenvorräte, endlich einen Heizer, der die Maschine betrieb, konnte man die Lenoirsche Maschine an die Gasleitung anschließen, die damals schon in weiten Bereichen auch in Deutschland gelegt war.

Die Gebrüder Otto dachten zunächst nicht an einen neuen Motor, sondern nur daran, den Lenoirschen Motor von der Gasleitung „abzuhängen", indem sie Versuche mit flüssigen Brennstoffen machten. Spiritus erschien ihnen am geeignetsten.

Ligroin, wie man das Benzin zuerst benannte, war zu feuergefährlich. Auch bekam man das Ligroin nur in kleinen Mengen in Apotheken.

Als die „Königlich Preußische Technische Deputation für Gewerbe" den Patentanspruch der Gebrüder Otto ablehnte, zog sich Bruder Wilhelm aus dem „Motorengeschäft" zurück: Ihm schwante, daß es noch viele Unannehmlichkeiten und wenig Erfolg bei dieser Sache geben würde. Das war 1861.

Es folgten viele Jahre der scheinbar nutzlosen Versuche; 1862 war Otto aus der Kaufmannsfirma ausgetreten. Seither verzehrte er sein kleines Vermögen als Erfinder. Er war Autodidakt im Gegensatz zu Daimler und Benz, die an einem Polytechnikum studiert hatten, oder auch vergleichsweise Maybach, der von seinem fünfzehnten Lebensjahr an eine intensive technische und zeichnerische Ausbildung erhalten hatte. Die Konstruktion einer verkaufsreifen atmosphärischen Gasmaschine kam zustande; sie erhielt auf der Weltausstellung Paris 1867 trotz gewisser Nachteile den Grand Prix, weil sie die Maschine war, die am wenigsten Energie verbrauchte.

Für Nicolaus August Otto war es ein großes Glück, daß er 1864 den Ingenieur Eugen Langen kennengelernt hatte. Mit ihm zusammen gründete er nach einigen Schwierigkeiten 1872 die „Gasmotoren-Fabrik Deutz AG".

## Gottlieb Daimler

Gottlieb Daimler ist am 17. März 1834 in Schorndorf im württembergischen Remstal geboren. Er entstammt einer angesehenen Handwerkerfamilie. Sein Vater ließ ihn nach Abschluß seiner Schulbildung zwei Jahre lang noch die Lateinschule besuchen. Dort allerdings interessierte sich der fleißige Schüler besonders für die mathematischen Fächer und fürs Zeichnen. Es gibt von Daimlers Hand reizende Skizzen der heimischen und exotischen Tierwelt.

Es sind die unruhigen 48er Jahre, die seinen ersten Beruf bestimmen. Unweit Schorndorf agiert der Glasfabrikant Gottlieb Rau aus Gaildorf in seiner republikanischen Zeitschrift „Die Sonne“ gegen den Adel und für Volkssouveränität. Seine Forderungen erinnern an den Bauernaufstand des „armen Konrad“, der sein blutiges Ende in der Stadt Schorndorf fand (1514). Auch 1848, in diesem Revolutionsjahr, das in Baden mit den Standgerichtsurteilen von Rastatt endet, geht es in Schorndorf heiß her. Bürgerwehren werden gegründet, Waffen gesammelt.

So beschließt man in der Familie Daimler, daß Gottlieb in diesen kriegerischen Zeitläuften bei dem Büchsenmacher Raithel in die Lehre gehen solle. Vier Jahre später entsteht das Gesellenstück Daimlers, eine doppelläufige, reich verzierte Pistole, mit dem er die Prüfung glänzend besteht.

Doch die handwerkliche Waffenherstellung hat keine große Zukunft. Um die Mitte des neunzehnten Jahrhunderts beginnt zugleich mit dem Siegeszug der Eisenbahn die große industrielle Revolution in Württemberg. Ihr leistet, so merkwürdig das zunächst klingen mag, der württembergische Pietismus Vorschub. Die „Stundenhälter“ oder Stundenleute, wie man sie auch nennt, haben aus der Bibel und ihrem Gewissen, ihrer Redlichkeit auch das Recht abgeleitet, „die Natur und das Forschen in ihr“ mit allem Ernst zu betreiben. Daß dabei etwas herausspringt, entspricht nur der schwäbischen Mentalität.

Für Gottlieb Daimler bedeutet das mehr als exakte Handwerkerei, sein Drang geht ins Große. Er weiß, daß er das Zeug hat, in der aufblühenden Industrie eine bedeutende, eine gestaltende Rolle zu spielen.

Die nächste Station Daimlers ist die gewerbliche Fortbildungsschule in Stuttgart. Über Ferdinand Steinbeis, den Gründer und Organisator eines staatlichen Gewerbeförderungsprogramms, erhält Daimler 1853 eine mit einem Stipendium verbundene Stelle in Grafenstaden (Elsaß), einer Maschinenbauanstalt, die sich hauptsächlich mit der Herstellung von Eisenbahnbedarf beschäftigt. Damals war das Elsaß französisch. Dort lernte er Friedrich Messmer kennen, einen ehemaligen Lehrer am Polytechnikum in Karlsruhe, der sich seiner besonders annahm. Im Elsaß eignete sich Daimler auch die ersten Fremdsprachenkenntnisse an. Er verließ Grafenstaden, als man dort 1856 den Lokomotivbau aufnahm, um sich für diese Aufgabe vor allem theoretisch weiterzubilden.

An der Polytechnischen Schule in Stuttgart begann er mit dem Studium in den beiden oberen Klassen. Physik und Chemie in ihrer Beziehung zur Technik, Maschinenbau, Geschichte, Volkswirtschaft und ein Lehrgang in Englisch, wichtig für den Aufenthalt im Pionierland der Technik, standen auf dem Stundenplan. Die Elektrotechnik allerdings fehlte damals noch.

1859 kehrt Daimler nach Grafenstaden zurück. Aber obwohl ihm der Betriebsleiter Messmer ein freundschaftliches Angebot macht, kann sich Daimler für den Lokomotivbau nicht erwärmen; noch in ungewissen Formen, doch in um so bestimmterer Richtung schwebt ihm die Lösung einer Aufgabe vor, die etwa der Kapitalerfindung Redtenbachers entspricht: die kleine Kraftmaschine, die jederzeit leicht einsatzbereit ist. Im Sommer 1861 verläßt er Grafenstaden und fährt nach Paris, das ihn schon lange lockt.

Dort war gerade die Werbung für den Lenoir-Motor angelaufen, und obwohl darüber nichts Sicheres bekannt ist, darf man annehmen, daß sich Daimler die Produktion dieses Motors angesehen hat. Inzwischen war ein Reisestipendium von Steinbeis in Stuttgart für England eingetroffen, und Daimler war glücklich, das Mutterland der Technik besuchen zu können. In Leeds, in Manchester und Coventry fand Daimler Arbeit und studierte zugleich Maschinenfabrikation, Gewindeherstellung und Schiffsbau. Mit dem Besuch der Weltausstellung in London 1862 schloß Daimler die britischen Impressionen ab.

Heimgekehrt fand er auf Veranlassung von Steinbeis und Emil Kessler, dem Gründer der Karlsruher Maschinenfabrik – Mitbegründer war Friedrich Messmer – und zugleich dem Initiator und Leiter der Maschinenfabrik Esslingen 1863 eine Anstellung beim „Bruderhaus Reutlingen“.

Das „Bruderhaus Reutlingen“, eine Gründung des schwäbischen Theologen Gustav Albert Werner (1809–1877), hieß „Gotteshilfe“ und war von dem an der sozialen Frage stark engagierten, ehemaligen Pfarrer Werner gegründet worden, um „der aufkommenden Industrie das Prinzip eines christlichen Sozialismus einzupflanzen“. Eine Maschinenfabrik, eine Papierfabrik und eine Holzbearbeitungsanstalt gehörten zu dem Unternehmen „Verein zum Bruderhaus“, das Vollwaisen, Verarmte und Behinderte beschäftigte. Die Maschinenfabrik war infolge ungeeigneter Führung in finanzielle Schwierigkeiten geraten, und man hatte sich an den als warmherzig bekannten Kessler um Hilfe gewandt.

Kommissarisch betraut gelang es Daimler, die Fabrik zu sanieren, und so wurde er kurzerhand zum Vorstand bestellt. Es sei schwierig gewesen, „die Verbindung zwischen christlichem Sozialismus und kapitalistischer Wirtschaftsführung“ herzustellen, bemerkte Daimler einmal rückblickend auf die sechs Jahre Tätigkeit im Bruderhaus.

So blieb ihm als positive Erinnerung nur die Tatsache, daß er während seines Aufenthaltes dort eine Frau und einen Freund fand. Die Frau, die er 1867 heiratete, hieß Emma Kurz und war die Tochter des Apothekers Kurz in Maulbronn.

1 *Atmosphärische Gaskraftmaschine von Otto und Langen 1868.*

2 *Nicolaus August Ottos Viertaktmotor 1876.*

3 *Nicolaus August Otto 1832–1891.*

4 *Das Geburtshaus von Gottlieb Daimler in Schorndorf im Remstal. Davor auf einem der ersten Daimlerwagen zwei Freunde des Erfinders, das Reitrad und der Mercedes-Benz Typ 380.*

5 *Tierskizzen aus Daimlers Hand. Zeichnungen aus seiner Schulzeit.*

6 *Gottlieb Daimler 1834–1900.*

7 *Wilhelm Maybach 1846–1929.*

8 *Das „Bruderhaus", die Wernersche Anstalt bei Reutlingen.*

9 *Karl Benz 1844–1929.*

2

3

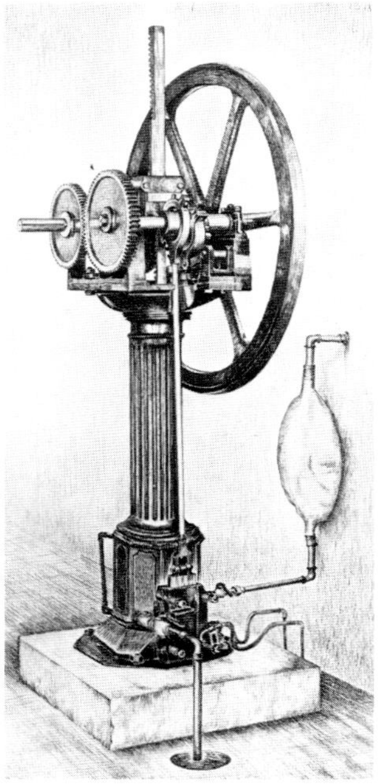

1

4

5

6

7

9

## Wilhelm Maybach

Der Freund hieß Wilhelm Maybach (1846–1929). Maybach, in Heilbronn geboren, ein Dutzend Jahre jünger als Daimler, entstammte einer Handwerkerfamilie aus Löwenstein bei Heilbronn. Zehn Jahre alt, verlor er Vater und Mutter kurz hintereinander, und so kam er ins Bruderhaus, das solche Vollwaisen, die in Not waren, bei sich aufnahm. Bei der technischen Schulung und Betreuung, die allen Insassen zuteil wurde, entdeckte man seine besonderen Fähigkeiten und steckte ihn ins technische Büro der Maschinenfabrik. Dort fiel er dem Vorstand Daimler auf durch seine hervorragenden Leistungen und durch eine besondere Erfinderbegabung.

Als Daimler nach dem Tode Kesslers im Juli 1869 zur Maschinenfabrik Karlsruhe, Kesslers Gründung, als Vorstand der Werkstätten überwechselte, nahm er kurzerhand Wilhelm Maybach aus Reutlingen mit. Von diesem Augenblick an trennen sich die Wege der beiden Männer nicht mehr bis zum Tode Daimlers 1900.

Die Arbeit in der Maschinenfabrik Karlsruhe war schwierig, weil die Fabrik in allen ihren Bereichen expandierte. Es erforderte Daimlers ganzes, schon bewährtes Organisationstalent, die Firma, die im wesentlichen Eisenbahnmaterial herstellte und zum Hoflieferanten der badischen Eisenbahnen, aber auch großer Baufirmen geworden war, durch die Kriegszeit von 1870/71 zu steuern.

In der Gasmotorenfabrik Deutz berieten nach dem siebziger Krieg und der sich anbahnenden Baisse die beiden Inhaber Otto und Langen über die Zukunft ihres Unternehmens. Sie entschlossen sich dazu, die Kapitaldecke zu vergrößern und zu diesem Zweck eine Aktiengesellschaft zu gründen. Grundlage war die verbesserte atmosphärische Gaskraftmaschine Ottos, die auf der Pariser Weltausstellung 1867 als die leistungsfähigste und sparsamste Maschine präsentiert wurde.

Die Werkstätten und das Zeichenbüro sollten einem erfahrenen Betriebsleiter unterstellt werden. Langen trug diesen Posten Daimler an, der sich in der noch jungen Welt der größeren Unternehmen bereits einen Namen gemacht hatte.

Daimler nahm an und machte zugleich zur Bedingung, daß Maybach als Leiter der Konstruktionsabteilung mit ihm angestellt werde. Maybach stellte insofern das Vorkommando in Deutz dar, als er dort den durch den Erfolg der atmosphärischen Maschine notwendig gewordenen Ausbau der Fabrikanlagen dirigierte, einen Ausbau, den Daimler zuvor mit Maybach besprochen hatte.

Daimler trat seine neue Stellung am 1. August 1872 an, Maybach vor ihm, am 1. Juli 1872.

Die Zeit in Deutz war für Daimler noch ungleich schwieriger als in Karlsruhe. Zwar gelang es, Ottos atmosphärischen Motor noch zu verbessern, doch stellte sich heraus, daß seiner Weiterentwicklung Grenzen gesetzt waren. Er war zu hoch und zu schwer, und wenn man ihn auf stärkere Leistung bringen wollte, mußte man schon bei 3 PS mit Höhen über vier Metern rechnen. Das war selbst für mittlere Handwerksbetriebe unzumutbar.

Das Verhältnis unter den leitenden Persönlichkeiten war von Anfang an gespannt. Die Stelle des Betriebsleiters hätte Otto gerne für sich in Anspruch genommen, doch Langen war dagegen.

Otto war ebenso wie Daimler leicht verletzlich, beide waren schwierige Naturen, wie dies bei Erfindern sozusagen zum Metier gehört. In den Streitigkeiten, bei denen es oft nur um Worte ging, die falsch interpretiert wurden, versuchte der bedächtigere und nicht gleich aufbrausende Langen zu vermitteln. Da Maybach als Gefolgsmann Daimlers galt, wurde er oft genug in die Mißhelligkeiten hineingezogen.

Immer deutlicher zeigte sich, daß der atmosphärische Motor die Grenzen seines Absatzes erreicht hatte; schon überstieg die Produktion den Absatz. Da greift Otto auf seine bewährten Versuche zurück, und Anfang Mai 1878 glückt die Konstruktion des Viertaktmotors.

Doch noch ist die Idee nicht völlig praxisreif. Daimler und Maybach als neu eingestellte Konstrukteure versuchen, die Probleme zu lösen, vor allem das Hauptproblem der Zündung.

Daimler erkennt, daß die Zündung mittels eines Steuerschiebers nicht ideal ist, der Motor wiegt immer noch viel zu viel und hat nur geringe Drehzahlen. So ist er für Daimlers weitgehendere Pläne nicht geeignet; dazu kommt, daß die psychologische Lage für ihn und Maybach immer unerträglicher wird. Wenn Daimler zunächst auch mit dem Gedanken gespielt haben mag, daß er seine Pläne mit dem Viertakter Langens und mit der Gasmotorenfabrik Deutz verbinden könnte, so wird ihm bei den zunehmenden Streitigkeiten immer mehr klar, daß hier seines Bleibens nicht sein kann.

Langen, auch Otto wissen, was sie an den beiden Ingenieuren haben; sie bieten Daimler die Gründung einer Filiale an, sie schicken ihn auf eine Rußlandreise.

Doch Daimler lehnt ab und nimmt die Kündigung entgegen.

Dem ebenfalls früher oder später von einer Kündigung bedrohten Maybach bietet Daimler an, selbst zu kündigen und dann mit ihm zusammen an anderem Ort den Motor zu bauen, von dem sie beide ahnen, daß er die Kapitalerfindung sein wird.

Als neuen Wohnsitz schlägt Daimler Maybach Cannstatt vor. Einen kleinen Vertrag, der Daimler Maybachs Mitarbeit sichert „für die Durchführung diverser Projekte und Probleme im maschinentechnischen Bereich, welche ihm von Herrn Daimler aufgetragen werden“, unterschreibt Maybach bereitwillig. Die Zusammenarbeit in Cannstatt ist gesichert.

Man hat schon gesagt, daß Daimler ein „Streitnickel“ war und daß es schwer gewesen sei, mit ihm zusammenzuarbeiten. Wer Daimlers ruhige und ausgeglichene Schrift gesehen hat, wer um die lange Freundschaft zwischen Daimler und Maybach weiß, dem ist klar, daß es Daimler nicht um Streit ging, daß es vielmehr die im Sachlichen unnachgiebige und bedingungslose Art war, die Daimler und sein Werk schließlich zum Erfolg führte. Bei erfolgreichen Erfindern stimmt das Sprichwort vom Klügeren, der nachgibt, eben gerade nicht. Sprichwörter enthalten immer nur einen Teil der Wahrheit.

**Karl Benz**

Der Vater von Karl Benz (1844–1929), Hanns Georg Benz, aus einer Handwerkerfamilie stammend, wird nach kurzem Start als Mechanikus in einer Zuckerfabrik 1843 Lokomotivführer beim Eisenbahnamt in Karlsruhe. Im Gefolge einer Hilfeleistung für einen unglücklichen Kollegen, dessen Lokomotive entgleiste, zieht sich der Vater eine Lungenentzündung auf dem Führerstand der damals noch offenen Maschinen zu und stirbt noch vor der Geburt des kleinen Karl.

1853 besucht Karl Benz das Gymnasium in Karlsruhe, Lyzeum genannt, und wie im Falle des Gottlieb Daimler bevorzugt auch Karl Benz die naturwissenschaftlichen Fächer, insbesondere die Physik. Durch Reparieren von Schwarzwälder Uhren verdient er sich ein kleines Taschengeld. Karl Benz ist von den bedeutenden Pionieren der einzige, der, wenn auch widerstrebend, Lebenserinnerungen mit Hilfe seines Schwiegersohnes, des Gymnasialprofessors Volk, verfaßt hat. Sein Memoirenschreiber Volk beschreibt in romantischem Ton, daß Benz bei seiner Arbeit an Uhren im Dachkämmerlein „die wundervolle Sprache, die ineinandergreifende Zahnräder miteinander reden", bestaunt habe.

Karl Benz zieht 1860 entgegen dem Wunsch der Mutter, die auf eine Beamtenlaufbahn setzt, das Studium der Ingenieurwissenschaften an der Polytechnischen Schule in Karlsruhe vor. Er hatte das Glück, dort hervorragende Lehrer anzutreffen: Ferdinand Redtenbacher, der das Wort von der noch ausstehenden „Kapitalerfindung" geprägt hat, und nach seinem Tode 1863 Franz Grashof, zwei Lehrer, denen die junge Ingenieurwissenschaft viel zu verdanken hat. Sie haben aus den tastenden Anfängen der ersten Pioniere, die oft Autodidakten waren, im Maschinenbau, vor allem auch im Lokomotivbau und im Motorenbau, eine lehrbare Wissenschaft gemacht, sie haben, um es in einem Bild zu sagen, aus den Hütten- und Maschinenmeistern, aus dem „Mechanikus" der vorindustriellen Zeit einen Maschineningenieur werden lassen.

Eine Arbeit leistende Wärmemaschine, die im Gegensatz zur Dampfmaschine ökonomischer wirkt und ein mäßiges Volumen besitzt, das hat sich als Ideal auch im Kopf von Benz festgesetzt.

Nach dem Abschluß am Polytechnikum trat Benz 1864 der damaligen Zeit entsprechend als Lehrling in die Karlsruher Maschinenfabrik ein. Nach drei anstrengenden Lehrjahren verließ er die Fabrik, in der der zehn Jahre jüngere Karl Benz beinahe seinen späteren Konkurrenten Gottlieb Daimler getroffen hätte. Denn zwei Jahre später übernahm Daimler, wie oben zu lesen, die technische Leitung der Maschinenfabrik.

1866 tritt Benz auf der Suche nach einem geeigneten Arbeitsplatz in eine Mannheimer Waagenfabrik ein. Er bringt es dort zum „Zeichner und Konstrukteur". 1869 gelingt es ihm, eine Stellung in einer Pforzheimer Brükkenbaufirma als Werkführer zu erlangen. Die Zeit in Pforzheim wird ihm besonders wichtig, weil er in der „Eintracht", einem Pforzheimer Verein, seine Lebensgefährtin, die zwanzigjährige Bertha Ringer, Tochter eines Baumeisters und Zimmermanns, kennenlernt.

Anfang 1871 – Benz war vom Militärdienst befreit – entschloß er sich, nachdem verschiedene Versuche, in anderen Firmen Fuß zu fassen, unter anderem in einer Eisenkonstruktionsfirma in Wien, fehlgeschlagen waren, auch unter dem Eindruck des glücklich verlaufenen Krieges gegen Frankreich und der damals ausgebrochenen Gründereuphorie, sich selbständig zu machen.

Heerscharen solch junger Ingenieure, teils mit polytechnischer Ausbildung, teils ohne, faßten damals solche Entschlüsse und versuchten sich in Fabrikgründungen.

Auch die 1873 ausgebrochene Krise, die viele Zusammenbrüche und manches Elend über Gründer und Geldgeber mit sich brachte, konnte diese vom Maschinenbau, aber auch von den Aufgaben des Hoch- und Tiefbaus begeisterten jungen Leute nicht erschüttern. Ihnen verdankte das Deutschland vor dem Ersten Weltkrieg seinen überraschenden Aufschwung und seine so rasch und glänzend erworbene Stellung als Weltmacht.

Karl Benz findet in dem jungen, nicht unvermögenden „Mechanikus" August Ritter einen Kompagnon und gründet mit ihm in der gewerbereichen, aufstrebenden Stadt Mannheim, die er von seiner Tätigkeit in der Waagenfabrik her kennt, eine Firma. Doch sehr bald gibt es unter den ungleichen Gesellschaftern Streit. Die Braut Bertha erreicht von ihrem Vater die Herausgabe ihres Heiratsgutes, Benz zahlt den Associé aus und wird so Alleineigentümer des Firmengrundstücks. Er firmiert nun als „Karl Benz, Eisengießerei und mechanische Werkstätte". Am 20. Juli 1872 werden Karl Benz und Bertha Ringer ein Paar.

Am 1. August 1872 beginnt Karl Benz in seiner mechanischen Werkstätte Baubedarfsteile, zum Beispiel Rohrschellen, zu produzieren. Bald merkt er, daß er am Bedarf deshalb vorbeiproduziert, weil infolge der Gründerkrise große und kleine Bauvorhaben gar nicht begonnen oder eingestellt, oder überhaupt aufgegeben werden. Sein kleines Vermögen schmilzt dahin, ein paar Freunde leihen, aber 1877 droht die Katastrophe, da Benz ein Darlehen von zweitausend Mark nicht zurückzahlen kann. Es steht ihm aufgrund eines Urteils die Zwangsversteigerung des Grundstücks bevor. Die Gläubiger halten sich zunächst einmal an das Inventar.

Karl und Bertha Benz sind verzweifelt. Sie wissen, daß nur so etwas wie die „Kapitalerfindung" des alten Redtenbacher ihnen helfen kann. Karl beschließt daher, einen

Motor zu bauen.

Benz, der den atmosphärischen Motor von Otto studiert und bewundert hat, erfährt vom neuen Patent Ottos auf den Viertakter. Er ist geschützt.

So also geht es nicht. Bleibt der Zweitakter. Er weiß nicht, daß ein gewisser Dugald Clerk in Glasgow ebenfalls einen Zweitakter baut, auf den er 1878 ein Patent erhält. Karl Benz' Motor unterscheidet sich von dem Clerks durch besondere Gas- und Luftpumpen. Bei ihm wird der Zylinder durch Frischluft von den Abgasen gereinigt, bevor das neue Gemisch eintritt. So vermeidet er die stets akute Explosionsgefahr. Handwerklich geschult baut Benz seinen Motor nach seinen Ideen, Zeichnungen, Skizzen und Plänen allein.

Endlich, es ist die letzte Nacht des Jahres 1879, ist der Motor fertig. Benz schildert die letzte Stunde dieses denkwürdigen Tages in dem getragenen Ton Professor Volks so:

*Cannstatt um 1855, Lithographie von Adam Gatternicht.*

„Nach dem Nachtessen sagte meine Frau: ‚Wir müssen doch noch einmal hinüber in die Werkstätte und unser Glück versuchen. In mir lockt etwas und läßt keine Ruhe.‘ Und wieder stehen wir vor dem Motor wie vor einem großen, schwer enträtselbaren Geheimnis. Ich drehe an. Tät, tät, tät!, antwortet die Maschine. In schönem, regelmäßigem Rhythmus lösen die Takte einer Zukunftsmusik einander ab. Über eine Stunde lang lauschen wir tief ergriffen dem einförmigen Gesang... Wir hatten das leibhaftige Glück an der Arbeit gesehen in unserer ärmlichen, kleinen Werkstätte, die an diesem Abend zur Geburtsstätte eines neuen Motors wurde. Lange noch standen wir aufhorchend im Hofe umher, und immer noch zitterte es verheißungsvoll durch die Stille der Nacht: tät, tät, tät!

Auf einmal fingen auch die Glocken zu läuten an. Silvesterglocken! Uns war's, als läuteten sie nicht nur ein neues Jahr, sondern eine neue Zeit ein, jene Zeit, die vom Motor den neuen Pulsschlag empfangen sollte.“

Schade, daß wir die Schilderung dieses Ereignisses nicht im Originalton Benz' besitzen.

*Daimlers Villa in der Taubenheimstraße in Cannstatt.*

# 2 Zwischenspiel im Gartenhaus: Cannstatt, Taubenheimstraße 13, im Juli 1882

Gottlieb Daimler ist mit seiner Frau Emma und fünf Kindern, Paul, Adolf, Emma, Martha und dem kleinen, gerade ein Jahr alten Wilhelm in sein Haus in der Taubenheimstraße in Cannstatt eingezogen. Er hat sich damit einen alten Jugendtraum erfüllt. Ein eigenes Haus in der Nähe der königlichen Residenzstadt Stuttgart, ein großer Garten, für die Kinder vor allem, und Platz für die Hausfrau und für ihn. Platz und Ruhe zum Nachdenken und Austüfteln. Es ist der Juli des Jahres 1882.

Es war ein reines Glück, daß er dieses Haus gefunden hatte. Zehn Jahre zuvor hatte es der Inhaber des Tuchhauses am Markt in Stuttgart, Schickhardt, in italienischem Stil erbauen lassen. Bald darauf starb er; für seine Witwe war es viel zu geräumig, sie verkaufte das große Anwesen für 75 000 Goldmark an Daimler.

Den Kaufpreis zu entrichten fiel Daimler nicht schwer, hatte er doch in den letzten Jahren in Deutz weit über 100 000 Goldmark jährlich verdient, – was man ihm dort jedoch mißgönnte.

Die Oberamtsstadt Cannstatt, heute als Bad Cannstatt ein Teil Stuttgarts, zählte zu jener Zeit etwa 20 000 Einwohner.

Zu beiden Seiten des Neckars gelegen, war Cannstatt eine beliebte und bekannte Badestadt mit zahlreichen, nach der Art des Wassers verschiedenen Mineralquellen und Kuranstalten.

Besonders die schönen Anlagen um den von König Wilhelm I. erbauten Kursaal, die zum Dank mit einem Reiterstandbild des Königs geschmückt sind, „erfreuen das Herz der zahlreichen Badegäste", wie es in einer Beschreibung aus jener Zeit heißt.

Vornehme Damen mit Sonnenschirm und Reifrock oder der feineren Krinoline lustwandelten in den Alleen. Man traf dort aber auch Herren mit steifem schwarzem Hut und Gehrock mit goldener Uhrkette am Bauch, das Trinkglas in der Hand. Ein Spazierweg durch die Platanenallee der unteren Anlagen führte vier Kilometer lang bis ins Herz der Residenzstadt Stuttgart.

Gottlieb Daimler ist jetzt 48 Jahre alt. Aus seinen vielfachen und erfolgreichen Tätigkeiten als Ingenieur, zuletzt bei der Gas-Motorenfabrik Deutz AG, hatte er sich ein beträchtliches Kapital auch in Wertpapieren angesammelt, mit dem er sich hätte zur Ruhe setzen können.

Er fühlte sich zwar müde und von den mannigfachen Schwierigkeiten der letzten Jahre – es hatte immer wieder Streit in der Firma gegeben – ziemlich erschöpft.

Nicht ohne Grund hatte er gerade Cannstatt ausgewählt. Von den berühmten Schwefelquellen erhoffte er sich Heilung und völlige Genesung. Zum Kursaal waren es ein paar Schritte. Der große Park des Bades grenzte unmittelbar an sein Grundstück, das riesengroß war und dessen Garten, parkähnlich angelegt, fast übergangslos in den Kurgarten mündete.

Hohe Buchen, Platanen, Linden und Kastanien spendeten für Garten und Haus Schatten vor der Hitze dieses Sommers; sie machten Cannstatts feuchtwarmes Neckartalklima erträglich.

Ganz besonders hatte es Gottlieb ein kleines Gewächshaus angetan, das nicht weit vom breiten Eingang in einiger Entfernung von der Villa lag. Gleich nach dem Kauf hatte er es zusammen mit seinem Freund, Landsmann und Mitarbeiter, dem Ingenieur Wilhelm Maybach, besichtigt und einen Umbau und eine Erweiterung beschlossen.

Ein kleiner Vorraum beherbergte ein Büro mit Schreibtisch und Kommode. Dort sollte sein Sekretär Karl Linck als Buchhalter sitzen. Die hohen und weiten Fenster der sich anschließenden Werkstatt ließen Licht herein. Eine breite Werkzeugbank mit Schraubstöcken nahm die eine Breitseite der Werkstatt ein. Gegenüber war eine Schmiede eingebaut mit Rauchfang, Amboß, Esse und Blasebalg; der Boden war mit Dielenbrettern belegt.

Im Garten selbst ließ Daimler einen kleinen Turm mit Trinkzimmer im Erdgeschoß – sein Tusculum – bauen, um sich in stillen, dem Nachdenken gewidmeten Stunden zurückziehen zu können. Die Trinkstube malte er selbst aus; oftmals versammelten sich dort auch Freunde, und Daimler, der gerne sang, stimmte mit in lustige Chöre ein. Grotten und Ruhesitze sorgten in dem Park, der nach hinten anstieg, für Unterhaltung.

Die in Cannstatt in den letzten Jahrzehnten entstandene Industrie hatte seinen Entschluß, hierher zu ziehen, noch bestärkt. Ganz in der Nähe lag die Maschinenfabrik Esslingen, zu der er als früherer Mitarbeiter des verstorbenen Direktors Emil Kessler eine engere Verbindung besaß. Einige Maschinenfabriken, die Glockengießerei Kurz, zu dessen Inhaber über seine Frau verwandtschaftliche Beziehungen bestanden, und verschiedene kleinere Werkstätten ließen hoffen, dort Modelle formen, gießen und bearbeiten zu lassen. Denn für größere und schwierigere Arbeiten war das Gartenhaus nicht eingerichtet.

Gottlieb Daimler hatte bekanntlich Wilhelm Maybach aus Deutz „mitgenommen“. Er hatte ihn seinerzeit, als er zum Leiter der Werkstätten und des Planungsbüros in Deutz berufen worden war, nach Deutz in das Konstruktionsbüro gerufen.

Damit war das „Schwabennest“, wie einige böswillige Deutzer Arbeitskollegen das Team Daimler-Maybach nannten, zwar in Deutz ausgehoben, aber dafür im Heimatland wieder neu begründet.

Die Werkstatt sollte nicht etwa einem Steckenpferd dienen. Schon sehr bald nach dem Umzug hörte man Geräusche aus dem ehemaligen Gartenhaus, und nach Maybachs Umzug im Oktober 1882 begannen dort beide Männer, zu planen und mit eigener Hände Arbeit eine Maschine zu bauen.

Das Konstruktionsbüro befand sich in Maybachs Wohnung in der Pragstraße 34 in Cannstatt. Da die eigentliche Werkstatt zu klein war, um die Einzelteile zu fertigen, ließ Daimler deshalb die Motorenteile in der Maschinenfabrik Esslingen, aber auch in der Glockengießerei Kurz oder in den Wagnerwerkstätten in Stuttgart herstellen.

Es war Gottlieb Daimlers Idee, die ihn unablässig verfolgte, an die er immerzu dachte: Es mußte möglich sein, einen leichten, schnell laufenden Benzinmotor zu bauen. Dieser Motor müßte so leicht sein, daß man ihn ohne weiteres in Kutschen, Lastkarren, Boote, Eisenbahn- und Straßenbahnwagen, ja sogar in Luftschiffe einbauen könnte.

Denn nach wie vor beherrschte der Dampfmotor das Feld des Verkehrs; die große Kommunikation, von der Friedrich List geträumt hatte, war da. Ein Netz von Eisenbahnlinien überspannte ganz Deutschland, ja den ganzen Kontinent. Aber die feinere Verteilung, der individuelle Verkehr, war nach wie vor auf dem Lande und seitab der großen Eisenbahnlinien auf das Pferd angewiesen.

Dampfwagen als straßenfahrende Autos gab es, Lokomobile genannt, sogar sehr schnelle, wie sich bei den ersten Rennen zeigen sollte. Doch sie waren plump, schwer zu steuern, und wer nicht beim Heizen schmutzig werden wollte, mußte sich einen Heizer, auf deutsch Chauffeur, leisten. Kohlen und Wasservorräte enormen Ausmaßes mußten mitgeführt werden.

Also war ein kleiner, leichter, aber leistungsfähiger Fahrzeugmotor vonnöten. Hier tat sich ein

Markt auf, den Gottlieb Daimler vor seinem geistigen Auge sah. Er sah buchstäblich seinen Motor, den Daimler-Motor, alles bewegen, was zu Lande, zu Wasser und in der Luft sich bewegen sollte. Der Motor konnte ebenso landwirtschaftliches Arbeitsgerät, etwa eine Egge oder einen Pflug, ziehen wie eine Feuerwehrpumpe betreiben, er konnte Kutschen bewegen, schneller und billiger als die Pferde im Stall, er konnte Schiffe durch die Flüsse stromaufwärts fahren und Luftschiffe am Himmel eine beliebige Richtung auch gegen den Wind steuern lassen.

Das alles tat sich vor seinen Augen auf, und er wäre kein Schwabe gewesen, wenn er nicht das große Geschäft, das im Automobil liegen konnte, zugleich gewittert hätte. Er würde es vielleicht nicht mehr erleben, aber daß es kommen würde, dessen war er sich sicher. Es würde nicht einfach sein, dieses Ziel zu erreichen. Von seinen bisherigen Arbeitsplätzen hatte er die Erfahrung mitgebracht, daß es Erfinder schwer haben. Wer auch, der nicht selbst Erfinder und erfahrener Ingenieur ist, kann im Anfangsstadium unterscheiden zwischen Erfindungen, die auf weite Sicht nützlich und daher gewinnbringend sind, und Erfindungen, die zwar geistreich, aber im Effekt sich als bloße Spielereien herausstellen?

Wir haben es gesehen: Händeringend baten Geldgeber, Mitarbeiter und Mitkonstrukteure sowohl Daimler an seinen Arbeitsorten wie auch Benz an anderen Arbeitsplätzen, ihre verrückten Ideen eines motorisierten Fahrzeuges aufzugeben, mit denen sie nur Zeit, Arbeitskraft und notabene fremdes Geld verschwendeten.

Auch die Marktsituation gab den Kritikern offensichtlich recht: Weder für Daimlers erste Benzinkutsche noch für Benz' Patent-Motorwagen interessierte sich, als sie 1886 geboren waren, auch nur *ein* ernsthafter Käufer.

Daß beide unverdrossen weiterarbeiteten – Benz am Rande des Konkurses, Daimler unter Aufbietung seiner letzten körperlichen Kraft –, das hat den Siegeszug des Automobils im zwanzigsten Jahrhundert in Bewegung gesetzt.

Die Rolle der Frauen der Erfinder wird später darzustellen sein; hier genügt es, zu sagen, daß die geniale Leistung der Erfinder ohne die Mithilfe ihrer Frauen nicht möglich gewesen wäre.

## Das war die Zeit ...

Um sich zu orientieren, in welchem Umfeld sich dies alles zutrug, so sei daran erinnert, daß in diesen Jahren der Generalpostmeister Stephan, nachdem er die Postkarte erfunden, auch den Fernsprecher bei der Post einführte. Die erste elektrische Straßenbahn wurde in Berlin von Siemens gebaut.

Das Welteisenbahnnetz hatte 371 000 Kilometer Länge, wovon auf Europa 168 983 Kilometer und auf Deutschland 33 838 Kilometer entfielen.

Über das Straßennetz gibt es keine zuverlässigen Angaben.

In Melbourne (Australien) findet eine Weltausstellung statt. Buffalo Bill reist mit seiner Wildwestshow durch Europa. In Argentinien ist Bürgerkrieg. Ibsen schreibt seine „Gespenster", Zola die „Nana".

Oswald Spengler wird geboren, und Dostojewski stirbt. Böcklin malt seine „Toteninsel". Koch, Möbius und Pasteur entdecken Krankheitserreger. Der Kölner Dom wird vollendet.

In der Frauenmode hat die Tournüre den Reifrock verdrängt; in der Männermode kommt zunehmend der Smoking auf.

## Daimler und Maybach bei der Arbeit

Ein kleiner, leichter Schnelläufer, der Arbeit verrichtet, das ist leichter gesagt als konstruiert. Da er in Fahrzeuge aller Art eingebaut werden sollte, mußte er auch robust sein. Robust waren Ottos Viertaktmotoren, so betrug das Gewicht des 10-PS-Otto-Motors über vier Tonnen! Es gab relativ leichte, schnell laufende Dampfmaschinen, doch kamen sie für dieses Daimlersche Vorhaben aus den schon erwähnten Gründen nicht in Betracht.

Aber Maybach war schon in Deutz aufgefallen, daß seine kleinen Modelle des Viertakters schneller liefen als die großen Maschinen. Ottos Viertakter hatte eine schiebergesteuerte Flammenzündung. Das war eine Art der Zündung, die höchstens 200 U/min zuließ. Auch war eine offene Flamme, wenn man Ligroin, also Benzin, verwendete, bei einem Fahrzeug sehr gefährlich.

Daimler und auch Maybach stellten sich aber mindestens das drei- oder vierfache dieser Umdrehungszahl vor. Nur, wie war es zu erreichen? Die elektrische Zündung schied aus: Otto hatte das schon versucht und den Versuch wieder aufgegeben. Der Batteriesatz war zu schnell leer und mußte rasch wieder bestückt werden. Das war bei einem Fahrzeug damals, vor allem unterwegs, unmöglich.

Auch Siemens, an den man sich wandte, wußte zunächst keine Lösung. Die Lenoirsche Zündung schied wegen Unzuverlässigkeit aus.

Während sich Daimler Gedanken über die Wärmeisolation und vor allem über die Möglichkeit einer Selbstzündung machte, wurde Maybach von Daimler auf die Spur schon vorhandener Wärmekraftmaschinen gesetzt.

Aus seinem Notizbuch ergibt sich, daß Maybach über tausend Patentschriften des In- und Auslandes studierte, auch die einschlägige Literatur. Vor allem suchte er nach Zündungsverfahren. Er stieß dabei auf das Patent eines gewissen Funck aus Aachen, das erloschen war.

Langen und Daimler kannten Funck, der sich einmal um Anstellung in der Gas-Motorenfabrik beworben hatte. Es war aber nichts daraus geworden. Dann bot Funck sein geschütztes Verfahren an, und beide Männer besuchten ihn in Aachen. Doch was er ihnen anbot, gefiel ihnen nicht; auch sahen sie nicht, daß seine gesteuerte Glührohrzündung viel besser war als die Zündung mit dem trägen Zündschieber, den sie verwandten.

Als Maybach weitersuchte, traf er auf des Engländers Watson ungesteuerte Glührohrzündung, eine Zündung, bei der das Glührohr in dauernder Verbindung mit dem Brennraum steht. Es ist einleuchtend, daß die gesteuerte Zündung eigentlich nur eine Begrenzung der Umdrehungszahl nach oben bewirken konnte.

Die durch den Betrieb entstandene Wärme reichte nicht zur Selbstzündung aus. Auch die Wärmeisolation, die Daimler bei seinen ersten Versuchen anwandte, bewirkte nicht die Selbstzündung. So wurden sich beide, Daimler und Maybach, einig, daß das Glührohr nicht nur während

*Daimler (links) im Kreise seiner Familie, rechts seine erste Frau Emma, am Tischende Emmas Vater, der Apotheker Kurz.*

des Anlaufens, sondern auch während des Betriebes auf Glut gehalten werden mußte, um den Motor laufen zu lassen.

Dieses Problem konnte man also als vorläufig gelöst betrachten. Nun kam es darauf an, die anderen Teile des Motors zu konstruieren. Daimler wählte dazu im Einverständnis mit Maybach das Viertaktprinzip Ottos, das sie ja beide von Deutz her genau kannten. Allerdings besaß die Deutzer Fabrik, vielmehr der Mitinhaber Otto das Viertaktpatent 532, das Otto den Anspruch aber nur garantierte im Zusammenhang mit der irrtümlich von ihm angenommenen Ladung und Verbrennung des Gasgemisches im Zylinder nach Schichten.

Dementsprechend formulierte Daimler seinen auf der Glührohrzündung aufgebauten Patentanspruch so, daß er den Irrtum Ottos berichtigend einen anderen Ablauf der Verbrennung des Gasgemisches darstellte. Später sollte sich zeigen, daß der Ablauf bei Otto der gleiche war wie bei Daimler. Doch da war das ungeschickt formulierte Ottosche Patent durch einen Prozeß vor dem Reichsgericht vom 30. Januar 1886 schon zu Fall gebracht.

Es ist ein seltsamer Zufall, daß die beiden Konstruktionen Daimlers und Benz', in einem Falle der Universalmotor, im anderen Falle der Fahrzeugmotor, im gleichen Augenblick auf die Welt kamen, als das geschützte Otto-Viertaktpatent, auf dem beide Erfindungen unerlaubterweise beruhten, rechtsungültig wurde und erlosch.

Daimler war ein Meister im Formulieren, aber auch im Argumentieren. So hat er den gegen ihn wegen dieses Patents geführten Prozeß vor dem Reichsgericht selbst vertreten und gewonnen. Das widerspricht nicht der Tatsache, daß er im Verhandeln mit Vertragspartnern verhältnismäßig wenig Geschäftstüchtigkeit bewies.

Es gibt im Archiv von Daimler-Benz eine lustige Karte aus Leipzig an seine Familie, in der er beschreibt, wie er als komisches Schweinchen mit stehenden Ohren und erhobenem Ringelschwanz den Gerichtssaal verlassen würde; verlöre er aber, so würde er aussehen wie ein Schweinchen mit hängenden Ohren und traurig gesenktem Schwanz.

Solange aber – und es handelt sich um den Beginn von Daimlers und Maybachs Tätigkeit in Cannstatt 1882 – das Otto-DRP 532 noch bestand, war die Gefahr groß, daß Deutz gegen die Cannstatter Erfinder vorging. Denn das mit dem Glührohrpatent inhaltlich zusammenhängende Patent der Kurvennutensteuerung, die das Auspuffventil steuerte, trug in der Patentschrift den Zusatz: „Abhängig vom Patent 532". Ein Versuch Daimlers über die beiden Patente mit der Gas-Motorenfabrik Deutz, vertreten durch Gustav Langen, ins Geschäft zu kommen, lehnte Langen kurzerhand ab. Von dem „über alle Beschreibung dickköpfigen Daimler" hatten sie genug.

Inzwischen hatte Daimler einen ersten Versuchsmotor beim Glockengießer Kurz in Stuttgart, bei dem auch der Dichter Friedrich Schiller Anregungen für sein Lied von der Glocke erhalten haben soll, bis August 1883 bestellt. Kurz goß den Zylinder aus Bronze; das war das Material, mit dem umzugehen er gewohnt war. Bei diesem Versuchsbetrieb wollte Daimler vermutlich einmal sehen, wie der Motor mit der Glührohrzündung funktionierte...

Im Mai 1884, das weiß man aus Maybachs Notizbuch, lief der ¼ PS starke Motor erstmals mit 600 Umdrehungen – er wurde mit Gas betrieben. 600 Umdrehungen: das war genau das, was die beiden Ingenieure wollten: ein Schnellläufer, dreimal so schnell wie die Otto-Viertakt-Gasmotoren. Jetzt kam es darauf an, die liegende Form in eine möglichst kleine, stehende Form zu verwandeln, was gemäß dem DRP 34926 vom 3. April 1885 auch gelang. Das Modell erhielt den Spitznamen „die Standuhr".

## Die barbusige Galatea

Standuhr genannt, weil es um jene Zeit Standuhren im Jugendstil gab, die so ähnlich aussahen wie Daimlers erster stehender Motor. Das Kurbelgehäuse glich der Uhr, und vergleichbar dem Motorzylinder über dem Kurbelgehäuse erhob sich bei der Uhr eine schöne, barbusige Galatea lächelnd. Es gibt solche Uhren noch in Familien, die sich ihre Einrichtung aus der Gründerzeit erhalten haben oder sie aus Antiquariaten teuer zusammengestellt haben. Das Bild der Standuhr bezeichnet den Humor, der bei allem dem Lebenswerk geltenden Ernst zwischen Daimler und Maybach und zwischen den Familien herrschte.

Es ist gerade der Humor, der Daimler auszeichnet. Er ist imstande, sich über sich selbst und seine Arbeit lustig zu machen. Er ist gesellig im Kreise von Freunden, er singt gerne und trinkt gerne – der Wein ist für ihn ein Labsal nach schweren Tagesmühen.

Es ist bezeichnend, daß Autoren wie Sass, deren Kompetenz unbestreitbar ist, ihn nicht sonderlich sympathisch finden; daß andere Autoren wie Siebertz ihn glorifizieren. Bedeutende Menschen wirken oft wie Katalysatoren. Bei ihrem Auftritt scheiden sich die Geister. Zu ihnen gehört zweifellos Daimler.

Ein Beispiel: Daß Daimler einen neuen Motor nicht konstruiert, ja, die von seinem Mitarbeiter gezeichnete Konstruktion nicht einmal verstanden habe, dafür bringt Sass in seinem Buch „Die Geschichte des deutschen Verbrennungsmotors" Seite 191/192 die Erinnerung eines ehemaligen Lehrlings, der im Jahre 1894 von Maybach den Auftrag erhielt, den Entwurf eines Zweizylindermotors mit der damals hohen Leistung von zehn PS in die Villa Daimler zu bringen und auf Bescheid zu warten.

„Lange schaute sie der alte Herr an, und nun folgte die größte Enttäuschung meines bisherigen Lebens. Herr Daimler fragte mich, den Lehrjungen, was dieses und jenes zu bedeuten habe, besonders die Schattierung hatte es ihm angetan." (Ende des Zitats)

Wer Daimler aus seinen Briefen, zahllosen Anekdoten und lustigen Sprüchen, aber auch aus seinen Zeugnissen als Zeichner und Konstrukteur kennt, der weiß, daß hier der Lehrjunge in einer netten und humorvollen Art

2

3

*1 Daimlers Werkstatt, links ein Teil des Gewächshauses.*

*2 Die Daimlersche Werkstatt in Betrieb, wie sie sich der Zeichner Liska vorstellt.*

*3 Der eigentliche Werkstatteil mit Werkbank, davor das sogenannte Reitrad.*

*4 Erster liegender Daimlermotor von 1883.*

*5 Der erste stehende Fahrzeugmotor, die „Standuhr".*

*6 Modellzeichnung der Glührohrzündung von 1883 an.*

*7 Konstruktionszeichnung des ersten stehenden Einzylindermotors vom 3. Juni 1885.*

1

4

5

6

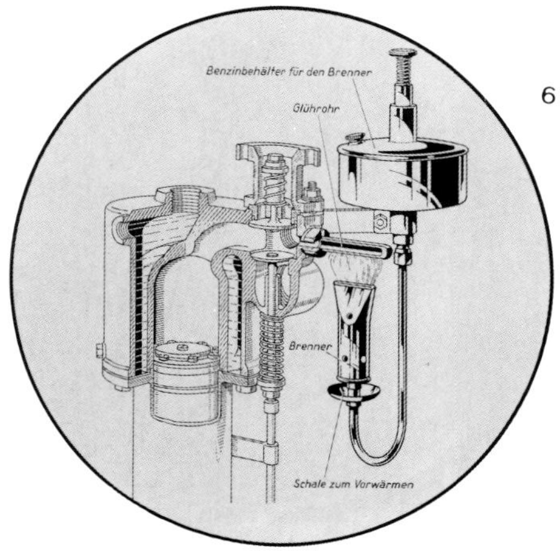
Benzinbehälter für den Brenner
Glührohr
Brenner
Schale zum Vorwärmen

7

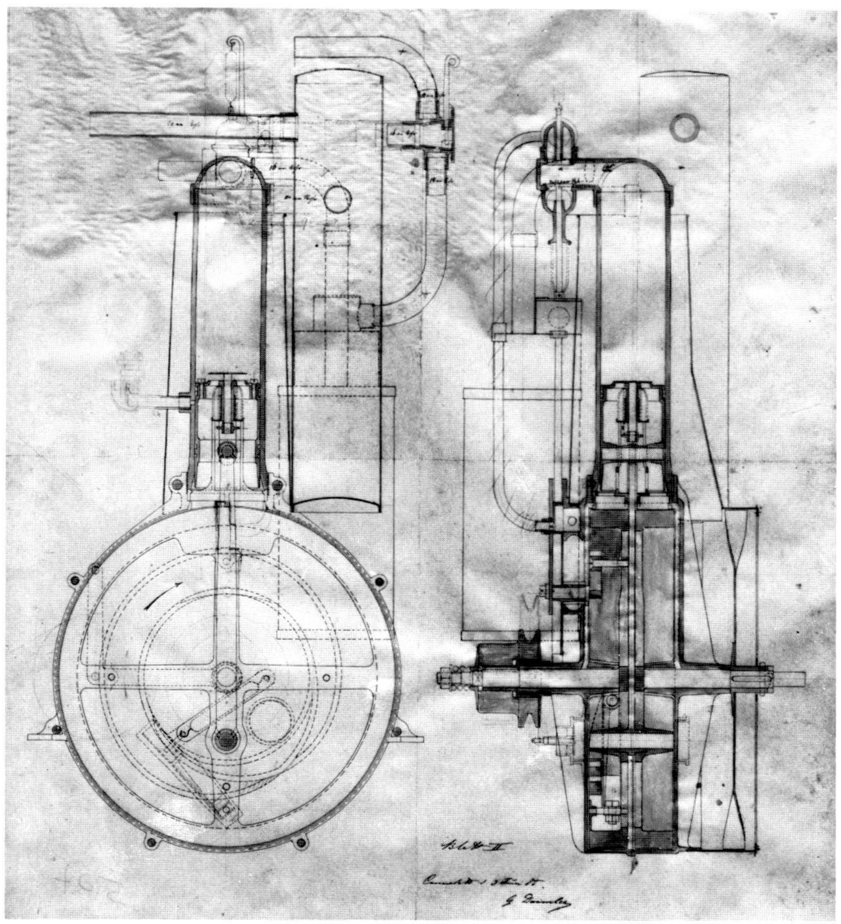

Reitrad, das erste benzingetriebene einspurige Kraftfahrzeug der Welt. Patent vom 29. August 1885.

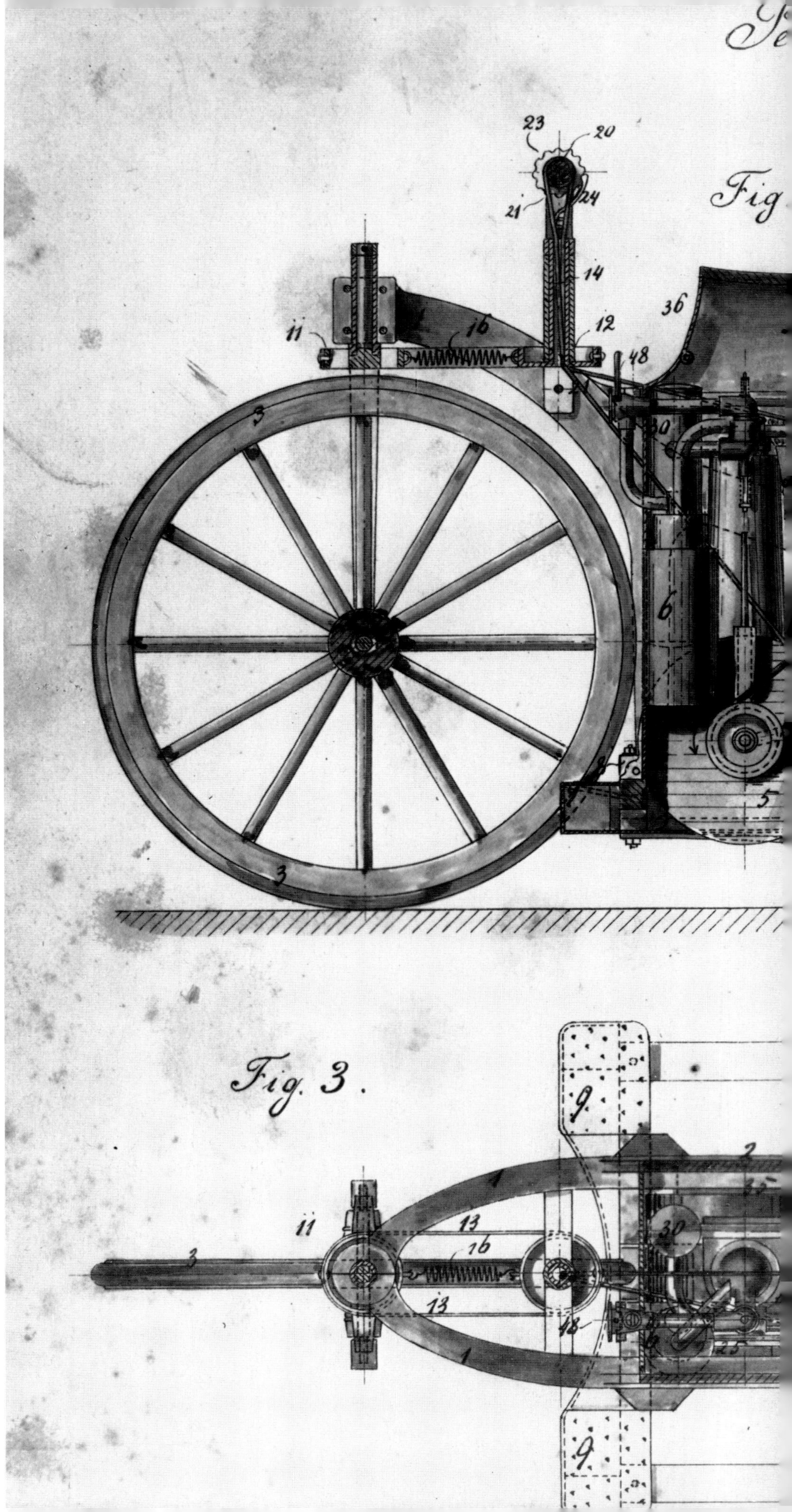

leum = Reitwagen

Fig. 2.

Fig. 4.

1 *Gottlieb Daimler mit seiner ersten Motorkutsche. Am Steuer der Sohn Paul Daimler 1886.*

2 *Konstruktionsskizze der Daimlerkutsche 1886.*

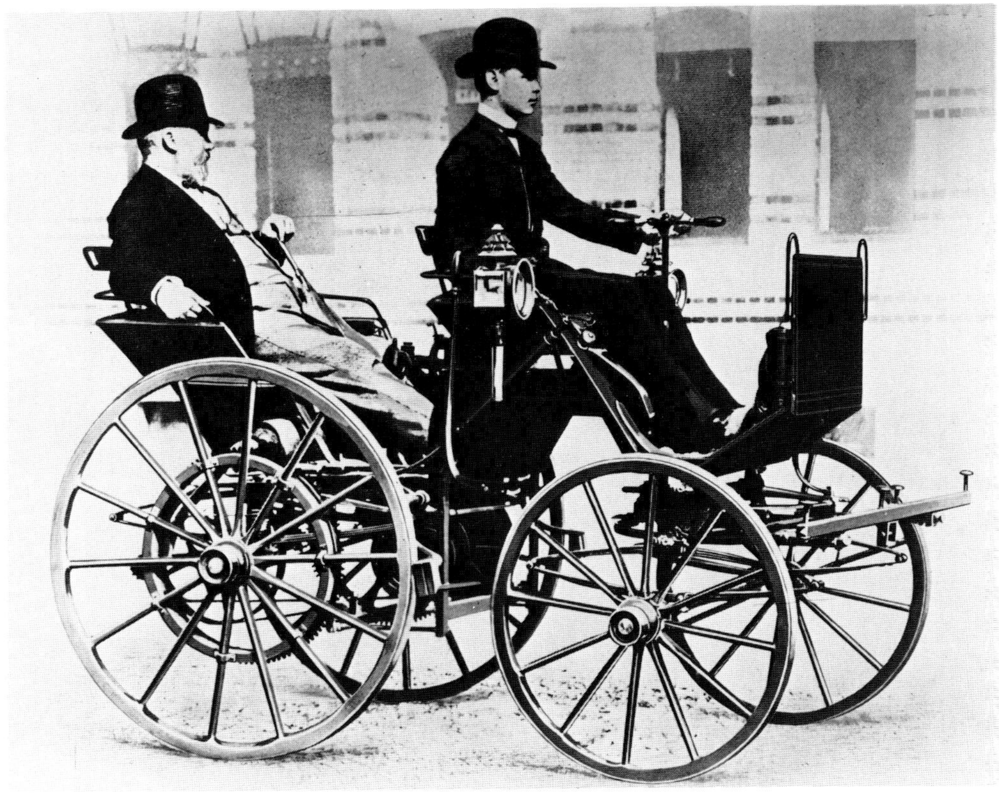

1

2

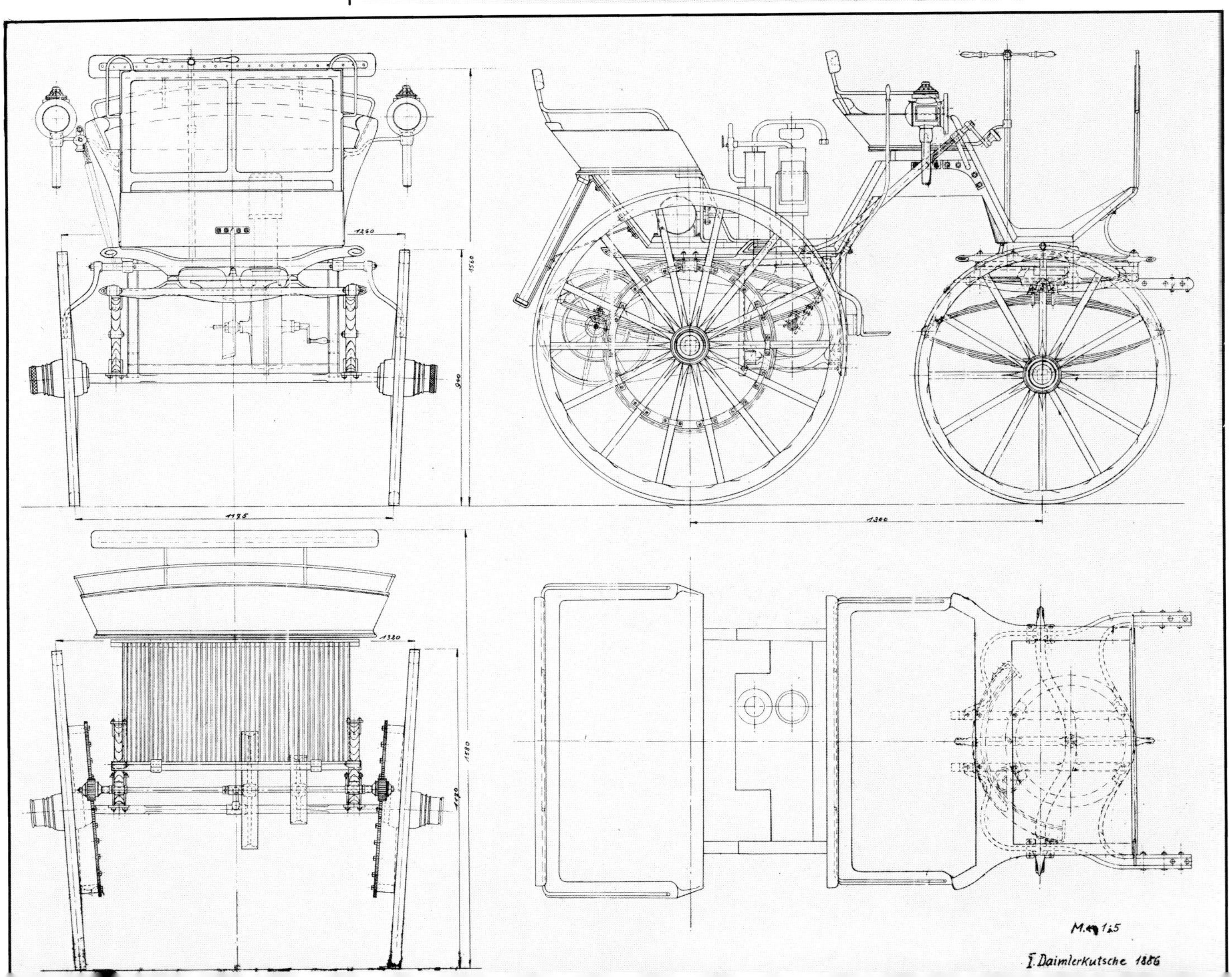

geprüft und auf seinen Wissensstand getestet wurde. Daimler war dafür berühmt, daß er jeden seiner Arbeiter und Lehrlinge persönlich kannte, sich um ihn kümmerte und ihm in Schwierigkeiten half. Diese Tradition der Fürsorge ums Personal hat sich über alle Zeiten und Krisen hinweg bei der Firma erhalten.

Sass würdigt die Wiedergabe der Lehrlingserzählung so: „Man kann sich die schwere Enttäuschung des jungen Menschen vorstellen: Er, der Anfänger mit den bescheidenen Kenntnissen, als der er sich fühlte, mußte dem großen Ingenieur, dessen Name ihn bis dahin nur mit Ehrfurcht erfüllt hatte, selbstverständliche Einzelheiten einer Zeichnung erklären, weil jener sie nicht verstand!" Kein Kommentar.

Doch zurück zur Standuhr. Nach dem ersten liegenden Modell, das heute noch in der kleinen, zur Gedenkstätte umgewandelten Werkstatt zu sehen ist, gelangten die beiden Männer über ein verbessertes, vorläufiges Modell mit Wärmeisolierung – wegen der „Selbstzündung" – zum ersten befriedigenden Ergebnis:

Auf dem geschlossenen Kurbelgehäuse stand der luftgekühlte Zylinder, luftgekühlt schon des Gewichtes wegen. Das Einlaßventil öffnete und schloß sich automatisch, das Auslaßventil wurde durch die von Daimler erfundene Kurvennutensteuerung gesteuert, wobei gleichzeitig die Drehzahl begrenzt wurde. Dies war notwendig, weil die Glührohrzündung nur eine bestimmte, relativ eng begrenzte Tourenzahl erlaubte.

Diese beiden genialen Techniken arbeiteten einwandfrei, bis man sie später durch die elektrische Zündung und durch die Nockenwellensteuerung zu ersetzen verstand.

Ein Oberflächenvergaser und ein Ventil am Kolbenboden, um eine zusätzliche Luftladung zu erreichen, waren weitere Merkmale des Motors, der im Viertaktverfahren – System Otto – arbeitete. Das Kolbenbodenventil wurde nach einiger Zeit eliminiert, da es unter den Hitzebedingungen des Kolbenbodens nie richtig funktionierte.

Dieser Motor wurde zum erstenmal in ein Fahrzeug eingebaut: Am 29. August reicht Daimler beim Kaiserlichen Patentamt in Berlin die mit zwölf Zeichnungen aus Maybachs Hand versehene Patentschrift ein. Mit Patent vom 29. August 1885 wurde Daimler das „Reitrad" geschützt. Es war tatsächlich das erste Motorrad der Welt, und in der ersten öffentlichen Ausfahrt am 10. November 1885 legte Paul Daimler, der älteste Sohn, mit dem Reitrad die Entfernung von Cannstatt nach Untertürkheim zurück.

Wer war nun der Erste, der ein benzingetriebenes Kraftfahrzeug auf die Straße stellte? Hier muß man unterscheiden. Daimler–Maybach fällt die Priorität im Kraftfahrzeugbau insofern zu, als sie schon 1885 das erste von einem Benzinmotor angetriebene Zweirad – ein einspuriges Fahrzeug – auf die Straße brachten. Karl Benz' Pioniertätigkeit hatte andere Qualitäten. Davon im nächsten Kapitel. Man kann die Frage nur zusammen mit dem Benzschen Werk beantworten.

Ein Motorschlitten, der sich aber nicht bewährte, und ein Motorboot (5. November 1886) waren die nächsten Fahrzeugschöpfungen Daimlers.

Daimler hat von Anfang an auch an die motorisierte Kutsche gedacht; von dem Benzschen dreirädrigen Patent-Motorwagen hat Daimler nichts gewußt.

So bestellte er bei der Wagenbaufirma Wimpf + Sohn in Stuttgart, dem Hoflieferanten, für den 43. Geburtstag seiner Frau Emma Pauline eine Kutsche, angeblich das Angenehme mit dem Nützlichen verbindend.

Emma Pauline Daimler, geborene Kurz, eine Verwandte des Dichters Hermann Kurz – seine Tochter Isolde Kurz schrieb die seinerzeit berühmten „Florentiner Novellen" – war eine jener im Schwäbischen nicht seltenen dunklen, fast schwermütig wirkenden Schönheiten, wie sie zum Beispiel der Maler Hetsch gemalt hat.

Übrigens lernte der junge Maybach auf der Daimler-Kurz-Hochzeit seine künftige Frau kennen: Bertha Habermass. Sie war die Freundin der Braut seines damaligen Fabrikleiters Gottlieb Daimler.

Frau Daimler war auch in Cannstatt noch immer eine Schönheit; wer sie aufmerksam beobachtete, mußte feststellen, daß sie mit der Erziehung ihrer fünf Kinder, der Führung des Haushalts, des Gartens (7000 Quadratmeter), der Instandhaltung der dreistöckigen Villa, der Anleitung ihrer Hilfskräfte, eines Gärtners, eines Hausmädchens und vor allem der Beratung ihres Mannes, der Führung vertraulicher schriftlicher Korrespondenz und anderer Dinge mehr als ausgelastet war. Die Hilfskräfte, insbesondere auch der Gärtner, wurden hin und wieder zur Werkstatt herangezogen.

„Die Kutsche, ein Americain, die Lackierung dunkelblau und breit und doppelt fein rot gefaßt", die Bezüge aus schwarzem Leder, eine „Laterne mit Schein" wurde bei Nacht und Nebel am Abend vor dem Geburtstag nach Cannstatt geschoben und in der Autogarage – der ersten der Welt – verstaut.

Fernab von Bauwerken wie Haus und Werkstatt richtete Daimler auch eine Tankstelle ein, die erste der Welt, eine ausgemauerte Grube, in der die so feuergefährlichen Benzinfässer lagerten und nach Bedarf mittels Kran heraufgeholt wurden.

Im Herbst führte man dann, nachdem die Kutsche in der Maschinenfabrik umgebaut und ein 1½-PS-Motor eingebaut worden war, die ersten Fahrten erfolgreich durch. Genaue Daten dazu fehlen.

Verständlich, wenn sich um diese ersten Begebenheiten, die für die Frage der Priorität wesentlich sind, sehr bald Legenden bildeten. So könnte die fast in der gesamten Literatur nachweisbare Darstellung, wie sie oben wiedergegeben wurde, mit Kutsche, Garage und Tankstelle nicht stichhaltig zu sein.

Damit allerdings entfiele auch die bisherige Annahme, daß Daimlers erste Motorkutsche im selben Jahr wie der Benzsche Patentmotorwagen in der Öffentlichkeit gelaufen sei, nämlich 1886.

Die schwäbische Chronik berichtet am 16. August 1888:

„Dermalen (soviel wie ‚jetzt') werden die Versuche ausgedehnt auf ein Straßenfuhrwerk, eine Droschke."... Auch im Motorenbuch der Firma Daimler steht die Motorkutsche mit der Motornummer 20 unter dem 19. Juli 1888. Die vorhergehenden Motoren waren Versuchsmotoren oder für Boote bestimmt.

Endlich berichtet Maybach 1905 in einem Interview für die Österreichische Allgemeine Automobil-Zeitung von 1905, Seite 109, von dem ersten motorisierten vierrädrigen Fahrzeug bei der Firma Daimler um 1888.

Ein letzter Beweis wäre in dem Antrag Daimlers auf erste Fahrgenehmigung vom 17. Juli 1888 „für eine viersitzige, leichte Chaise mit kleinem Motor" zu erblicken. Allerdings könnten Probefahrten schon wesentlich früher stattgefunden haben.

Das ändert allerdings nichts daran, daß Daimler mit seinem Reitrad 1885 das erste motorisierte Fahrzeug in Form eines Motorrads auf die Straße brachte.

Später zeigte sich, daß in fast allen Industrieländern Erfinder an einem Automobil bastelten. Wer war der erste? Wir werden auf diese Frage der Priorität nochmals zurückkommen.

## Benz findet einen Geldgeber

„Der Gesang" des Zweitakters, jener Gaskraftmaschine in der Neujahrsnacht 1880, der Karl Benz und seine Frau so beglückte, war allerdings für seine Zeitgenossen weniger begeisternd. Wen Benz auch ansprach, gelegentliche Kunden oder begüterte Bekannte aus der Umgebung der Familie seiner Frau in Pforzheim, niemand interessierte sich für die Maschine.

Man weiß von der Maschine sehr wenig; es gibt keine authentischen Abbildungen von ihr. Laut Benz leistete sie bei rund 200 Umdrehungen 1 PS.

Drei lange Hungerjahre hatte Karl Benz daran gearbeitet. Denn die Zeit, die Benz zum Konstruieren und Bauen verbrauchte, sie fehlte ihm beim Hereinholen von Aufträgen für die kleine Werkstatt, die den Unterhalt für vier Köpfe bestreiten mußte.

In dieser Notzeit erschien wie ein rettender Engel der Hofphotograph Bühler bei Benz und beauftragte ihn mit der Herstellung hochfein polierter Stahlplatten, die bisher für Bühler niemand herstellen wollte oder konnte.

Als die Lieferung für Bühler zur Zufriedenheit ausfiel, gelang es Benz, ihn auch für seinen Motor zu interessieren. Angetan von diesem neuen Motor schoß Bühler nun Benz laufend so viel Geld vor, daß der Lebensunterhalt der Familie gesichert war.

Trotz zahlreicher Verbesserungen gelang es Benz 1881 nicht, auf seinen Zweitaktmotor ein Patent zu erhalten; die Ablehnung wurde damit begründet, daß weder die Anwendung einer Gasspeisepumpe noch die Benützung des hinteren Zylinderendes als Luftverdichtungspumpe neu sei.

Was er konstruierte, war zuerst eine stationäre Gaskraftmaschine, erst später benutzte er auch Benzin. Benz beschäftigte inzwischen, nachdem die Produktion von stationären Gas- und Benzinkraftmaschinen angelaufen war, sechs Arbeiter in seiner „Mannheimer Gasmotorenfabrik".

Bühler, der hier mit Recht ein großes Geschäft witterte, machte Benz mit einem Kaufmann und einer Mannheimer Bank bekannt. Aufgrund eines Vertrages wurde 1882 die „Aktiengesellschaft Gasmotorenfabrik in Mannheim" gegründet.

Als Zweck der Aktiengesellschaft war angegeben: die Anfertigung von Maschinen aller Art, insbesondere von Gasmotoren.

Im Aufsichtsrat saßen keine Fachleute, ausgenommen ein Mechaniker namens Bouquet. Dieses Aufsichtsratsmitglied nun bereitete Benz in der unsinnigsten Weise Schwierigkeiten, und so beschloß Benz einen Monat nach der Eintragung, im Dezember 1882, für den Januar 1883 seinen Austritt. So jedenfalls stellt sich diese Angelegenheit nach den Angaben von Benz dar. Man geht wohl nicht fehl in der Annahme, daß Benz dem Bouquet seine Pläne für die Konstruktion eines Kraftfahrzeuges mitgeteilt hatte und daß Bouquet sich sogleich, weil er nichts davon hielt, dagegen wandte. Nur so kann man sich erklären, daß Benz Knall und Fall einen Monat nach Gründung der auf ihn zugeschnittenen Gesellschaft austrat. Bei dieser Gelegenheit büßte er seinen ganzen Maschinenpark und das übrige Inventar ein gemäß dem für diesen Fall sehr ungünstig lautenden Gesellschaftsvertrag.

Die Werkstatt am Haus selbst war vermietet, und so stand Karl Benz zu Beginn des Jahres 1883 wieder einmal mit leeren Händen da.

Die Gas-Motorenfabrik Mannheim AG, die er mitbegründet hatte, baute, ohne Benz und ohne ihm eine Entschädigung zahlen zu müssen, die Benzschen Zweitakt-Gasmotoren noch bis 1893. Jedenfalls war Benz jetzt wieder sein eigener Herr!

# 3 Das Auto ist da

## 1886 ist das Geburtsjahr des zweispurigen Kraftfahrzeugs

Das Mißgeschick des Karl Benz hatte sich in Mannheim herumgesprochen. Mannheim, die zweite Residenz Badens, zählte damals 75 000 „Seelen", wobei die Garnison mit eingeschlossen war.

Der Kaufmann Max Caspar Rose und der Techniker Friedrich Wilhelm Esslinger, die beide dem Radsport huldigten, kannten von diesem Sport her Benz, der ein altes, zentnerschweres Veloziped, das er von einem Schulkameraden geschenkt erhalten hatte, durch die Straßen von Mannheim trat, wo der Erfinder, der Freiherr von Drais, mit dem Urtyp des Fahrrads 1817 die Zuschauer belustigt hatte.

Rose und Esslinger beschlossen, Benz zu helfen. Dabei sollte Esslinger das Kapital zur Verfügung stellen, während Rose bestrebt sein wollte, die Produkte von Benz zu verkaufen. Im Vertrag stand als Zweck der Gesellschaft: „Herstellung von Verbrennungskraftmaschinen nach Plänen von Karl Benz". Die OHG wurde als „Benz und Co., Rheinische Gasmotorenfabrik in Mannheim" eingetragen.

Nun ging Benz daran, seinen Zweitaktmotor weiterzuentwickeln. Als erstes verbesserte er die gesteuerte Flammenzündung durch elektrische Induktionszündung mittels Batterie, sodann vergrößerte er die Zylinderleistungen, bis der Motor in der stärksten Ausführung 10 PS brachte. Für den Einbau in einen Kraftwagen, woran Benz unablässig dachte, war er freilich viel zu schwer. Doch verdiente die Benz und Co. mit dem neuen stationären Gasmotor vor allem auch im Ausland so viel, daß Benz sich jetzt die Zeit nehmen konnte, einen Fahrzeugmotor zu konstruieren.

Aber auch für den verbesserten Zweitaktmotor erhielt er kein Patent; man wies ihn im zweiten Anlauf mit dem Hinweis auf das Deutzer Patent 532 (Otto) ab. Dagegen erteilte man ihm in Frankreich und in den USA ohne weiteres Patent.

Jetzt, da der Betrieb lief und rentierte, waren auch seine Partner mit seinem Versuch einverstanden, einen Fahrzeugmotor zu konstruieren.

Den Plan, seinen Zweitakter umzubauen, ließ er fallen. Er war zu kompliziert, um ihn leichter zu machen; auch war die Drehzahl zu gering. Ottos Viertakter war einfacher, und es erschien Benz möglich, den Motor in einer leichten Ausführung zu konstruieren. Benz wählte die Ausführung Alexis von Bishops. Benz war – ebenso wie Daimler in den selben Jahren – völlig klar, daß er damit das Ottosche Patent 532 verletzte. Aber beide riskierten es. Auch Benz profitierte von dem von Otto unglücklicherweise provozierten Prozeß gegen einen anderen Nachahmer, aufgrund dessen das Reichsgericht in der letzten Instanz die Ansprüche aus dem Patent 532 vernichtete. Auch für Benz war mit dem Urteilsspruch vom 30. Januar 1886 der Weg zum Viertakter frei.

Zu Anfang des Jahres 1885 begann er mit der Konstruktion. Der Motor hat mit Daimlers „Standuhr" nur eine entfernte Ähnlichkeit. Der Motor mußte leicht sein und in einen Wagen passen; also legte ihn Benz um, denn liegend war er in einem Fahrzeug bequemer unterzubringen. Die Räder durften nicht schwer sein; also fertigte er selbst Speichenräder, erkannte aber rasch, daß die Velocipedräder, die Rose aus der von ihm vertretenen Fahrradhandlung Heinrich Kleyer in Frank-

*Exkurs*

## *Der Benzinstrom fließt*

*Die Entdeckung riesiger Petroleumfelder in Pennsylvanien (USA) und danach an anderen Stellen zusammen mit einem ausgedehnten Petroleumhandel begann erst um die Mitte des neunzehnten Jahrhunderts.*

*Rohrleitungen zu Raffinerien und Hafenplätzen, immer neue Destillationsverfahren sorgten schon um die Wende zum zwanzigsten Jahrhundert dafür, daß das einst so seltene Benzin immer reichlicher, ja, zuletzt in Strömen floß.*

*Das Wort Benzin selbst stammt aus dem Arabischen. Es hat mit Karl Benz etymologisch nichts zu tun.*

*Aber Benz und Daimler haben mit ihren Erfindungen die Macht der Ölindustrie auf der ganzen Welt, die Gummiindustrie und vor allem, wir sagten es schon, die weltüberspannende Automobilindustrie initiiert.*

furt am Main bei sich in Mannheim vorrätig hatte, besser taugten. Benz bekam von Rose drei Felgen.

Ferner mußte der Motor mit Benzin oder Ligroin betrieben werden; denn die Gasleitung war nicht transportabel, und Gasflaschen wären auch in der heutigen Form schon des Gewichtes wegen nicht brauchbar gewesen. Ligroin bekam man nur in geringen Mengen in den Apotheken zu kaufen. Benz hoffte, daß sich dies, wenn die Zahl der Kraftfahrzeuge rasch zunähme, bald ändern würde. Damit behielt er recht.

Zurück zum ersten Viertakter von Benz.

Die gesteuerte Flammenzündung ersetzte er, wie schon bei seiner verbesserten Gasmaschine, durch elektrische Hochspannungszündung mittels einer Bunsenschen Chromsäurebatterie. Der liegend angeordnete Motor hatte demgemäß die Kurbelwelle senkrecht stehend und das Schwungrad in der Horizontalen. Das Vergasergefäß befand sich in einem hinteren Kasten neben dem Verdampfungskühler. Alle für ein Fahrzeug notwendigen Teile mußten erdacht und neu konstruiert werden; die Pferdekutsche als Vorbild half hier nichts. Sogar die Vorderradsteuerung der Pferdekutsche war nicht brauchbar; ein gezogener Wagen wird anders gesteuert als ein von einem Motor über ein Hinterrad angetriebener. Benz gibt offen zu, daß er mit der Steuerung der Vorderräder erst nicht zurechtkam: So wählte er das dreirädrige Fahrzeug, dessen Einradvordersteuerung problemlos war. Zu erwähnen ist noch das Differential für die beiden hinteren Räder und der Stahlrahmen für Fahrzeug und Motor. Dieser letzte Punkt unterscheidet Benz von Daimler, der ja bekanntlich seinen Motor zum Einbau in alle Arten von Fahrzeugen herstellte. Infolgedessen machte sich Daimler am Anfang über eine harmonische Verbindung von Straßenfahrzeug und Motor keine großen Gedanken.

Über den Motor sagt Benz in seinen Erinnerungen: „Ich stellte ihn einzylindrig mit besonderer Sorgfalt her . . . Ein Schieber diente zum Ansaugen des Gasgemisches, ein Ventil zum Ausblasen. Eine Tourenzahl von 250 Umdrehungen schien mir genügend . . . Mit einem Kolbenlauf von etwas mehr als 100 mm und einem inneren Zylinderdurchmesser von zirka 100 mm ergaben sich bei der Prüfung für den Viertaktmotor: ⅔ PS und 250 bis 300 U/min."

Die Gewichtsverminderung war bedeutend: Der 1-PS-Viertakter aus Deutz wog im Jahre 1887 660 Kilo netto gegenüber den 69 Kilo des Benzmotors. Ein weiterer Vergleich: Daimlers erste in das Reitrad eingebaute Standuhr wog noch weniger, nämlich 40 kg/PS bei 900 U/min.

Beiden Erfindern war Entscheidendes gelungen. Ihre Motoren waren ihrer Leichtigkeit wegen zum Einbau in Fahrzeuge geeignet; sie waren für transportablen, flüssigen Treibstoff vorgesehen, und sie hatten eine Umdrehungszahl, die – zuerst mindestens – eine Geschwindigkeit wie die von Pferden gezogenen Wagen hervorbrachten.

Auch waren beide, und erst dies erhebt sie in den Rang der Erfinder von weltverändernder Wirkung, so unermüdlich in der Verbesserung ihrer Erfindungen, daß die Produkte in Serie gehen und fabrikmäßig produziert auf einem dafür entstandenen Markt an jeden verkauft werden konnten.

Hinter ihnen her lief in weitem Abstand die Schar der Nachahmer.

Das neue Benzsche Fahrzeug stand schon Ende 1885 im Hof des seinerzeit mit dem Heiratsgut von Frau Benz erworbenen Anwesens betriebsbereit.

Aber im Gegensatz zu Daimlers Anwesen, für Probeläufe groß genug, war der Benzsche Hof nur ein paar Quadratmeter breit und lang, so daß man das Fahrzeug nur durch Hin- und Herschieben auf dem engen Platz ein wenig erproben konnte.

Von diesem ersten Wagen gibt es ein Foto, das Karl Benz mit Melone, Kragen und Krawatte, in einem dunklen Anzug auf dem Zweisitzer zeigt. Er hält den Lenkhebel in der Hand, mit dem er bewirkt, daß über eine Zahnstange und ein Zahnrad die Drehbewegung sich auf das in einer senkrechten Gabel gelagerte Vorderrad überträgt. Die Räder sind mit Vollgummi bereift, es sind Speichenräder eigener Fertigung, nur die Felgen stammen von Fahrrädern.

Eine starke Decke schützt die Beine von Lenker und Mitfahrer vor Zugluft, Schmutz und Regen.

Auch hat der hübsche kleine Dreiradwagen ein umschlagbares Verdeck, wie es die eleganten Einspänner – die „Chais'schen" – zu jener Zeit über die Straßen trugen.

Das Fahrzeug sieht elegant aus, ebenso wie die darauf fahrenden Herren – Eleganz ist eine Parole dieser Erfinder aus der Gründerzeit – im Gegensatz zu den „blauen Antons" und den Overalls unserer Automaten- und Elektroniktage.

## Das erste Auto lernt laufen

Die ersten Versuche entbehren nicht der Komik: An einem Sommersonntagmorgen bei Tagesanbruch schoben die „Benzine", wie man sie in Mannheim scherzhaft nannte, das Fahrzeug auf die Straße.

Dieser erste Wagen, der nur eine Geschwindigkeitsstufe hatte, mußte angeschoben werden, damit er überhaupt in Gang kam. Höchstgeschwindigkeit: 16 km/h.

Im Oberflächenvergaser befanden sich etwa 1½ Liter Benzin; einen Benzintank gab es nicht, da Benz sich wegen der Feuergefährlichkeit des Benzins, die er ebenso wie seine Mitarbeiter fürchtete, über den Platz eines „Vorratsbehälters" noch nicht klargeworden war. So mußte der Sohn Eugen mit einer Benzinflasche dem Wagen nachlaufen, „um nachzuschütten, wenn das Benzin zuende ging".

Auf dem „Ring", dem alten, die Stadt umgürtenden Wall, machte Benz weitere Fahrversuche, da die Stadt selbst zu eng und zu belebt war. „Die alten Bäume, die den Wall beschatteten, schüttelten ihre Äste über meine ungeschickten Fahrversuche und sahen dabei gleichzeitig mit mir, daß mein Wagen noch recht vieler Verbesserungen bedurfte. Kaum hundert Meter weit war ich das erste Mal gekommen, da blieb das Fahrzeug stecken und mußte in die Werkstatt zurückgeschoben werden." (Originalton Professor Volk)

Dämmerung und Dunkelheit waren Benz die liebste Zeit zu Proben, und nach vielerlei Pannen und Blamagen, auch üblen Gerüchten, wonach es bei Papa Benz „im Oberstübchen nicht mehr ganz richtig sei", war es am 3. Juli 1886 soweit, „daß die ‚Neue Badische Landeszeitung' berichtete: ‚Ein mittels Ligroingas zu treibendes Veloci-

1 Prospekt der Firma Benz & Co. zu ihrem „Neuen liegenden Gasmotor System 'Benz'".

2 Karl Benz mit seinem Geschäftspartner Rose bei einer Ausfahrt 1887.

3 Prospekt des Patent-Motorwagens von Karl Benz.

4 Benz am Steuer des verbesserten Patent-Motorwagens 1887.

2

1

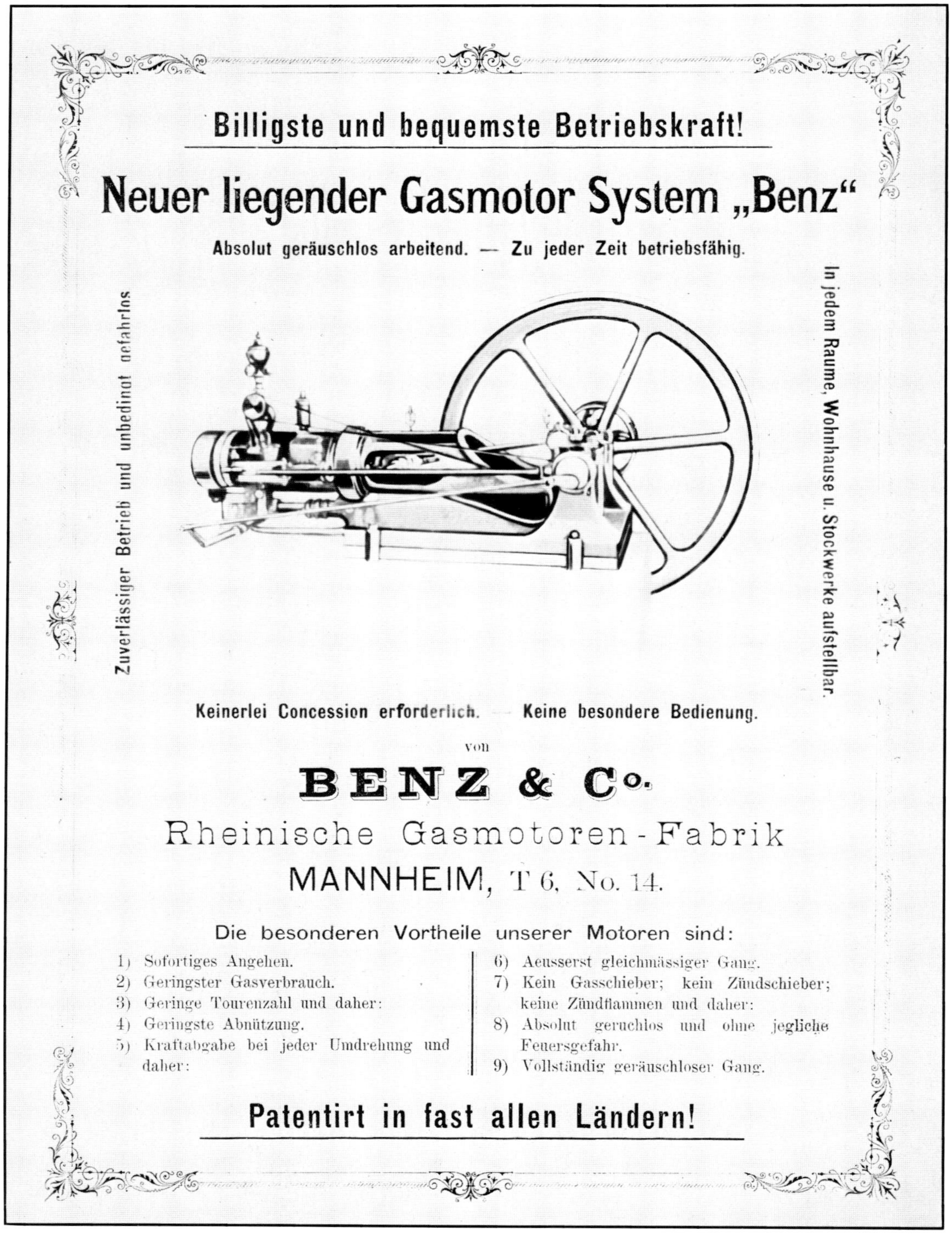

3

ten! Praktisch!

gen

zin, Naphta etc.

absolut gefahrlos!

Lenken, Halten und Bremsen leichter und sicherer als bei gewöhnlichen Fuhrwerken. — Keine besondere Bedienung nöthig. Sehr geringe Betriebskosten.

eck und Spritzleder.

O.

-Fabrik

4

*Meyers Konversations-Lexikon von 1897, 11. Band, Seite 465:*

*Ganz aussichtslos erscheint nach allen bisherigen Versuchen besonders die Idee der Personenbeförderung mit Straßenlokomotiven in Form von Dampfkutschen, Dampfkaleschen, Dampfomnibussen, Dampfdroschken, wie der Bolléesche Dampfwagen und der sogenannte Benzinwagen, der mit einem Benzinmotor versehen war, lehren. Die Gründe für diese Tatsachen liegen in mehreren Umständen: Die Lastzug-Straßenlokomotiven nutzen die Wege sehr stark ab und beschädigen sie häufig, sind im Verhältnis zu den aufgewendeten Kosten wegen der im Vergleich zu Eisenbahnen hohen Widerstände der Wege zu wenig leistungsfähig und versagen auf schlüpfrigem Boden oft gänzlich ihren Dienst. Sie sind ferner sehr schneller Abnutzung unterworfen und können bei dem geringsten Versehen des Wagenlenkers den Insassen sowie dem Straßenpublikum sehr gefährlich werden.*

ped, welches in der Rheinischen Gasmotorenfabrik von Benz + Co. konstruiert wurde, ... wurde heute auf der Ringstraße probiert und soll die Probe zufriedenstellend ausgefallen sein".

Es ist für die Gesinnung von Karl Benz bezeichnend, daß er keinen seiner ersten Wagen verkaufen wollte, solange er nicht sicher war, daß der Wagen unter allen Bedingungen funktionierte. Überliefert ist – nach Siebertz – folgende, bezeichnende Episode:

„An einem schönen Vormittag komme da zum Tor hereinspaziert zwei Leut, ein Mann und eine Frau. Der Mann hat ein Köfferchen in der Hand, geht gleich auf mich zu und fragt: ‚Sind Sie der Herr Benz?'

‚Ja, das bin ich.'

‚Sage Sie mal, Herr Benz, Sie baue doch solche Wage, die von selbst laufe?'

‚Ja, das tu ich schon, aber warum wolle Sie das wisse?'

‚Ich möcht' mir so ein Wage ansehe und eventuell ein kaufe.'

Ich sag: ‚So weit sind wir noch nit, und ich verkauf Ihne kein Wage.'

Aber der Mann ließ nicht locker und bestand darauf, einen Wagen wenigstens anzusehen. Benz sagte nun zu seinem Sohn Eugen, er möge einen (von zweien) dreirädrigen Wagen herausbringen und den Riemen schön kurz machen. Tat man das und schaltete bei laufendem Motor den ersten (und einzigen) Gang ein, so ging der Wagen, der vorne sehr leicht war, sofort in die Höhe. Heute würde man sagen, er hob ab. Der Fahrer drohte, nach hinten abzustürzen.

‚Na also, mein Eugen bringt das Wägelche in den Hof, läßt den Motor anlaufe, setzt sich in den Sitz, schaltet ein ..., und mein Wägelche geht hoch wie ein Ziegenbock ... Und wie der Mann das sieht, nimmt er in die eine Hand sein Köfferche und in die andere seine Frau, sagt ‚Gude Morche', und weg ist er gewese und ist nie mehr wiedergekomme!'"

Auf Kundenfang ist also Benz zu jener Zeit noch nicht unbedingt aus gewesen. Aber auch später, als der Wagen fabrikreif, verkaufs- und gebrauchsfähig war, wollte ihn, trotz aller Zeitungsberichte und Vorstellungen auf Ausstellungen kein Mensch kaufen. Der einzige Interessent wurde kurz vor der Übernahme des Wagens in eine Irrenanstalt eingeliefert. Auch dieser merkwürdige Zufall wurde bekannt und trug nicht zum Rufe von Karl Benz und seinen Fabrikaten bei.

## Die Gesellschafter bangen um ihr Geld

So kam es, daß die beiden Gesellschafter, nachdem Benz immer mehr Zeit und Geld in diese verrückte Geschichte steckte, um das gute Geld, das sie in die Firma gesteckt hatten, ernstlich bangten.

Benz, von neuem in Sorge, suchte unter der Hand frische Teilhaber, und er fand sie. Sie waren Kaufleute. Weitsichtiger als ihre Vorgänger Rose und Esslinger, glaubten sie vor allem an die Zukunft des Motorwagens.

Friedrich von Fischer und Julius Ganß waren bereit, weiteres Geld in den Ausbau des Motorwagens zu stecken.

Beim Abschied flüsterte Max Rose Karl Benz wohlmeinend ins Ohr: „Lassen Sie bloß die Finger von dem verdammten Motorwagen!" Karl Benz, neben seiner Frau stehend, antwortete nichts. Er tat, als habe er die Worte nicht gehört.

## *Zum ersten Mal ein Auto erlebt*

*Das Auto ist da. 1885/1886 ist in Baden-Württemberg das Auto erfunden worden. Erfinder sind Gottlieb Daimler und Karl Benz. Das ist heute unstreitig.*

*Wenn man allerdings fragen würde, wo man das erste Mal so etwas wie ein Auto erleben konnte, so wäre der Bericht einer Münchner Zeitung zu zitieren, in der dieser Vorgang anschaulich geschildert wird. Der Benz Patent-Motorwagen war vom 12. September 1888 an während der „Kraft- und Arbeitsmaschinenausstellung" in München zu sehen. Hin und wieder wurde der Wagen auch auf den Straßen vorgeführt. Hier der Bericht:*

*„Wohl selten oder nie noch bot sich den Passanten in den Straßen unserer Stadt ein erquickenderer Anblick als im Laufe des Samstagnachmittages, wo von der Sendlinger Straße über den Sendlinger-Tor-Platz durch die Herzog-Wilhelm-Straße in strengem Laufe ein sogenanntes Einspänner-Chais'chen ohne Pferd und ohne Deichsel mit aufgespanntem Dache, unter welchem ein Herr saß, auf drei Rädern – ein Vorderrad und zwei Hinterräder – dem Inneren der Stadt zueilte. Die Bewunderung sämtlicher Passanten, welche sich momentan über das ihnen gebotene Bild kaum zu fassen vermochten, war ebenso allgemein wie groß."*

### Wer war der erste?

Wer war nun der erste, der mit einem benzinbetriebenen Fahrzeug auf einer Straße fuhr? Das ist nicht gleichgültig, einmal um der historischen Wahrheit willen, zum zweiten aber deshalb, weil nach wenigen Jahren ein Streit um die Priorität ausbrach. Auch die USA haben schon nachzuweisen versucht, daß sie eigentlich den Anspruch auf Priorität hätten. Sicher sind dabei einige für das Auto wichtige Erfindungen gemacht worden. Aber das Auto, das will heißen den Bewegungsautomaten, den brauchbaren Motor im brauchbaren Fahrzeug, das haben in seltener Duplizität der Ereignisse unabhängig voneinander nur Benz und Daimler geschaffen. Diese Kapitalerfindung, die in Wirklichkeit ein ganzes Bündel von Erfindungen ist, diese Kapitallösung ist eine Tat, die aus einer alten eine neue Welt gemacht hat; sie hat die Welt vollkommen verändert. Denn es ging ja nicht nur darum, ein Straßenfahrzeug zu schaffen, der Motor hat vielmehr, wie Daimler es vorhergesehen hat, die ganze Welt auf der Erde, zu Wasser und in der Luft umgestaltet.

Rückblickend ist der Reihe nach festzuhalten, daß im November 1885 in Cannstatt das Reitrad, von Daimler konstruiert und mit Hilfe Maybachs erbaut, erstmals in der Öffentlichkeit gefahren wurde. Der älteste Sohn Daimlers, Paul Daimler, steuerte das Reitrad am 10. November 1885 von Cannstatt nach Untertürkheim, eine Strecke von drei Kilometern. Zur gleichen Zeit weihte auch Maybach das Reitrad auf derselben Strecke ein.

Am 3. Juli 1886 fuhr Karl Benz mit dem dreirädrigen Patent-Motorwagen zum ersten Mal durch die Straßen Mannheims. Im Herbst 1886, nach der bisherigen Überlieferung, fuhr Maybach zusammen mit Daimler das erste vierrädrige Fahrzeug, eine umgebaute Pferdekarosse, von Cannstatt nach Untertürkheim. Das allerdings könnte auch, wie oben berichtet, erst 1888 gewesen sein.

Damit ist die Frage, wer jeweils der erste war, genau beantwortet. Es ist Daimler, der das erste Motorrad der Welt, das Reitrad schuf; es ist Benz, der das erste Automobil erfolgreich auf die Straße brachte.

Aufbauend auf der Daimler-Benz-Tradition hat sich so im Verlauf von nahezu hundert Jahren ein großes, weit verzweigtes, in allen Staaten der Welt vertretenes Unternehmen entwickelt, dessen Geschichte zu schreiben sich lohnt. Sie ist über erste weite Strecken hinweg identisch mit der Geschichte des Verbrennungsmotors und mit der Geschichte des Automobils. Sie ist aber zugleich ein unverzichtbarer Teil der Geschichte der Technik.

*Das erste Daimler-Motorboot in Hamburg. (Schwäb. Merkur)*

# Das Boot mit dem „Nähmaschinchen“

## Heimliche Fahrten auf dem Neckar — Das erste Daimler-Motorboot in Hamburg

rz. Im Jahre 1886 baute Gottlieb Daimler seinen wenige Jahre zuvor konstruierten Motor auch in ein kleines Boot ein. Es wurden Probefahrten auf dem Neckar veranstaltet. Das mußte aber ganz geheim geschehen, da die Menschen damals eine ganz unglaubliche Angst vor dem Benzin hatten. Jeden Morgen trug ein besonders verpflichteter Arbeiter den sorgfältig verpackten Motor — so klein war er damals noch — schon um ½3 Uhr an den Neckar, wo das Versuchsboot lag und wo er eingesetzt wurde. Dann begannen die Probefahrten, aber sobald am Morgen die ersten Passanten sichtbar wurden, nahm man den Motor wieder heraus, packte ihn ein und trug ihn auf Schleichwegen nach der kleinen Fabrik zurück. War man aber schon einmal länger mit den Fahrten beschäftigt, dann wagten sich die Cannstatter nicht an den Fluß, wo das Boot mit unheimlichem Geknatter und Gefauche sein Unwesen trieb. Um die Benzinfurcht zu bannen, kam Daimler auf den Gedanken, den allzu ängstlichen Cannstattern elektrischen Antrieb vorzutäuschen. Er spannte rings um den Bootsrand Drähte, die auf Porzellanköpfe montiert waren. Daimler wandte sich aber bald wieder dem Straßenfahrzeug zu, wohl wissend, daß hier die größten Entwicklungsmöglichkeiten für seine Erfindung lagen. Er ist aber trotzdem der Begründer des Motorbootwesens.

Die Motorboote aus dem Jahre 1888 sahen schon recht schmuck aus und unterschieden sich damals schon wenig von ihren heutigen einfacheren Artgenossen. Eines der ersten Boote war ein Geschenk Daimlers an Bismarck, der es in Friedrichsruh gerne zu Spazierfahrten benützte. Im gleichen Jahre kam aber auch ein Boot nach Hamburg. Darüber schreibt uns Hr. Alfred Lewerenz-Hamburg, der jene Zeit noch miterlebt hat, u. a.:

### „Die sieben Schwaben“ auf der Elbe

Am 15. Oktober 1888 sah Hamburg das erste Motorboot auf der Elbe. Gottlieb Daimler war mit seinem Sohn Adolf auf Veranlassung seiner Vertreter Deurer u. Kaufmann nach Hamburg gekommen, um weiten Kreisen seine Erfindung vor Augen zu führen. Als ich das sieben Meter lange Holzboot „Die sieben Schwaben“ im Gefolge der Schlepper steuerte, die Kaiser Wilhelm II. auf seiner Fahrt durch den neuen Freihafen begleiteten, erregte das auf den hohen Wellen bedenklich schaukelnde Boot allgemeines Erstaunen und Rätselraten, woher es seine Kraft entnehme. Man sah keinen Rauch, hörte keinen Lärm und entdeckte nur einen kleinen viereckigen Kasten. Alles riet auf Edison, auf dessen Namen zu jener Zeit alle Wunder der Elektrizität zurückgeführt wurden. In dem Kasten steckte aber der Daimler-Petrol-Motor, der in seinen V-förmig gestellten beiden Zylindern bei 740 n 2 PS entwickelte. An diesem Tage begann meine Tätigkeit für die Einführung des neuen Verkehrsmittels, das vorbereitend auch dem Automobil den Siegeszug durch die Welt ebnete und als Keimzelle angesehen werden kann für alles, was heute mit Motorkraft sich bewegt. Der Leiter einer unserer größten Werften bei der Vorführung erklärte mir freundlich und wohlwollend: „Glauben Sie nicht, junger Freund, daß jemals ein Schiff mit so einem Nähmaschinchen die See befahren wird.“ Ich konnte den Herrn im Jahre 1917 an seinen Ausspruch erinnern, als ich ihm bei einer Fachtagung zu seinen erfolgreichen U-Boot-Bauten Glück wünschte.

### Die Einführungsjahre waren nicht leicht

Abneigung gegen das feuergefährliche Benzin, Unkenntnis der älteren Maschinistengeneration über den Motor, der die ihr ungewohnt hoch erscheinende Umdrehungszahl des Motors Bedenken schuf, die in dem Wort gipfelten: „Dampf ist Dampf“. Doch der Erfolg blieb nicht aus. Der praktische Blick des auf den Hafenbetrieb eingestellten Geschäftsmannes erfaßte den ungeheuren Vorteil der schnellen Beförderung von Leuten und Waren durch ein Boot, das keinen Heizer oder Steuermann brauchte, das jederzeit betriebsbereit durch den Mann bedient werden konnte, der bisher mit seinem Ruderboot gegen Wind und Wetter nur langsam vorankam. Als erste Hamburger Firma bestellte die bekannte Segeltuch- und Tauwerkfirma Canel u. Sohn ein mit einem 2-PS-Daimler-Motor ausgerüstetes Boot, das auf der Werft von Ed. Höpner, Steinwärder, erbaut wurde. Die Form dieses Fahrzeuges ist der

### Urtyp des Hamburger Hafenbootes

auf dessen Entwicklung, der Motorenindustrie folgend, heute in allen Häfen der Welt der Kleinverkehr sich eingestellt hat.

Erfreulich sich mehrende Bestellungen auf Bootsmotoren nicht nur für Deutschland, sondern auch für viele überseeische Absatzgebiete, ermöglichte dem Ende der 80er Jahre nur kleinen Werk Daimlers die Entwicklung seiner Automobilpläne.

# 4 Daimler-Motoren zu Lande, zu Wasser und in der Luft

Wenn man die These akzeptiert, daß die Geschichte der Erfindungen zugleich die Lebensgeschichte ihrer Erfinder ist, dann muß man wissen, daß Gottlieb Daimler, als er Deutz verließ und in Cannstatt begann, ein kranker Mann war. Er litt unter den ersten Anzeichen einer Angina pectoris.

Auch seine Frau war schon beim Eintreffen in Cannstatt nicht mehr gesund: In den Aufregungen der letzten Deutzer Jahre hatte auch sie sich ein Leiden zugezogen.

Beide erhofften sich Besserung von den Cannstatter Quellen, in deren unmittelbarer Nachbarschaft sie nun wohnten. Aber beide wußten auch, daß Herzleiden nur schwer kurierbar sind.

Von nun an steht alles, was im Hause Daimler geschieht, unter einem geheimen, niemand bekannt gemachten und nie veröffentlichten Gesetz, das sich jedoch aus allen Handlungen und allem Tun deutlich ergibt: Da wir nicht wissen, wie lange wir noch zu leben haben, müssen wir alles tun, um unser Werk und unsere Nachkommenschaft zu sichern.

Und ebenso unausgesprochen gehört das alte, aus den Oden des Horaz stammende Merkwort dazu: carpe diem, das heißt „Pflücke den Tag!", genieße, solange du kannst. Aus diesen psychologischen Voraussetzungen heraus ist vieles zu verstehen, was den Biographen bislang recht unverständlich oder widersprüchlich erschien.

In der kleinen Werkstatt in der Taubenheimstraße wurde nach den Erfolgen mit dem Reitrad und der selbstfahrenden Kutsche weiter probiert und konstruiert. Als nächstes meldete Daimler ein Patent für ein Motorboot an unter dem Titel: „Einrichtung zum Betriebe der Schraubenwelle eines Schiffes mittels Gas oder Petroleumkraftmaschine".

Um Mitfahrer und Zuschauer über die heillose Angst vor der Explosionsgefahr hinwegzuhelfen, ließ er Porzellanisolatoren und Drähte am Rand des Bootes anbringen, erklärte auch manchem Neugierigen, das Boot mit dem komischen Kasten im ersten Drittel des Schiffes, in dem es so merkwürdig tuckerte, laufe „öllecktrisch", ein kleiner Spaß von der Art, wie ihn Daimler, der sehr kinderfreundlich war, gerne vor kleinem Publikum machte.

Das Boot, das sechs Meter lang war und ein Dutzend Personen trug, funktionierte auf dem Neckar tadellos; es erreichte eine Geschwindigkeit von 10 km/h. Von der Polizei wurde es stillschweigend geduldet.

## Die Falschmünzerei

Daimler hatte nämlich sozusagen ein Guthaben bei der Polizei. Die jahrelangen, unter strengstem Verschluß stattfindenden Arbeiten der zwei Männer im Gartenhaus hatten den Argwohn der Nachbarn Gottlieb Daimlers geweckt. Diese nächtlichen Arbeiten, das Klirren, das Bohren und Pressen und zugleich das Heimlichtun konnten ja keinen anderen Grund haben als Falschmünzerei!

Da man sich aber nicht ganz sicher war, brach die Polizei eines Nachts mit Hilfe von Nachschlüsseln in die Werkstatt ein: Anstelle von Prägestöcken und Falschgeld fand sie zu ihrer großen Enttäuschung nur Zahnräder und Teile eines unverständlichen Motors.

Der erfolglose Einbruch kam auf Umwegen zu den Ohren Daimlers, der auf höfliche und humorvolle Weise die Polizei zu einem Arrangement bewog: Er erzählte nichts von gewissen nächtlichen Abenteuern und Über-

*1 Straßenbahn vom Kursaal zum Wilhelmsplatz in Cannstatt 1887 (im Hintergrund Standbild des Königs).*
*Auf der Bank Maybach und Daimler.*

*2 Motorboot „Marie“, Lieferung Daimlers an den Fürsten Bismarck.*

*3 Ein 4-PS-Daimler-Motor, 1888 erstmalig als Luftschiffmotor verwendet.*

*4 Daimler-Feuerspritze, die sich bereits 1892 bei Löscharbeiten in Cannstatt auszeichnete. Von 1896 bis 1925 war sie bei der Erfurter Feuerwehr in Betrieb. (Die erste Daimler-Feuerspritze wurde 1888 gebaut.)*

*5 Erstes Daimler-Taxi 1897.*

*6 Daimler-Zweizylinder-V-Motor 1889.*

*7 Prospekt zum ersten Taxi-Unternehmen der Welt.*

2

1

5

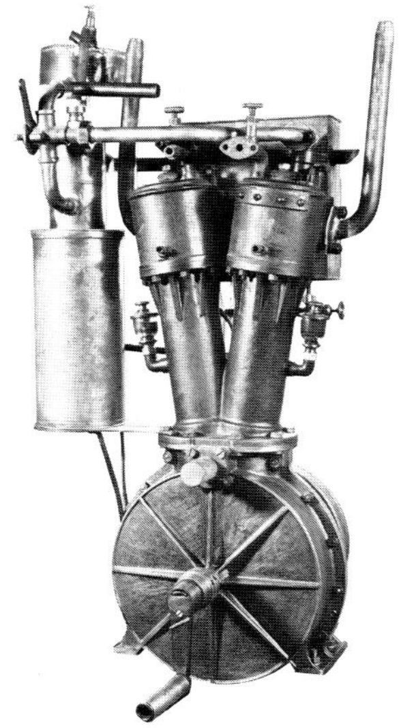

6

3

7

# Daimler
# Motor-Wagen-Kutscherei
## STUTTGART.

Motorwagendepot
**Im Thürlen 00**
in der Bahnhofstrasse
oberhalb
der Fabrik Leins & Cie.
Telephon 1825.

Fahrten
nach auswärts für
jedermann, besonders zu
Vergnügungsfahrten
sowie
Jagd- und Sportzwecken.

**Vertretung für den Verkauf. — Bei Kauf Probefahrten gratis.**

Tagesleistung eines Wagens bis zu 200 Kilometer.

***Gesellschaften bis zu 6 Personen in einem Wagen. — Abonnements.***

**Vermietung** von Wagen mit Kutscher bei Wochen-, Monats- oder Jahresabschluss für Aerzte, Reisende etc. zu 2—4 Sitzplätzen. — **Gummiräder.** — Geräuschloser, geruchloser und vollständig gefahrloser Betrieb.

Fein gepolsterte Wagen, Schutz gegen Sonne und Regen, bei kühler Witterung der Fond des Wagens geheizt.

Die hocheleganten Fahrzeuge werden von geübten Leuten in Livree **sicher** geleitet.

Wegfall aller und jeder Spesen, wie Stallgelder etc.

Die Wagen sind in **zwei Minuten** zum Fahren gerüstet.

Stellung von **Galawagen zu Festlichkeiten,** für **Korsofahrten** von Sportsgesellschaften. Bei zeitiger Vormerkung nach allen Städten Württembergs, wo derartige Festlichkeiten stattfinden.

In Anbetracht der grossen Entfernungen, welche diese Wagen zurücklegen, **sind die Preise gegen Droschken mit Pferden enorm billig. Preise nach Uebereinkunft.**

**Vorausbestellungen** der Wagen und Feststellung der Fahrten können im Depot **Jm Thürlen Nr. 00** in der Bahnhofstrasse, oberhalb der Fabrik **Leins & Cie.,** persönlich gemacht und die Wagen besichtigt werden. **Telephon Nr. 1825.**

Ebenso übernimmt Vermittlung von Fahrten Herr **Ed. Frasch,** Cigarrenladen, Königsstrasse 70. Telephon 827.

**Schriftliche Anfragen und Bestellungen werden postwendend beantwortet.**

***Die Wagen fahren jederzeit auf Wunsch der tit. Besteller zum Abholen an Wohnungen oder bestimmten Plätzen vor. In Extrafällen stehen auch bei Nachtzeit die Wagen jederzeit zur gefl. Benützung.***

Dieses zeitgemässe Unternehmen wird den hohen Herrschaften, Offizieren, Jagd- und Sportsgesellschaften sowie jedermann zur gefl. Benützung bestens empfohlen.

**Daimler Motor-Wagen-Kutscherei**

Im Thürlen Nr. 00 in der Bahnhofstrasse, oberhalb der Fabrik Leins & Cie.
Strassenbahnlinie Bahnhofstrasse-Prag.

*Telephon 1825.*

4

griffen der Polizei, und die Polizei gestattete großzügig die Versuche mit dem neuen Daimler-Motor.

Es war übrigens recht eigentlich der Daimler-Bootsmotor, der zuerst erfolgreich war. Von der Kutsche und erst recht von dem Reitrad nahm kein Interessent Notiz. Es sprach sich auch herum, daß Daimler dem Fürsten Bismarck ein Motorboot geliefert hatte (1888). Die Familie bestätigte später, daß der Fürst möglicherweise auch einmal das Boot benutzt habe. Weshalb das Boot, das einen Baldachin tragen konnte und vornehm ausgestattet war, den Namen „MARIE" am Bug präsentierte, darüber konnte niemand Auskunft geben. Man darf vielleicht annehmen, daß es sich um Bismarcks Tochter Marie gehandelt hat.

Im Oktober 1886 führte Daimler das „Petrol-Motor-Boot" auf dem Waldsee in Baden-Baden der Presse vor. Die Presse spendete Anerkennung. Maybach beteiligte sich mit einem Boot an einer Ruderregatta in Frankfurt; die Polizei wollte ihn, da er nicht gemeldet war, dabei festnehmen. Doch fuhr er dem Polizeiboot zum Gaudium der Zuschauer immer wieder davon, wenn die Polizisten glaubten, sie hätten ihn. Auch das war eine Art der Werbung.

## Daimler am Seelberg

Nun, da immerhin Bestellungen auf Boote einliefen und neue, größere Konstruktionsaufgaben auf die beiden Ingenieure zukamen, machte sich Daimler auf die Suche nach einem eigentlichen Fabrikgelände. Er fand es in unmittelbarer Nähe seiner Cannstatter Wohnung auf dem Seelberg in den Bauten einer zum Verkauf stehenden Vernickelungsanstalt. Der Name Seelberg stammt von den Seelen der auf diesem Gelände bestatteten vorgeschichtlichen Bewohner Cannstatts. Beim Ausgestalten seines Gartens stieß Daimler auch immer wieder auf Funde diluvialer Herkunft, vor allem Mammutzähne und Knochen, die er mit sicherem Blick erkannte und dem Stuttgarter Naturalienkabinett überließ, wo man sie heute noch besichtigen kann. Wir begegnen in Daimler einem technischen Ingenium, einem Menschen, dessen schöpferische Kraft nicht nur in die Zukunft weist, sondern auch sehr wohl einen Blick für die Vergangenheit übrig hat. Anstatt notwendige und kostspielige Bauarbeiten fortzuführen, läßt er die Arbeiten einstellen, um den ihm bekannten Altertumsforscher und Geologen Professor Fraas heranzuziehen und wertvolle Funde für die Nachwelt zu sichern. Das Seelberggelände, das Maybach zunächst viel zu groß erschien, bedurfte kostspieliger Einrichtungen. Im Juli 1887 erfolgte der Umzug aus der zu klein gewordenen Werkstatt in der Taubenheimstraße. Auch Maybach zog mit seinem Konstruktionsbüro, das er in seiner Privatwohnung führte, jetzt nach dem Seelberg um. Karl Linck führte als Buchhalter den kaufmännischen Betrieb.

Es waren rund zwei Dutzend ausgesuchte Arbeiter, die er zum damaligen Höchsttarif beschäftigte: per Arbeitstag 4,50 Mark. Der Jahreslohn lag bei etwa 1.750,– Mark. Maybach erhielt nach dem Anstellungsvertrag, den Daimler noch in Deutz mit ihm geschlossen hatte, ein festes Monatsgehalt von 300,– Mark, dazu monatlich 100,– Mark, die aus einem von Daimler für Maybach festgelegten Kapital von 30.000,– Mark stammten. Den 1.750,– Mark eines Facharbeiters standen also für den Konstrukteur, Zeichner und technischen Direktor Maybach 4.800,– Mark gegenüber. Der Preis einer Arbeiterwohnung lag damals im Schnitt bei 20 Prozent des Monatslohnes.

Daimler entfaltete nun zusammen mit Maybach eine wahrhaft hektische Initiative auf dem Gebiet der Verbesserung des geschaffenen Motors ebenso wie im Bereich Werbung und Vertrieb. Nicht nur seine eigene Erkrankung und die gesundheitlich schlechte Lage seiner Frau brannten ihm auf den Nägeln: Er hatte die Verantwortung für die finanzielle Existenz der Familie Maybach, des Buchhalters und der zwei Dutzend hochwertigen Arbeiter. Er nahm diese Verantwortung nicht leicht. So wie er jeden seiner Arbeiter selbst ausgesucht hatte und ihn und seine Lebensverhältnisse genau kannte, so ist auch überliefert, daß er sie in schwierigen persönlichen Lagen beriet und – wo er konnte – half.

Von 1882 bis 1887 hatte er immer nur Ausgaben bestritten. Jetzt ging es allmählich, trotz der Ersparnisse und der hohen Dividenden aus den Aktien der Rheinischen Gas-Motorengesellschaft Deutz, für Daimler an die Substanz. Der Erfolg der Bootsmotoren reichte nicht aus, die Auslagen zu decken.

So machte sich Daimler daran, auf allen Fronten anzugreifen und seinen Motor einzusetzen und bekanntzumachen: zu Lande, zu Wasser und in der Luft. Aus dieser Zeit stammt sein Gedanke an einen dreizackigen Stern als Marke für die drei Einsatzbereiche.

## Daimlers Benzinmotoren laufen überall

Daimlers Motoren hatten sich in den Hafenbarkassen in Hamburg und Bremen auf das beste bewährt. Dann richtete Daimler, nachdem er auf dem Seelberg mehr Platz gewonnen hatte, ein Gesuch an den Cannstatter Gemeinderat, eine kleine Bahn mit 45 cm Spurweite die Strecke vom Wilhelmsplatz zum Kursaal in Cannstatt (ein Kilometer) mit einer Lokomotive nach eigenem Patent und kleinen Wagen mit zehn bis zwölf Sitzen befahren zu dürfen. Der Fahrpreis betrug fünf Pfennig.

In Marburg, in Bremen und in Wien legten Daimlers Monteure ähnliche Ausstellungsbahnen an.

Daimlers Freund Balz in der Eisenbahndirektion genehmigte 1887 Probefahrten mit einem Eisenbahnwagen, in den ein Daimler-Motor eingebaut war. Vier solcher Triebwagen, auch ein Straßenbahnwagen, wurden bestellt und geliefert. Aber zum Leidwesen Daimlers blieb es dabei

## *Typenbezeichnungen*

*Stahlradwagen (1889) nannte Daimler die erste, von der Motorkutsche abweichende Bauart. Benz bezeichnete sein erstes Motorfahrzeug als Patent-Motorwagen (1886), und seinen ersten Vierradwagen taufte er Viktoria (1893). Den Namen Velo (1894) leitete er von Velociped (Fahrrad) ab. Die Bezeichnungen Phaeton, Landauer, Break, Tonneau, Vis-à-vis und andere wurden aus dem Kutschenbau übernommen. Zur Kennzeichnung der Leistung fügte man später auch die PS-Zahl hinzu, zum Beispiel 6-PS-Spider.*

*Etwa von 1902 an wurden bei der Typenbezeichnung die errechnete Nennleistung (damals nominelle Leistung genannt) und die Bremsleistung angegeben, zum Beispiel 14/18-PS-Phaeton. Nach Einführung der Steuerformel bedeutete die erste Zahl die Steuer-PS und die zweite die effektive Leistung, zum Beispiel 10/30 Benz-Tourenwagen. Bei Rennwagen, an deren Klassifizierung die Steuergesetzgebung nicht interessiert war, entfiel die Angabe der Steuerleistung. Zur Kennzeichnung von Fahrzeugen mit Kompressormotoren dienten drei Zahlen: die Steuer-PS, die effektive Leistung ohne und die Höchstleistung mit Kompressor.*

*(Chronik)*

auch. Auf dem Feuerwehrtag in Hannover wurde 1888 eine motorisierte Feuerwehrspritze unter großem Beifall vorgeführt, und selbst in des Leipziger Buchhändlers Wölfert eigenhändig konstruiertes Luftschiff plazierte Daimler seinen Einzylindermotor, der mit Hilfe eines leichtgewichtigen Mitarbeiters – Wölfert war für die Motorleistung zu schwer – vom Seelberg nach Kornwestheim flog (vier Kilometer). Wölferts tödlicher Absturz später verhinderte weitere Versuche.

1888 überraschte Daimler die Stuttgarter Bürger mit der Einrichtung einer „Motorwagen-Kutscherei", dem ersten Taxi-Unternehmen der Welt. Zu Lande, zu Wasser und in der Luft funktionierte Daimlers Motor wie geplant.

Immer deutlicher stellte sich allerdings heraus, daß der Einzylinder-Motor für viele Anforderungen einfach zu schwach war. So machte sich Maybach nach Beratungen mit Daimler an die Konstruktion eines Zweizylinders.

Nahe lag dabei die Verdoppelung der „Standuhr". In dem neuen Motor waren in einem V-Winkel von 17° die beiden Zylinder zueinander angeordnet. Die Kurbelkastenluftpumpe mußte für den Patentanspruch herhalten. Die Arbeitsweise der beiden Zylinder war die gleiche wie in der „Standuhr". Die Leistung betrug bei knapp über 600 U/min zirka 2 PS.

### Daimlers Stahlradwagen in Paris 1889

Jetzt erscheint Daimler der Augenblick gekommen, auf der Weltausstellung in Paris 1889 die Aufmerksamkeit des Publikums auf den Motorwagen zu lenken. Maybach rät zur Konstruktion eines neuen Wagens, passend zu dem neuen Motor; er ist für Zahnradübertragung im Gegensatz zum Riemenantrieb. Daimler, klüger, hält *eine* Novität für ausreichend, gibt aber dann Maybach nach, und so entsteht der elegante und sehr modern wirkende Stahlradwagen. Die Teile stammten von der Strickmaschinenfabrik Neckarsulm, Abteilung Fahrradbau.

Aber Daimler behält recht; der superneue Stahlradwagen erregt zwar Aufsehen, findet aber keinen Anklang. Übrigens hatte er eine gewisse Ähnlichkeit mit dem Benzschen dreirädrigen Motor-Patent-Wagen, der freilich seinerseits ebenfalls keine Beachtung fand.

Nur die elektrische Beleuchtung mit dreißig Glühlampen aus einem Dynamo, den ein Daimler-Motor antrieb, erweckte Erstaunen. Eine Miniatur-Straßenbahn, ähnlich der Cannstatter, und zwei Daimler-Boote auf der Seine erregten ebenfalls einiges Aufsehen.

Wichtig war, daß in Paris zwei Herren mit Namen Levassor und Panhard sowie eine Frau Sarazin sich für die

1 Der Stahlradwagen fährt durch die Straßen. Am Steuer Maybach, neben ihm Adolf Daimler.

2 Konstruktionszeichnung zum Stahlradwagen.

3 Der Stahlradwagen 1889.

1

2

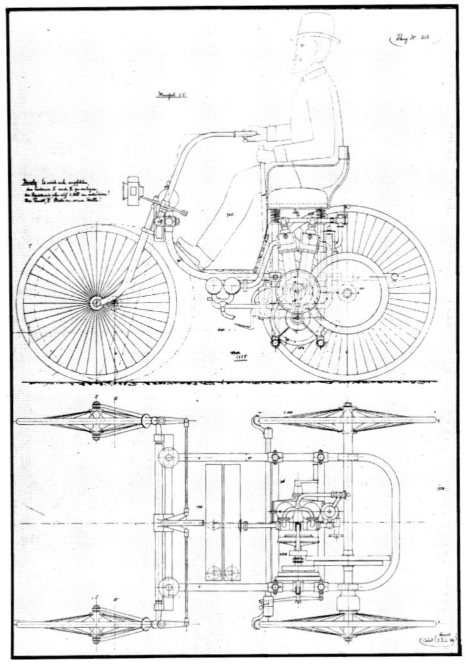

3

Daimlerschen Produkte interessierten und das mit Grund.

Eduard Sarazin, der Mann der oben erwähnten Frau Sarazin, war Vertreter der Gasmotorenfabrik Deutz in Frankreich seit 1874. Daher kannte er Daimler und sein Programm. Er starb im Dezember 1887 und gab noch auf dem Totenbett seiner Frau den Rat, die geschäftlichen Verbindungen mit Daimler weiterzupflegen. „Seine Sache ist unbedingt vertrauenswürdig, und sie wird eine Zukunft haben, deren Größe wir uns heute noch nicht vorstellen können."

## Daimler-Motoren in Frankreich

Sarazin, der eine Zweigniederlassung von Deutz in Paris betrieb, hatte Daimler in Cannstatt in der Taubenheimstraße besucht und sich mit ihm über seine Pläne unterhalten; ihm auch versprochen, den leichten Schnelläufer, wenn er erst da wäre, in Frankreich einzuführen.

Er nahm dann französische Patente auf Daimlers Erfindungen und fand in der Firma Panhard und Levassor verständnisvolle Mitarbeiter zu einer Zeit, da Pariser Ingenieure noch wenig über Daimler wußten. Doch dann starb Sarazin, und seine Frau, eingedenk des Rates ihres Mannes, schrieb Daimler kurze Zeit darauf und kündigte ihm ihren Besuch an. Herr Levassor hatte sich nämlich bei ihr erkundigt, ob er den Motor nach Patent Daimler bauen solle, den Herr Sarazin ihm noch in Auftrag gegeben habe.

Das gab Madame Sarazin den Anstoß, nach Cannstatt zu reisen, um mit Daimler selbst zu sprechen. „Sie mußte sich unbedingt die Konzession für Daimler-Motoren sichern", berichtet Pierre Souvestre in seiner Geschichte des Automobils Paris 1907.

„Frau Sarazin wird niemals die entscheidende Stunde vergessen, die sie in dem kleinen Büro zu Cannstatt verbrachte, Aug' in Aug' mit Gottlieb Daimler." Daimler saß ihr stumm, aber aufmerksam gegenüber und hörte zu, wie sie ihre Gedanken entwickelte. Zeitenweise hielt Daimler die Augen geschlossen: Er, ein alter, kranker Mann saß einer jungen, aktiven, von Zukunftsgedanken begeisterten Frau gegenüber. Was konnte man mit einer solchen Frau zusammen wagen? Emma, seine eigene Frau, war schon seit einiger Zeit bettlägerig, ihr Leiden hatte zugenommen.

Er träumte; sie aber fragte ungeduldig: „Warum antworten Sie nicht?" Sie wußte, daß Daimler fließend französisch sprach. „Sie verstehen doch, was ich meine?"
Daimler antwortete: „Oh ja, ich verstehe Sie sehr gut. Ich überlege mir, wie man das machen könnte."

Schließlich einigten sie sich freundschaftlich, wobei Daimler Madame das Zugeständnis machte, sie brauche für Lizenzen erst zu zahlen, wenn sie damit verdient habe.

Diese energisch zupackende Frau hatte Daimler imponiert.

Bei ihrer Rückreise führte sie im Reisegepäck einen Daimler-Motor mit; sie bekam jedoch an der Grenze Schwierigkeiten und durfte erst nach Eingreifen eines französischen Ministers, der zufällig mit im Zuge war, die Grenze passieren.

Das Ende vom Lied, das kein Roman, sondern ein verbürgter Tatsachenbericht ist, war die Heirat zwischen Madame Sarazin und Monsieur Levassor. Inzwischen war die Nachfrage nach Daimler-Motoren in Frankreich so groß geworden, daß die Firma Panhard und Levassor mit den Patenten, die sie Frau Levassor-Sarazin verdankte, „sich gezwungen sah, alle Angebote anderer Firmen zurückzuweisen und sich für die eigenen Wagen das Vorrecht zur Benützung des Daimler-Motors vorzubehalten" (Farman in „The Motor-Car-Journal" 10.3.1899). Diese Vorgänge legten die Fundamente für die so rasch gewachsene französische Automobilindustrie.

Daimler verlor seine so sehr geliebte Frau am 23. Juli 1889.

## Gründung der Daimler-Motoren-Gesellschaft

Schon eine ganze Zeit lang hatten ihm Max Duttenhofer und Wilhelm Lorenz, zwei Fabrikanten, hinter denen die Württembergische Vereinsbank mit ihrem Direktor Steiner stand, in den Ohren gelegen, wie man im Schwäbischen sagt, er, Daimler, müsse sich eine weitere finanzielle Grundlage für seine epochemachenden Erfindungen schaffen. Max Duttenhofer war Generaldirektor der Köln-Rottweiler Pulverfabriken, Wilhelm Lorenz Vorstand in einer Patronenfabrik. Zu Lorenz gehörte ein Ingenieur, Max Georg Schrödter, von Düsseldorf, der mit Lorenz befreundet war und den Lorenz gewissermaßen als seinen Vertrauensmann in die zu gründende Firma hereinbringen wollte.

Frau Emma, schwer krank, hatte sich in ihren letzten Tagen nach anfänglichem Zögern ebenfalls diese Ansicht zu eigen gemacht, sie redete ihrem Mann zu, das große Werk zu retten, indem er in seine Firma potente Geldgeber aufnähme. Sie hatte sich vor ihrem Tode sogar auf die Seite Duttenhofers gestellt und ihrem zögernden und mißtrauischen Mann noch das Versprechen abgerungen, für ihre fünf Kinder dadurch zu sorgen, daß er diese beiden Finanzfachleute Duttenhofer und Lorenz in die Firma hereinnähme.

Es ist eine Parallele zu den Verhandlungen von Benz, der ebenfalls, wenngleich in viel mißlicherer Lage, um weiterarbeiten zu können, die nächstbesten Kapitaleigner akzeptieren mußte, ja, glücklich war, überhaupt jemanden zu treffen, der Geld in eine Erfindung steckte, von deren endlichem Erfolg er in Mannheim genauso felsenfest überzeugt war wie Gottlieb Daimler in Cannstatt.

Nicht ganz so glücklich fühlte sich Daimler, der Duttenhofer schon aus der Deutzer Zeit kannte und glaubte, er habe ihm nach seiner Rußlandreise wertvolle Tips gegeben. Tatsächlich hatte Daimler Duttenhofer bei der Grün-

*Das Programm von 1896 zeigt, daß Daimler seinen Plan, die Motorisierung von Fahrzeugen und Arbeitsmaschinen, in die Tat umgesetzt hat.*

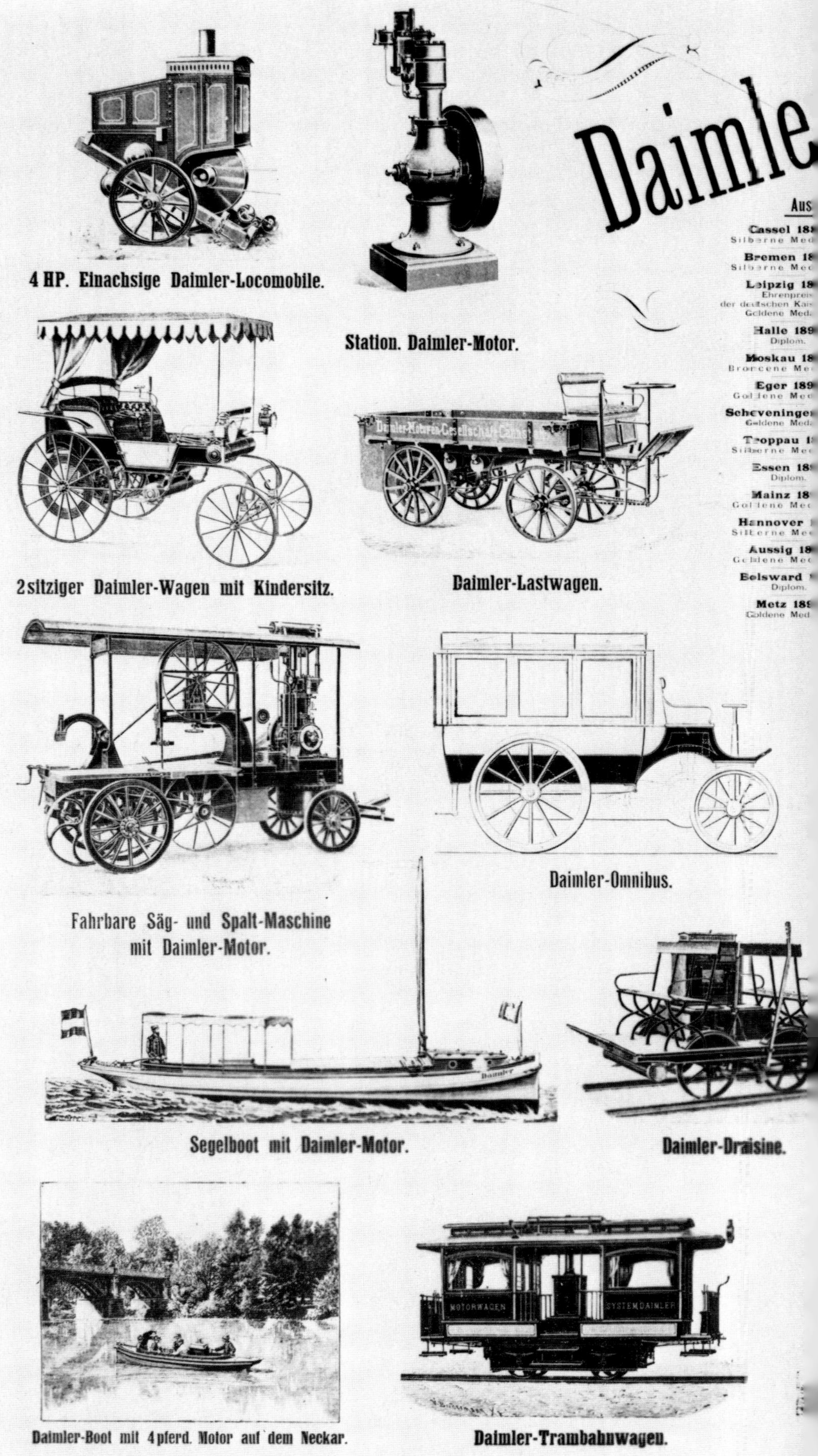

# Motoren-Gesellschaft

## CANNSTATT

**Auszeichnungen:**

**Nymwegen 1893**
Silberne Medaille.

**Chicago 1893**
5 Diplome mit Medaillen.

**Uithuizen 1894**
Grosse silberne Medaille.
Ehrenpreis d. Königin-Regentin und 300 fl. Prämie.

**Norden 1894**
Goldene Medaille.

**Erfurt 1894**
Broncene Medaille.

**Stuttgart 1894**
Goldene Medaille.

**Lauenburg a. E. 1894**
Diplom.

**Ulm a. D. 1895**
Broncene Medaille.

**Turin 1895**
Goldene Medaille.

**Lübeck 1895**
Goldene Medaille.

**Düsseldorf 1896**
Silberne Medaille.

**Aberdeen 1896**
Goldene Medaille.

**Banff 1896**
Goldene Medaille.

**Perth 1896**
Goldene Medaille.

**Baden-Baden 1896.**
Goldene Medaille.

2pferd. Daimler-Boot auf dem Neckar.

Station. Daimler-Motor.

12 HP. Daimler-Locomobile.

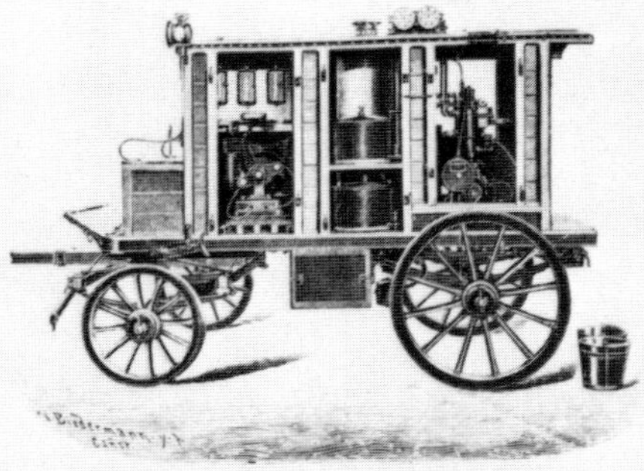

Daimler-Beleuchtungswagen.

Daimler-Victoria-Wagen.

Daimler-Kajütboot mit 20pferd. Motor.

Daimler-Geschäftswagen.

Daimler-Feuerspritze.

Daimler-Locomotive.

Daimler-Lastboot.

Daimler-Wagen.

Daimler-Waggonet.

Daimler-Kajütboot mit 10pferd. Motor.

Daimler-Kajütboot mit 6pferd. Motor (Zürichersee).

dung einer Pulverfabrik am Ladoga-See und einer Pulverfabrik in St. Petersburg helfen können.

Nun versuchte er, der Finanzgruppe Duttenhofer-Lorenz klarzumachen, daß er, Daimler, Geld nicht zur Rettung, sondern zum weiteren Ausbau des Unternehmens brauche, vor allem auch zur Verbesserung seiner Konstruktionen.

Nach einem Vorvertrag vom 14. März 1890, der als Zweck deutlich macht, Daimlers Erfindungen innerhalb einer Gesellschaft nach allen Richtungen hin bestmöglich zu verwerten, kam es zur Gründung einer Aktiengesellschaft unter der Firma „Daimler-Motoren-Gesellschaft" (DMG) am 28. November 1890 mit Sitz in Cannstatt.

600000 Mark in Aktien – ein Stück zu 1000 Mark – wurden so verteilt, daß Daimler mit seinem Paket von 200 Stück in der Minderheit blieb. Maybach und Linck wurden zwar in den Vorstand berufen, doch erhielt Maybach nicht, wie ursprünglich auch von Daimler zugesagt, 30 Aktien, noch wurden für Maybach und Linck annehmbare Verträge ausgearbeitet. Ein Genußschein für Daimler war von der Ausschüttung einer Dividende abhängig gemacht, so daß Daimler von ihm als einem „Scheingenuß" sprach.

Daimler warf den Partnern schon beim Abschluß des Gesellschaftsvertrages Terrormethoden vor: „Bis fünf Uhr fertig, oder wir reisen ab!" und hielt ihnen zudem vor, daß er für das Geschäft bisher über eine halbe Million aufgewendet habe, „und ich soll nun meine Selbständigkeit preisgeben und zusehen, wenn andere laborieren".

Es ist unzweifelhaft, daß Daimler ein genialer Kopf war und den kommenden Fortschritt in der Motorisierung sehr genau voraussah; es ist aber auch sicher, daß er in diesen Gesellschaftsverhandlungen nicht den erforderlichen Überblick besaß und erst hernach feststellte, daß er düpiert worden war. Doch aller Grimm nützte nichts. Maybach unterschrieb seinen Anstellungsvertrag, weil er ihm mißfiel, nicht, und dem guten Linck wurde schlichtweg gekündigt.

Daimler ging es nun wie Benz mit seinen ersten Auftraggebern: Sie hörten nicht mehr auf ihn, ja, sie gaben ihm sogar den dringenden Rat, „seine utopischen Erfindungsgedanken aufzugeben und seine geistige Arbeit ebenso wie sein Geld für nützlichere Dinge zu verwenden".

Um stationäre und langsam gehende Motoren zu konstruieren, die beispielsweise für Molkereien geeignet sein müßten, stellte die Gesellschaft hinter dem Rücken Daimlers zwei Konstrukteure ein, die „Gebrüder Spiel".

Der von ihnen entworfene Petroleummotor erwies sich in der Praxis als unbrauchbar; nur wenige Stücke sind ausgeführt worden. Auch die Konstruktionen des Freundes Schrödter erwiesen sich als nicht brauchbar.

Ende 1892 mußte die Gesellschaft feststellen, daß die Geschäfte schlecht liefen, der Kredit aufgebraucht war. Es zeigte sich, daß es ohne Daimler und Maybach nicht ging. Also sollte man sich mit Daimler wieder vergleichen.

Laut Protokoll von 1892 sind die Mitglieder der Gesellschaft nun bereit, Herrn Daimler die Hand zu reichen.

## Im Gartensaal des Hotels Hermann

Am 26. Oktober 1892 wurde die Vereinbarung geschlossen, wonach Daimler „die technische Oberleitung" im Betriebe besitze. Wenig später setzten Schikanen ein: Daimlers Aufenthaltszeiten im Betrieb wurden kontrolliert. Duttenhofer verlangte Daimlers Anwesenheit im Betrieb während der Geschäftsstunden, Daimler war wütend: So behandelt man keinen Generaldirektor!

Dieser Affront war zweifellos darauf zurückzuführen, daß Daimler, um seine Ideen ungestört weitergestalten zu können, im Spätherbst 1892 den Gartensaal des stillgelegten Hotels Hermann mietete und zu einer Versuchswerkstätte umbaute.

Im März 1893 begannen die Arbeiten der Versuchswerkstatt. Maybach, der auch auf ein erneutes Angebot Duttenhofers nicht bereit war, in die Gesellschaft zurückzukehren: „Ich bin ein Zögling Daimlers . . .", begann in seinem unermüdlichen Eifer im Hotel Hermann mit neuen Konstruktionen, um die Fahrzeugmotoren zu verbessern.

Da Daimler zu der Zeit noch pro forma der Gesellschaft angehörte, mußten die Versuchsarbeiten unter dem Namen Maybach laufen. Für Daimler aber auch für Maybach war dies eine ebenso glückliche Periode wie jene fünf Jahre in der Taubenheimstraße.

Es entsteht der Riemenwagen mit Riemenwechselgetriebe, eine verbesserte Schaltung, eine Schwungradkühlung, die freilich wenige Jahre später der mit Ventilator arbeitenden Röhrenkühlung weichen mußte.

Der Phönixmotor, der Name stammt von Levassor, eine Weiterentwicklung von „Standuhr" und V-Motor, besaß erstmals den von Maybach erfundenen Spritzdüsenvergaser, mit dem die Anpassung an wechselnde Leistung und veränderliche Drehzahlen gelang. Levassor, der diesen von Daimler sogenannten N-Motor (n = neu) in Lizenz nachbaute, hatte mit ihm große Erfolge.

Im Hotel Hermann unter den beschränkten Verhältnissen wurden so zwanzig neue Motoren gebaut, die überall, wo sie eingesetzt wurden, durch ihre Zuverlässigkeit Aufsehen erregten.

Inzwischen erreichte der Streit zwischen Daimler und Duttenhofer samt Genossen seinen Höhepunkt. Gegen den Widerspruch und unaufhörlichen Protest Daimlers sollte die Fabrikation der Motoren nach Ettlingen (bei Karlsruhe) verlegt werden, und als Krönung der Machenschaften wurde Daimler der Konkurs der Gesellschaft angedroht, falls Daimler nicht mit Duttenhofer und Lorenz einen Vertrag abschließe, wonach er sich mit 66666,66 Mark für seinen gesamten Anteil am Vermögen der Gesellschaft und den Rechten an seinen Erfindungen abfinden lasse. Für seinen Verlust und für den Gegenwert seines Genußscheines könne ihm die Betretung des Rechtswegs vorbehalten bleiben.

Die damals wohlbegründete Furcht vor der Ausführung der Drohung, Daimler werde seinen Namen in der Gant-Liste (Gant = Konkurs) stehen sehen, zwang Daimler am

10. Oktober 1894 die Unterschrift unter den Vertrag ab. Er war regelrecht erpreßt worden. Damit war Daimler aus der Gesellschaft ausgeschieden – eine Parallele zum Ausscheiden von Benz aus der Gasmotorenfabrik in Mannheim im Februar 1883. In beiden Fällen beschlossen die Erfinder trotz ihrer verzweifelten Lage, unverdrossen an der Vollendung ihrer Erfindung weiterzuarbeiten.

Wenn Daimler dennoch davon spricht, daß jene Jahre des freiwilligen Exils im Hotel Hermann die glücklichsten seines Lebens gewesen seien, so mag dies trotz der Duttenhofer-Lorenz-Steiner-Intrigen die Romanze des 59jährigen mit Lina Hartmann, geborener Schwend, (1855) bewirkt haben. Sie endete mit einer Hochzeitsreise im Juli 1893 zur Weltausstellung nach Chicago, von der er erst am 27. Oktober 1893 zurückkehrte. Der Biograph Siebertz meint: „Die ehemalige Besitzerin eines Florentiner Hotels" habe ihrem von Sorgen und Arbeitslast zermürbten Manne durch regere Geselligkeit die Tage sonniger zu gestalten versucht. Was hinter dieser schwülstigen Ausdrucksweise steckt, wird in dem Kapitel über die Frauen der Erfinder dargestellt.

## Das Ausland steht auf Daimlers Seite

Von den Erfolgen des Daimler-Motors in Frankreich war schon die Rede. Die amerikanischen Interessen vertrat seit 1888 William Steinway, der aus Deutschland ausgewanderte Klavier- und Flügelfabrikant in New York. Bei der Ausstellung 1893 in Chicago war die Daimler-Gesellschaft mit dem Gesamtprogramm von Wagonnets, Daimler-Motorkutschen, Beleuchtungswagen, Trambahn, Motorboot und Motoren vertreten.

Daimler, der mit seiner jungen Frau auf der Ausstellung war und die Vorführungen eine Zeitlang dirigierte, stellte das große Interesse des Publikums an seinen Produkten fest. Allerdings scheint dabei Daimler, was nicht der Zweck seiner Ausstellungsreise war, die amerikanische Industrie auf die gewaltigen Möglichkeiten der Motorisierung aufmerksam gemacht zu haben:

Ford baute 1893 sein erstes „Gasolin-Wägelchen"; er war damals noch Angestellter der Detroit-Edison-Elektrizitätsgesellschaft.

1897 schloß die Daimler-Motoren-Gesellschaft einen Vertrag mit der amerikanischen Daimler-Motor-Company als Grundlage der deutschen Vertretung in den USA.

1899 kam es auch in Österreich zur Gründung eines Zweiggeschäftes unter der Firma „Österreichische Daimler-Motoren-Kommandit-Gesellschaft Bierenz, Fischer & Co". Die Leitung dieser Firma übernahm am 1. Januar 1902 Paul Daimler, der älteste Sohn Gottlieb Daimlers.

Auch die Bestrebungen, eine italienische Automobilindustrie zu gründen, gehen wohl auf die Beziehungen Daimlers und Benz' zu Italien zurück.

So war von 1891 bis Frühjahr 1892 im Ausstellungspark in Palermo eine von der Maschinenfabrik Esslingen gebaute Daimler-Motor-Straßenbahn mit einer Spurweite von 600 mm mit großem Erfolg in Betrieb. 1892 fand eine aufsehenerregende Fahrt eines 4-PS-Daimler-Motorbootes rund um Sizilien statt. Die Fahrt war von der Alleinvertretung der ME in Italien, einer Gesellschaft in Saronno (Provinz Mailand), für die DMG organisiert worden. Das Schiffstagebuch berichtet von „schwerem Seegang"!

1895 übernahm Ingenieur David Federman in Turin die Generalvertretung der Daimler-Erzeugnisse. Im selben Jahr gewannen Fahrzeuge mit Daimler-Motoren die Goldmedaille im Rennen Turin–Asti–Turin. Diese Erfolge und auch Erfolge der Firma Benz, die eine Vertretung in Mailand hatte, haben offensichtlich den ehemaligen Leutnant in einem Savoyschen Kavallerieregiment, Giovanni Agnelli, sehr stark beeindruckt. Er beschloß nach intensivem Studium der Technik des Motors und des Kraftfahrzeugs, eine Fabrikation ins Leben zu rufen. Im Juli 1899 gründete er die Fabbrica Italiana Automobile d'Torino, kurz Fiat. Man kann annehmen, daß Daimler und Benz auch den Anstoß zur italienischen Automobilindustrie gegeben haben.

In England war immer noch der Locomotive Act in Kraft, wonach vier englische Meilen in der Stunde das Höchstmaß der Geschwindigkeit auf der Straße sein dürfe, zugleich müsse ein Mann mit einer roten Fahne vor dem Gefährt hergehen und die Bevölkerung warnen. Dieses Gesetz, bis 1896 in Kraft, hatte praktisch jeden motorisierten Straßenverkehr unterbunden. Ein alter Bekannter aus der Cannstatter Taubenheimstraßen-Zeit war Frederick Richard Simms, der seit 1893 Leiter der Daimler-Motor-Syndicate Ltd. in London war. Er bekämpfte zusammen mit Harry Lawson vom British Motor Syndicate Ltd. die Straßensperre durch den Locomotive Act.

Inzwischen ging es seit Daimlers und Maybachs Ausscheiden und ihrem völligen Desinteressement mit der Daimler-Motoren-Gesellschaft immer mehr bergab. Während Benz um diese Zeit 120 seiner Wagen verkaufte, hatte die Daimler-Motoren-Gesellschaft nur relativ wenige Wagen verkauft, die überdies alle mit Reklamationen zurückkamen. Diesmal stand der Konkurs wirklich vor der Türe.

Da intervenierten in letzter Stunde der Hamburger Vertreter Deurer, verärgert über die schlechte Qualität der zuletzt gelieferten Bootsmotoren, und der Engländer Simms, der „im Schnellzugstempo" eingriff: Er wollte namens einer Gruppe englischer Industrieller die Lizenz auf den in Rennen erfolgreichen Phönixmotor erwerben. Simms bot dafür den hohen Betrag von 350 000 Mark, jedoch nur unter der Bedingung, daß Daimler in führender Position wieder in die Gesellschaft eintrete.

Das kam wie eine Fügung des Himmels. Die Herren Duttenhofer und Lorenz zierten sich ein wenig. Daimler unterschrieb am 1. November 1895 und dies auf Bitten von Simms.

Bei diesem Vertrag erhielt Daimler die Stellung eines Generalinspektors der Gesellschaft; er wurde finanziell

*1 Internationale Zuverlässigkeitsfahrt Paris–Bordeaux–Paris 1895.*
*Levassor am Steuer seines Panhard-und-Levassor-Wagens mit Daimler-Phoenix-Motor, neben ihm René Panhard.*

*2 Max Duttenhofer 1843–1903.*

*3 Fahrzeugskizzen Maybachs 1893.*

*4 Der Gartensaal des Hotels Hermann in Cannstatt.*

*5 Maybach mit Daimlers zweitem Sohn Adolf im Konstruktionsbüro.*

*6 1896: Der erste Wagen mit vorne angeordnetem Motor.*

*7 Fabrikgelände am Seelberg.*
*Im Wagen in hellem Anzug: Wilhelm Maybach.*

3

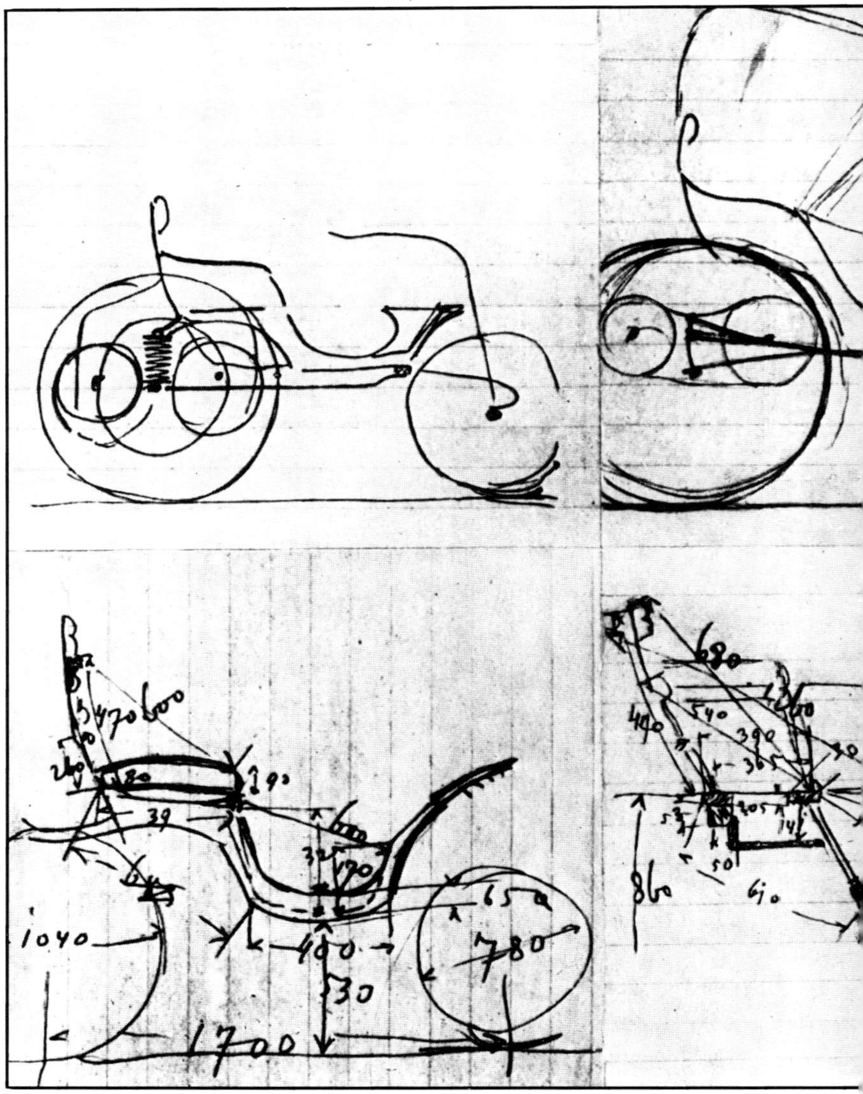

2

1

5

6

7

4

1 *Hochzeitsporträt*
*Lina Daimler, verw. Hartmann, geb. Schwend, Gottlieb Daimler, 8. Juli 1893.*

2 *Menü-Karte zur Hochzeitsfeier von Gottlieb Daimler und Lina Hartmann.*

3 *Daimlers Eintrittsausweis für die Weltausstellung Chicago 1893. Diese Reise war zugleich seine Hochzeitsreise mit Frau Lina.*

4 *Katalog und Preisliste von Daimlers Vertretung in New York, Steinway, 1891.*

3

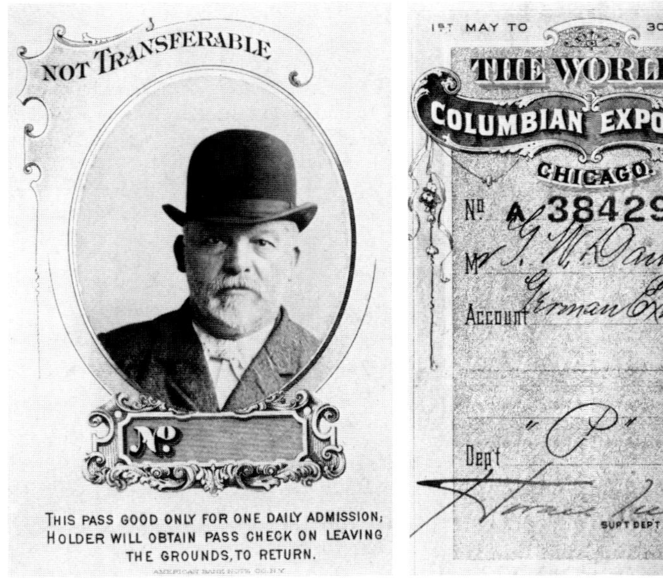


1

2

Hotel Lamm, Post, Hall.

Speisen-Folge

zur

Hochzeits-Feier

von

GOTTLIEB DAIMLER

und

LINA HARTMANN geb. SCHWEND

am 8. Juli 1893.

*Krebssuppe.*

*Rheinsalm mit holländ. Tunke.*

*Lendenbraten, mit Gemüsen umlegt Verschiedene Beilagen.*

*Rehfilet in Madeira-Tunke.*

*Hahnen*

*Salat — Compote.*

*Haselnuss-Bombe.*

*Torte.*

Emil Schwend, Hall.

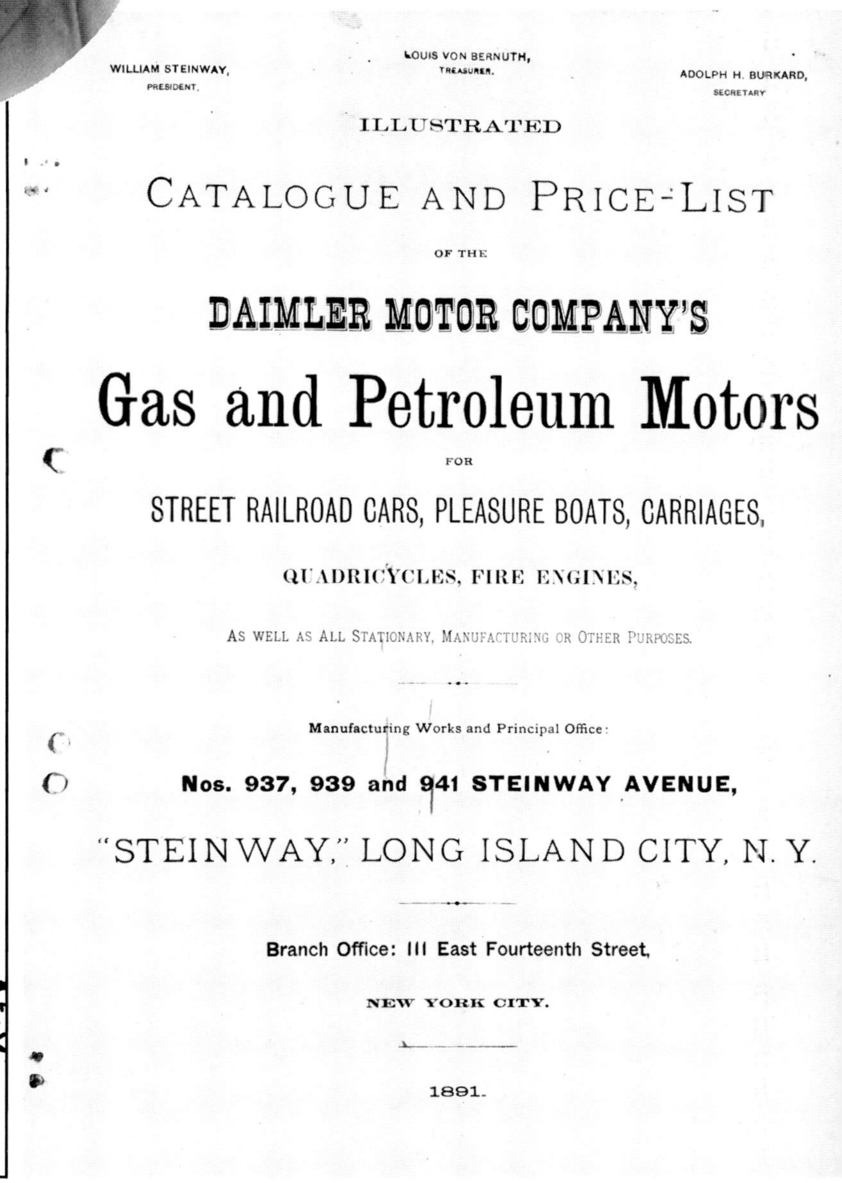

WILLIAM STEINWAY, PRESIDENT. LOUIS VON BERNUTH, TREASURER. ADOLPH H. BURKARD, SECRETARY.

ILLUSTRATED

CATALOGUE AND PRICE-LIST

OF THE

**DAIMLER MOTOR COMPANY'S**

**Gas and Petroleum Motors**

FOR

STREET RAILROAD CARS, PLEASURE BOATS, CARRIAGES,

QUADRICYCLES, FIRE ENGINES,

AS WELL AS ALL STATIONARY, MANUFACTURING OR OTHER PURPOSES.

Manufacturing Works and Principal Office:

**Nos. 937, 939 and 941 STEINWAY AVENUE,**

"STEINWAY," LONG ISLAND CITY, N. Y.

**Branch Office: 111 East Fourteenth Street,**

NEW YORK CITY.

1891.

*5 Brief Daimlers von einer seiner Geschäftsreisen an seine zweite Frau Lina, Paris 1896:*

Meine liebe Alte!
Deine l. Zeilen vom … haben mich sehr gefreut und ihr habt recht getan, H. Levassor zu gratulieren; wir haben ihn gestern besucht und bei ihnen zu Mittag essen müssen, wo er auch zu Tisch kam, aber er kann nur mit Krücken und ganz langsam gehen, bis wieder alles Verrenkte in Ordnung ist; er hat keine innere Verletzung und er war trotz allem ganz lebhaft am Tisch. Wir haben das große Feuerwerk am Eiffelthurm vom Schiff aus auf der Seine gesehen, eingeladen durch Herrn Panhard. Den Einzug des Zars und der … auch von der Wohnung des H. P. in der Rue Royal.
Morgen um 10.30 Uhr v. M. reisen wir über Boulogne, Folkestone nach London. Simms ist schon dorthin. Ellis reist mit demselben Zug. Hier habe mit H. Levassor alles besprochen und können wir vergnügt von dannen ziehen. Ich bin jetzt befriedigt von seinen Ausführungen und s. Anhänglichkeit an unsere Sache. Die Telegramme haben ihn sehr gefreut; aber nichts von der D. M. Gesellsch.! hat er gehört. Nach London mitzureisen kann L. noch gar nicht. Aber ich will doch dahin.
Wenn H. Enslin das Fest verschieben kann, ist es mir sehr lieb; es ist sehr bedauerlich, daß es Frau Enslin so wenig besser geht.
Weiteres morgen von England aus, wenns gut geht.
Herzl. Gruß und Kuß auch unserem Fitte
Dein Gottlieb.
In Eile vor dem Ausgang aus dem Hotel
Grüße an Paul und Tante, H. Linck, Emmy, Martha und Gretel und wer sonst noch…
An Duttenhofer und Geschäft habe nichts bisher geschrieben.

*6 Daimlers V-Motor in einem Vergnügungsboot um 1895, Long Island.*

5

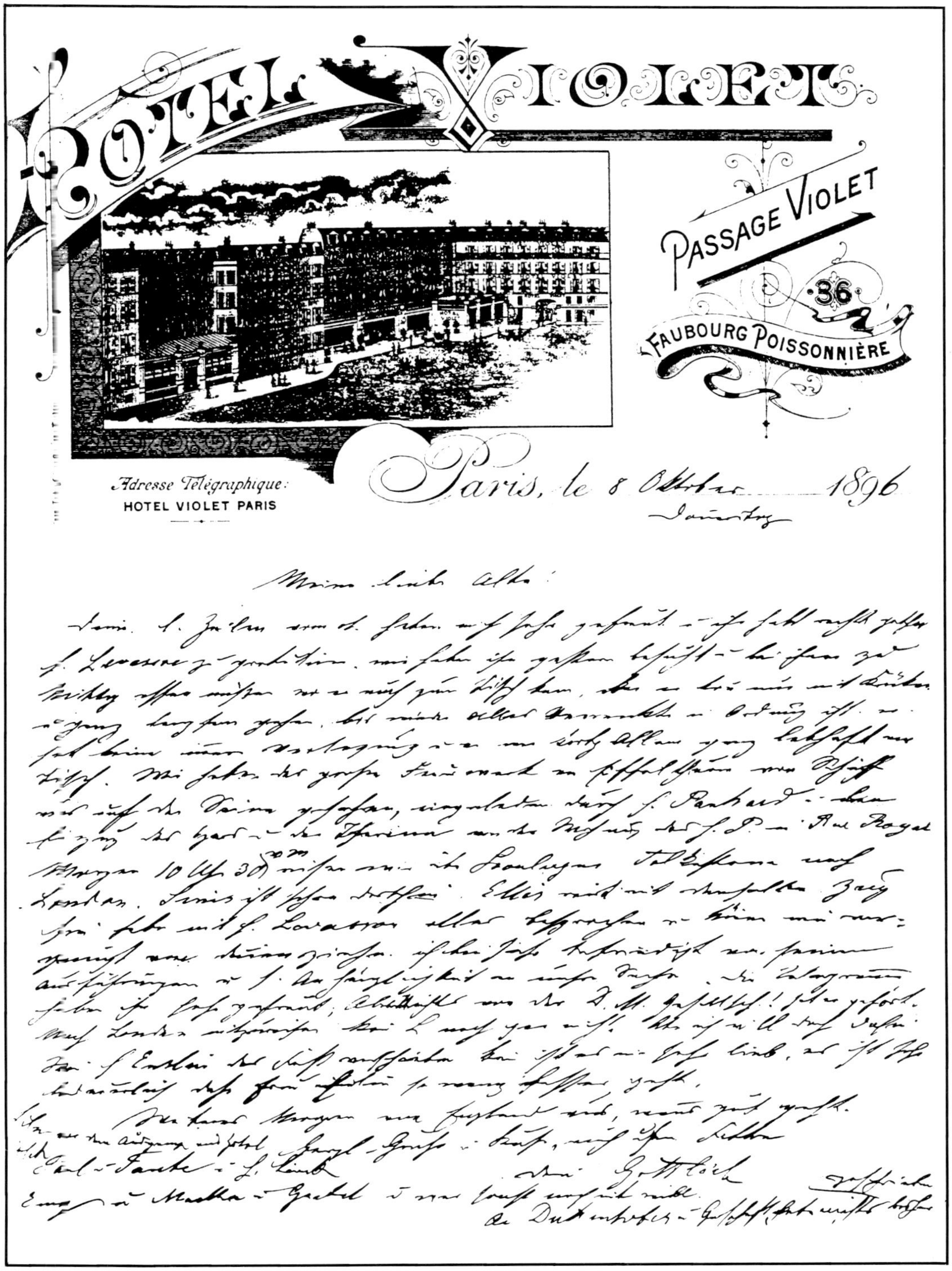


6

voll entschädigt. Maybach wurde zum Technischen Direktor bestellt und behielt diesen Posten bis zum Jahre 1907. Auch erhielt er die ihm zugesagten 30 000 Mark in Aktien. Linck wurde als kaufmännischer Direktor wieder angestellt. Daimler behielt sich den Verkehr mit den Firmen Levassor und Panhard sowie der Steinwayschen Daimler-Motoren-Company selbst vor. Simms zog in den Aufsichtsrat der Daimler-Motoren-Gesellschaft ein.

Maybach hatte alle Hände voll zu tun, um die Mißwirtschaft innerhalb des Unternehmens zu beseitigen. Er verbesserte den Phönixmotor. Durch die Erfindung des Röhrchenkühlers wurde es möglich, die bisher oberste Grenze zu überschreiten. Ab 1890 gibt es Vierzylindermotoren von 5 bis 23 PS Leistung. Endlich gelingt es auch, Daimler nach gewonnenem Prozeß gegen Deutz wegen unerlaubter Benutzung der Glührohrzündung zur elektrischen Zündung zu bewegen.

Daimlers Herzleiden schreitet immer weiter fort. Seine Unzufriedenheit mit der bisherigen finanziellen Regelung bestätigt sich auf der Generalversammlung für das Geschäftsjahr 1898/99, an der Daimler krankheitshalber nicht mehr teilnehmen kann. Auf ihr hätte beschlossen werden können, daß der Betrag von 50 000 Mark als Sonderprämie an Daimler gezahlt werde unter der Voraussetzung, daß erstmalig aus dem Reingewinn 5 % Dividende verteilt werden könnte.

Indem der Aufsichtsrat (Duttenhofer und Lorenz) jedoch einige Posten der Bilanz buchmäßig herabsetzte, verringerte sich der Reingewinn so, daß eine Dividende von 5 Prozent nicht mehr möglich war.

Mit solchen Tricks brachte man Daimler um den letzten Rest seiner Gesundheit und um sein Geld. Diesen Aufregungen und diesem Ärger hielt sein Herz nicht mehr stand. Daimler starb am 6. März 1900, 66 Jahre alt, wie es heißt, im Kreise seiner Familie.

## Daimlers und Maybachs Bedeutung

Daimlers Leistung und damit seine Bedeutung ist in mancher Hinsicht nicht ganz unumstritten.

Ernst zu nehmen sind die Einwendungen von Sass in seiner „Geschichte des deutschen Verbrennungsmotorenbaues“ gegen Gottlieb Daimler. Danach ist der eigentliche Erfinder und Konstrukteur Wilhelm Maybach, während von Daimlers gesamter, fast 40jähriger Tätigkeit im Motoren- und Kraftwagenbau einzig die Kurvennutensteuerung übrigbleibt, von der man rasch wieder abkam.

Es ist hier nicht der Ort, im einzelnen zu untersuchen, wieviel von den zahllosen großen und kleinen Erfindungen der ersten Zeit – praktisch mußte ja das ganze Auto erfunden werden – auf Daimler und wieviel auf Maybach entfällt. Doch geht schon aus dem Vertrag zwischen Daimler und Maybach, der seinem Sinn nach bis zum letzten Lebenstage Daimlers in Kraft blieb, deutlich hervor, daß Maybach im Auftrage Daimlers konstruierte, wohl Vorschläge machte oder Aufträge Daimlers kritisierte, aber immer „ein Zögling Daimlers“ blieb und sich sehr wohl bewußt war, daß er seine geniale Begabung ganz in der von Daimler festgesetzten und immer strikt eingehaltenen Richtung ausüben sollte.

Wohin die Fahrt ging, das bestimmte Daimler. Er hatte die maßgebende richtige Idee. Er war Organisator und Geldgeber. Wer hierüber noch im Zweifel ist, der sollte sich fragen, was wohl Maybach ohne Daimler ausgerichtet hätte!

Dafür – und das anerkannte Maybach noch zuletzt, als Daimler schon lange tot war und er als „König der Konstrukteure“ gefeiert wurde – ermöglichte Daimler seinem Mitarbeiter Maybach auch ein von finanziellen Sorgen freies Arbeiten. Für seine Idee opferte Daimler fast sein ganzes Vermögen. Diese Idee führte Maybach konstruktiv genial aus.

Daß Daimler alle Erfindungen Maybachs auf seinen Namen patentieren ließ, entspricht nicht nur den Gepflogenheiten der damaligen Zeit, sondern auch der Tatsache, daß die meisten dieser Erfindungen von Maybach gemeinsam mit Daimler besprochen und ausgeführt wurden. Eine Ausnahme bilden die Erfindungen Maybachs während der Periode im Hotel Hermann; dort durfte ja „Daimlers Beteiligung“ nicht bekannt werden (Sass). Einzuräumen ist dabei, daß nach Daimlers schwerer Erkrankung und vor allem in den letzten Jahren vor Daimlers Tod Maybach weitgehend freie Hand hatte. Übrigens blieb zwischen beiden ein persönliches Respektverhältnis bei aller gegenseitigen Zuneigung stets erhalten.

Jetzt, nach dem Tode Daimlers, räumte Maybach in den Werkstätten und im Lager auf. Die wenig brauchbaren Motoren, vor allem der Gebrüder Spiel, wurden verkauft oder umkonstruiert. Der im Hotel Hermann entstandene Phönixmotor wurde nun in größeren Stückzahlen aufgelegt, wobei die Hauptzahl auf Wagenmotoren im Gegensatz zu stationären Motoren entfiel.

Insgesamt war Maybach freilich beim Phönixmotor mit dem zu hohen Gewicht von 34 kg/PS und mit der unvollkommenen, die Motorenleistung begrenzenden Kühlung sowie mit der Glührohrzündung nicht zufrieden. Aber mit der Erfindung des künstlich belüfteten Röhrchenkühlers wird es Maybach möglich, stärkere Motoren zu bauen, die elektrische Zündung einzuführen und so vielleicht den Vorsprung, den Karl Benz inzwischen gewonnen hatte, langsam aufzuholen.

Bei der elektrischen Zündung handelt es sich um Niederspannungs-Magnetzündung. 1897 hatte Bosch in Stuttgart einen gesteuerten Magnetzünderantrieb gefunden, der eine sichere Beherrschung des Zeitpunkts der Zündung gestattete.

## *Erste Automobilrennen*

*Die Ingenieure am Seelberg nutzten die Zeit: Der Zweizylinder-V-Motor entstand; außerdem konstruierte Maybach auf Weisung Daimlers einen Vierzylindermotor. Es wurden laufend stärkere Motoren verlangt.*

*Seitdem die Autos auf den Straßen merkbar etwas schneller als die Pferdekutschen liefen, tauchte sofort die Frage auf, wer von den verschiedenen Motor-Wagen, von denen es in Deutschland Ende der 80er Jahre nur zwei Marken gab, Daimler und Benz, wohl der schnellste wäre.*

*In Frankreich war, wie schon erwähnt, das Interesse an diesen dampfenden und knatternden Automaten viel größer. Es gab auch inzwischen mehrere Marken, und so wunderte es niemanden, daß ein für Radfahrer ausgeschriebenes Rennen des Pariser „Petit Journal" von Paris nach Brest und zurück am 6. September 1891 nun auch von einem Auto begleitet werden sollte – ein Peugeot mit einem Daimler-V-Motor mit Glührohrzündung. Seine Leistung, 1200 Kilometer mit einer Geschwindigkeit von 15 km/h wurde überall bekannt.*

*Für den 22. Juli 1894 hatte das „Petit Journal" einen „internationalen Wettbewerb für Wagen ohne Pferde" ausgeschrieben. 102 Wagen aus vier Ländern standen am Start: Dampfwagen (Lokomobile), Elektromobile, Benzinwagen, Gasmotorkraftwagen, Preßluftmotorwagen und von anderen Systemen angetriebene Wagen. 126 Kilometer Paris – Rouen – Paris mußten zurückgelegt werden; es war wohl mehr eine Zuverlässigkeitsprüfung als ein Rennen. Trotzdem war das Interesse ungeheuer.*

*Daimler-Vater und -Sohn waren dabei, und Paul Daimler berichtet: „Diese Rennwagen waren in Form, Art und Größe ganz verschieden; schwere Dampfwagen mit Anhängern mit Riesenkräften konkurrierten mit den leichtesten Dampfdreirädern und diese wiederum mit den Benzinwagen; alle waren zu demselben Zweck erschienen: als erste in Rouen und als erste von dort wieder in Paris an der Port Maillot einzutreffen. Wir selbst – Paul Daimler und Gottlieb Daimler – begleiteten im Wagen das Rennen. Die verschiedenen Wagentypen machten einen eigenartigen Eindruck; man sah auf den schweren Dampfwagen die Heizer, schweißtriefend, von Ruß überzogen, schwer arbeitend beim Aufschütten von Brennmaterial; man sah die Fahrer der kleinen Dampfdreiräder, dauernd den Druck- und Wasserstand in den kleinen, kunstvoll gefüllten Röhrenkesseln beobachtend und die Ölfeuerung regulierend; man sah im Gegensatz dazu die Fahrer der Benzin- und Petroleumwagen ruhig auf dem Lenksitz hie und da einen Hebel betätigend, wie nur rein zum Vergnügen fahrend. Ein ganz eigenartiges Bild bleibt mir unvergeßlich: Emile Levassor, ein Pionier der Weiterentwicklung der Gedanken Gottlieb Daimlers in Frankreich, hat aus den ersten Musterwagen, die er in der Werkstatt in Cannstatt gesehen . . . mit scharfem Blick und tiefem Verständnis dasjenige herausgeholt und zusammengefaßt, was zur Schaffung eines brauchbaren Wagens notwendig war. In der Zuverlässigkeitsfahrt von 1894 hat Levassor diesem Wagen zum Siege verholfen, und dieses Rennen hat dann auch den großartigen Aufschwung der französischen Automobilfabrik Panhard und Levassor begründet."*

*Das Jahr 1895 bezeichnet das Datum des ersten wirklichen Rennens der Weltgeschichte mit Kraftwagen ohne Pferde. Es ist die Strecke Paris – Bordeaux – Paris, 1192 Kilometer, auf der wieder Panhard und Levassor sowie Peugeot mit Daimler-Motoren siegen.*

*So großartig diese Siege waren, so wenig vermochten sie Daimler aus dem geschäftlichen Tief, das er durchlebte, herauszuholen. Diese Erfolge fielen in eine Art Interregnum, das kurz zu schildern ist, weil man die Abfolge der Ereignisse sonst nur schwer versteht.*

*Am Seelberg entstanden interessante Konstruktionen; doch der Verkauf der Produkte war minimal. Daimler lieferte hier (1888) ein Motorboot an den Fürsten Bismarck, er ließ dort eine Straßenbahn fahren und präsentierte den Stahlradwagen und andere Errungenschaften auf der Pariser Weltausstellung, auch verkaufte er etliche Motoren an Sarazin oder Panhard und Levassor über Frau Sarazin; doch sein Kapital schwand immer mehr dahin, und so mußte er sich, um die Durststrecke bis zum endgültigen Erfolg seiner Motoren zu überwinden, ganz schlicht nach Geldgebern umsehen.*

*Auf diesem wenig bekannten Bild aus dem Jahre 1898 sind, bei einem Ausflug von Paris nach Provins (85 km südöstl. von Paris), sieben Automobiltypen zu sehen. Der dritte Wagen, vor dem kleineren Portal der Kirche Saint Ayoul, ist ein Panhard-Levassor mit René Levassor und Frau.*

*1 1896 wurde in England durch Gesetz die Einschränkung für Straßenkraftfahrzeuge aufgehoben. Von einer Freuden „emanzipations“-fahrt aller Arten von Kraftwagen von London nach Brighton im Anschluß daran berichtet das Foto.*

*2 Phönix-Wagen von 1899, 23-PS-Rennwagen.*

*3 Inzwischen bemächtigt sich auch die Karikatur des neuen Fahrzeugs, in dem man dem Straßenschmutz ungeschützt ausgesetzt ist. Um 1900.*

*4 Der Prinz of Wales, später König Edward VII. von England, am 14. Februar 1896 auf einem Daimler-Riemenwagen.*

2

1

3

4

## Die Ära Mercedes

Ein besonders glücklicher Umstand verschaffte der technischen Großtat, nämlich der Erfindung des Automobils, geschaffen von der Kombination dreier Genies, Daimler – Maybach und Benz, den endgültigen Durchbruch zur Weltmarke. Dieses Ereignis, das seiner Bedeutung wegen eingehender beschrieben werden muß, beendete den Wettstreit der beiden damals bedeutendsten, weil ideenreichsten Automobilfabriken der Welt. Er endete mit dem Sieg der Daimler-Motoren-Gesellschaft.

Das Ereignis, von dem hier die Rede ist, besteht in dem Auftritt zweier ungewöhnlicher Erscheinungen: Es ist Emil Jellinek und Mercedes, seine bezaubernde elfjährige Tochter.

Emil Jellinek, 1853 in Leipzig geboren, betätigte sich nach einer kaufmännischen Ausbildung in Wien erfolgreich in Oran und Tanger. 1889 wurde ihm eine Tochter geboren, die auf Wunsch seiner Frau den Namen Mercedes erhielt, ein Name, der im Spanischen nicht selten ist. Seit dem Tode seiner Frau 1893 hing Jellinek mit abgöttischer Liebe an der Tochter. Sie war für ihn eine Art Talisman. Seine geschäftlichen Erfolge erlaubten es ihm, seine bisherige Tätigkeit aufzugeben und nach Nizza, einem Zentrum mondänen Lebens an der Côte d'Azur, umzusiedeln. Dort gehörte er nach kurzer Zeit zu den kommerziell und gesellschaftlich führenden Persönlichkeiten. Sein Foto auf dem Höhepunkt jener Zeit zeigt ihn als Generalkonsul mit den höchsten Orden aller großen Nationen, vielleicht sogar des englischen Hosenbandordens, geschmückt.

Jellinek war schon in den frühen 90er Jahren zur Ansicht gelangt, daß im Sport künftig das große Geschäft liegen werde. Er unterstützte aktiv den Radsport und kaufte sich einige der ersten motorisierten Räder, das Dion-Bouton-Dreirad und das Dreirad von Bollée. Die Erfolge der Panhard-Levassor- und der Peugeot-Wagen, die mit Daimler-Motoren ausgestattet die meisten Rennen und Zuverlässigkeitsfahrten in den Jahren vor der Jahrhundertwende gewannen, machten ihn auf den Daimler-Motor neugierig. So bestellte er im Mai 1897 einen 6-PS-Phaeton als „Schnelläufer" bei Daimler persönlich, was Daimler und Maybach veranlaßte, dem Moment der Schnelligkeit größeres Interesse zu schenken.

Da man damals in allen Autofabriken jeder einzelnen Bestellung, selbst wenn sie konstruktive Sonderwünsche enthielt, meist entgegenkam (jeder verkaufte Wagen war an sich schon ein Erfolg!), antwortete man Jellinek: „Es wird wohl möglich sein, die Geschwindigkeit in der Ebene auf 40 km/h zu bringen, wenn wir die Leistung auf 9 PS erhöhen." Tatsächlich lief der bestellte Wagen nach Probefahrten im Herbst 42 Stundenkilometer.

Inzwischen hatte sich Jellinek selbst mit der Werkstatt in Cannstatt in Verbindung gesetzt, und Daimler hatte den berühmten und wegen seiner Geschäftsverbindungen wichtigen Mann mehrmals in seine Villa in der Taubenheimstraße eingeladen. Auch Tochter Mercedes war dabei, und selbst der stets unruhige Jellinek fand die Abende in der Villa Daimler „gemütlich". Dieses deutsche Wort hatte er sich angeeignet nebst einer Vorliebe für den Württemberger, der ja in hervorragender Qualität in dem feuchtwarmen Klima Cannstatts und an den benachbarten Hängen, zum Teil gleich gegenüber Daimlers späterer Fabrik, wuchs und heute noch wächst.

Frau Lina, eingedenk ihrer früheren Tätigkeit als Eigentümerin eines Hotels in Florenz, versorgte die Gäste gewandt; sie besaß nicht nur Charme, sondern auch Witz. Die Unterhaltung wurde der Tochter Mercedes wegen auf Französisch geführt: Daimler, seine Frau und Jellinek beherrschten die Sprache fließend.

Daimler, der eine gute Stimme besaß und sehr musikalisch war, sang an solchen Abenden die Silcherlieder seinen Gästen vor, aber auch das Lied von de Schwäbsche Eisebahne, in dessen Refrain seine Gäste begeistert einstimmten.

Da Frau Lina auch Englisch, Italienisch und Spanisch sprach, konnte es nicht ausbleiben, daß sie bei Besuchen aus fremden Ländern, wie sie immer häufiger in Cannstatt auftauchten, gewandt den Dolmetscher spielte.

Bei diesen Anlässen versuchte Jellinek, Daimler zu überzeugen, daß Daimler als Firma nicht nur mit ihren Motoren, sondern auch mit eigenen Autos unter eigenem Namen Rennen und Zuverlässigkeitsfahrten bestreiten müsse.

„Rennen", rief er aus, „machen den Namen eines Werks und einer Marke." So gewann der schlaue Fuchs, der schon insgeheim Maybach ins Vertrauen gezogen hatte, langsam auch Daimler für seinen Plan, einen 23-PS-Daimler zu schaffen.

Bei den Anmeldungen für die Woche von Nizza 1899 tauchte unter anderen Pseudonymen ein „Herr Mercedes" auf. Solche Geheimnistuerei war man gewohnt, zumal man rasch dahinter kam, wer der Unbekannte war: So auch im Falle des Barons Rothschild, der als Dr. Pascal firmierte.

Der „Herr Mercedes" gewann am 21. März 1899 – die persönliche Teilnahme Jellineks ist umstritten – in der Tourenfahrt von Nizza mit seinem 23-PS-Phönix-Daimler den ersten Preis. Zu einer Feier in Cannstatt freilich kam es nicht mehr; Daimlers Zustand hatte sich erschreckend verschlechtert.

Übrigens fanden sich noch mehr Daimler-Wagen unter den ersten Preisträgern.

## Das Unglück von La Turbie

Inzwischen bereitete man sich auf das Rennen des nächsten Jahres vor, welches für den 30. März 1900 geplant war. Die größte Aufmerksamkeit widmete man dabei der Strecke Nizza – La Turbie, die, sich hinter Nizza ins Gebirge hin erstreckend, ein wirkliches Bergrennen abgeben sollte. Die Strecke ist steil und kurvenreich.

*Auch Toulouse-Lautrec (?) (1864–1901), der berühmte Maler und Graphiker, sieht im kommenden Verkehr Dämonen auftauchen.*

*1 Fahrzeug-Phönix-Motor mit elektrischer Abreiß-Zündung, 1899.*

*2 Emil Jellinek (1853–1918).*

*3 Mercédès (Adrienne, Manuela, Ramona) Jellinek (1889–1929).*

*4 Villa Jellinek in Nizza.*

*5 Spazierfahrt mit 18-PS-Mercedes 1902. Im Fond Adolf Daimler mit Frau.*

*6 Wilhelm Bauer, Werkfahrer und -meister der Daimler-Motoren-Gesellschaft, verunglückt beim Rennen Nizza–La Turbie 1900 mit seinem 23-PS-Daimlerwagen tödlich.*

*7 Werner auf 35-PS-Mercedes siegte zusammen mit anderen Mercedes-Wagen beim großen Rennen Nizza–Salon–Nizza (392 km) am 25. März 1901.*

2

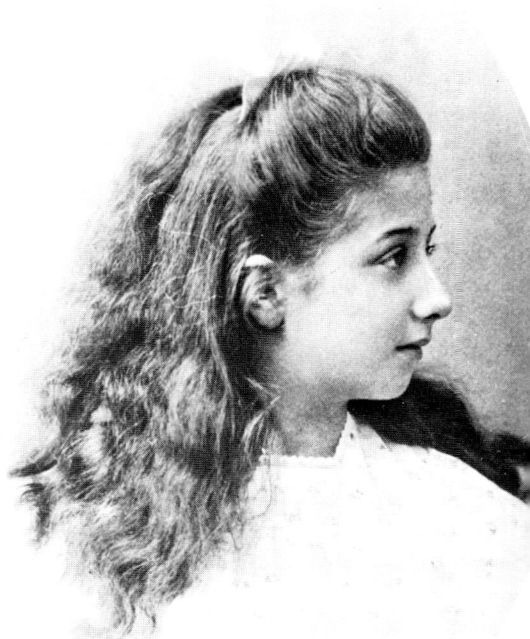

1

5

6

7

1 *Das neue Fahrzeug stiftet auf den Straßen Aufregung und Verwirrung.*

2 *Im Gordon-Bennett-Rennen 1903 siegt Camille Jenatzy auf 60-PS-Mercedes-Rennwagen.*

3 *In der Nacht zum 10. Juni 1903 wird ein großer Teil der Cannstatter Werksanlagen durch Feuer zerstört. Darunter die für das Gordon-Bennett-Rennen fertiggestellten 90-PS-Wagen.*

4 *Nach dem Brand zieht die Daimler-Motoren-Gesellschaft vom Seelberg nach Untertürkheim um. Hier verläßt die letzte Werkzeugmaschine den Seelberg.*

1 2

3

4

Man muß sich die Rennen der damaligen Zeit einmal vergegenwärtigen: Die Strecken waren in schlechtem Zustand, die Straßen eng oder an manchen Stellen breit ausgefahren, mit Steinen, Wasserrinnen und Pfützen übersät, ohne seitliche Bewehrung gegen Abstürze. Auch die Zuschauer waren ohne jeden Schutz gegen ausbrechende Wagen, kurz: ein Rennen in primitivster, das heißt gefährlichster Form.

Die Teilnehmer waren entweder Herrenfahrer wie Jellinek oder Baron Rothschild, die gewissermaßen auf die neuen Pferde als auf einen neuen, eleganten Sport umgestiegen waren, oder Werksfahrer, die voller Stolz auf die Produkte, die sie selbst an Drehbänken und in Montagehallen hergestellt hatten, nun in Wirklichkeit und unter besonders schwierigen Umständen erproben wollten. Im allgemeinen konnten nur Clubmitglieder sich an Rennen beteiligen, zumindest in der Frühzeit der Rennen. Es war Jellineks diplomatisches Geschick, daß auch die Werksfahrer Daimlers an Rennen sich beteiligen durften.

So der Werksfahrer und Meister der Daimler-Motorenfabrik, Wilhelm Bauer, der seinen 28-PS-Daimler selbst ins Rennen führte. Als das Rennen begann, war er rasch an der Spitze. Er versuchte, die erste Kurve anzuschneiden, da wurde an einem Vorderrad der Wulst aus der Felge gedrückt, die Felge grub sich in die Böschung ein und Bauer kippte mit dem Wagen und überschlug sich. Er stürzte dabei so unglücklich aus dem offenen Wagen, daß er unter den Wagen geriet und an Ort und Stelle starb.

Das Unglück rief in Cannstatt einen starken Widerhall hervor; in der Leitung der Motorenfabrik erinnerte man sich an Warnungen vor Schnellfahrten und überzogener Motorenleistung. Man beschloß deshalb kurzerhand, künftig Rennen fernzubleiben (Chronik). Auch Maybach stimmte dem zu. Er war jetzt der maßgebende Mann, nachdem Daimler zu Beginn des Monats verstorben war.

## Jellinek setzt sich durch

In diesem entscheidenden Moment erschien Jellinek in Cannstatt. Es gab lange Diskussionen, aber schließlich überzeugte Jellinek Maybach und die Söhne Daimlers, auch die Vorstandsmitglieder Duttenhofer und Lorenz.

Jetzt gerade erst recht; aber lernen müsse man aus dem Unfall: Die Rennwagen, vielleicht auch die Gebrauchswagen, müßten generell eine tiefere Schwerpunktlage und die Vorderräder einen größeren Umfang haben, damit die Kippgefahr ausgeschlossen sei. Dazu werde auch ein verbreiterter Radstand beitragen. Mit solchen neu ausgelegten Wagen und den hervorragenden Motoren sei Daimler überhaupt nicht zu schlagen. Und als versierter Geschäftsmann fügte Jellinek hinzu: „Wie wäre es mit einer Teilung des Risikos? Ich übernehme sofort und bestelle hiermit 36 Wagen dieser Bauart; aber ich wünsche die Alleinvertretung für die USA, Frankreich, Belgien und selbstverständlich für Österreich-Ungarn. Als Herr Mercedes habe ich unter dem Namen meiner Tochter ein Rennen gewonnen – als Mercedes-Autos verkaufe ich die Daimler-Wagen künftig. Schlagen Sie ein?“

Man schlug ein.

Hier die Beschreibung des Rennens bei der Woche von Nizza 25.–29. März 1901 aus Jellineks Feder: „Der erste Tag kam, Rennen durch das Esterel-Gebirge nach Salon. Werner hatte die Lenkung des Wagens. Wir zitterten der Ankunft entgegen. Man signalisierte den ersten, ein weißer Wagen tauchte auf, es ist der Mercedes mit Werner am Steuer . . . Zweiter Tag: Nizza – La Turbie: 15 Kilometer bergauf. Jetzt waren wir schon Favorits. Resultat: Werner auf Mercedes Erster. Dritter Tag: Meilenrennen auf der Promenade des Anglais. Resultat: Werner auf Mercedes Erster. Und derselbe Wagen, der die Distanzfahrt, das Bergrennen und das Meilenrennen gewonnen hatte, fuhr eine Viertelstunde nach dem Rennen, mit vier bequemen Sitzen ausgestattet, als eleganter Tourenwagen durch Nizza. Das war eine Sensation sondergleichen. Wir hatten auf allen Linien gesiegt: Der Mercedeswagen war lanciert . . . Mercedes war Trumpf.“

„Wir sind in die Ära Mercedes eingetreten“, rief Paul Meyan, der Sprecher des Automobilclubs von Frankreich aus. Und der Chefredakteur von „La France Automobile“ warnte: „Französische Konstrukteure, seid fleißig bei der Arbeit, sonst kommen die Daimler in Frankreich in Mode!“ (Allg. Automobilzeitung vom 24. Juni 1900 S. 4/5.)

Von den Verbesserungen und Neuerungen an diesem ersten Mercedes-Motor ist Maybachs Bienenwabenkühler zu nennen. Klagte doch Jellinek über den Wasserverbrauch bei den zwei von ihm bestellten Riemenwagen: Die Geschwindigkeit habe 40 km/h betragen, „Steigungen von 12 Prozent wurden bewältigt, zum Kühlwasserverbrauch: Wenn man sicher war, auf der Strecke jede Stunde fünfzig bis sechzig Liter Wasser zu finden, so konnte man immer darauf rechnen, nach Hause zu kommen!“ Beim vorhergehenden Röhrchenkühler war ein Vorrat von 18 Liter Wasser erforderlich, der Kühler selbst war schwerer als der Motor (6 kg/1 PS)! Im neuen Mercedes waren nur noch neun Liter erforderlich – der Bienenwabenkühler wurde patentiert.

Den Siegen von 1901 folgten weitere Siege in den kommenden Jahren. 1903 bereitete sich das Werk auf die Teilnahme am Gordon-Bennett-Rennen in Irland vor. James Gordon-Bennett, Herausgeber des New York Herald, hatte eine Rennformel kreiert. Er hatte die internationalen Wettfahrten der Luftballons organisiert und beschloß, nun auch die Autorennen zu veranstalten. Seit 1900 fanden sechs solcher Rennen statt.

Inzwischen hatten sich auch die Fernfahrten von Stadt zu Stadt eingebürgert. Die Fernfahrt Paris – Madrid 1903 brachte allerdings das Ende solcher Veranstaltungen. 316 Fahrzeuge hatten sich beworben, 217 kamen in Paris an den Start; doch in Bordeaux ereignete sich ein Massenunglück. Zehn Tote und viele Schwerverletzte, darunter Fahrer, Mechaniker und auch Zuschauer, waren die schlim-

1

*Stand der Firma Benz bei der V. Internationalen Automobil- und Fahrradausstellung im Grand Palais in Paris, eröffnet den 10. Dezember 1902.*

2

*Bei der V. Internationalen Automobil- und Fahrradausstellung zu Paris 1902 erregte der ausgestellte „Mercedes" mit Bienenwabenkühler größtes Aufsehen.*

men Folgen des Rennens, das sofort abgebrochen wurde. Empörung in der Öffentlichkeit sorgte dafür, daß diese Art von Rennen künftig grundsätzlich verboten wurde.

## Grand Prix in Frankreich Gordon-Bennett-Rennen in Irland

Der seit der Jahrhundertwende bestehende Automobilclub von Frankreich ging nun dazu über, einen Grand Prix auszuschreiben. Bezeichnend für die unterschiedliche Interessenlage in Frankreich und Deutschland ist, daß es in Deutschland keine derartigen Bestrebungen gab. So ist verständlich, daß Daimler ebenso wie Benz für ihre Autofabrikate im eigenen Land zuerst keine, später nur wenige Abnehmer fanden. Sie waren daher gezwungen, an den Auslandsausschreibungen für Zuverlässigkeitsfahrten und den Auslandsrennen teilzunehmen.

Das Gordon-Bennett-Rennen in Irland wollte Mercedes mit 90-PS-Rennwagen bestreiten. Maybach war mit der Konstruktion – 170 mm Zylinderdurchmesser und nur 140 mm Kolbenhub, also ein Schnelläufer mit kurzem Hub – Ende 1902 fertig, und im April 1903 waren die Wagen zur Erprobung bereit.

Plötzlich brach in der Nacht zum 10. Juni 1903 ein Feuer in den Cannstatter Werksanlagen aus. Es zerstörte auch die fertigen 90-PS-Wagen. In aller Eile holte man, zum Teil von Kunden, die eben ausgelieferten oder bereitgestellten 60-PS-Simplexwagen. Der erfolgreiche Simplexmotor von 1902 (Motor 40 PS, Drehzahl 2050 U/min, verbesserte Zündeinrichtung) war von Maybach schon 1901 konstruiert worden. Man schickte die erbetenen 60-PS-Simplexwagen zum Rennen nach Irland, wo sie zwei Tage vor Beginn eintrafen. Ergebnis: Camille Jenatzy siegte auf dem 60-PS-Mercedes-Simplex-Motorwagen.

In Cannstatt wurde nun in aller Eile der schon vorbereitete Umzug nach Untertürkheim vollzogen. Im August 1903 starb der Aufsichtsratsvorsitzende Duttenhofer, wohl auch infolge der Aufregungen um den Untergang des Cannstatter Werkes. Maybach, der trotz aller Querelen Duttenhofer schätzte, erkrankte, erschüttert von diesen Ereignissen, schwer. Besonders hatte ihn getroffen, daß auch das Konstruktionsbüro mit vielen seiner Entwürfe und Modelle total ausbrannte. Auch wußte er im neuen Vorstand und Aufsichtsrat Gegner und Feinde, die ihm seine Erfolge neideten.

Maybachs Erfolge aber waren zugleich die Erfolge der Firma. Die Zahl der Mitarbeiter hatte sich von 340 im März 1900 auf über 2000 im Jahre 1903 erhöht. Der Umsatz belief sich im Jahre 1901/1902 auf zweieinhalb Millionen Mark. In der Generalversammlung vom 16. August 1902 berichtete der Vorstand über einen Auftragsbestand von 12 Millionen Mark. 1904 wies die Bilanz eine Million Mark Gewinn aus.

Die Konkurrenz war betroffen: Karl Benz fiel von einem Absatz von 603 Wagen im Jahr 1901 recht plötzlich auf 173 in 1903 zurück. Was das für Benz persönlich bedeutete, davon wird im nächsten Kapitel die Rede sein.

## Maybach verläßt die Daimler-Motoren-Gesellschaft

Maybach freilich, auf dessen überragende Konstruktionen nach dem Tod Daimlers dieser ungeheure Aufschwung zurückzuführen war, erntete wenig Dank. Seinen Vertrag, der 1900 ausgelaufen war, zu verlängern hatte er im Trubel der Geschäfte vergessen. Die Jagd der Neider auf den kranken Maybach verstärkte sich. Als er in einem Brief 1904 an seine Verdienste erinnerte und ein höheres Gehalt und eine höhere Beteiligung erbat, erhielt er einen absagenden Bescheid von Lorenz, dem Aufsichtsratsvorsitzenden. Lorenz hatte Maybach nie vergessen, daß Maybach durch seine genialen Konstruktionen seinen Freund Max Schrödter disqualifiziert und praktisch zum Austritt gezwungen hatte. Lorenz schlug nun Maybach vor, sich auf ein „Erfindungsbüro“ im Rahmen des Werkes zurückzuziehen. Noch immer krank mußte Maybach auf diesen Vorschlag eingehen. Aus dieser Zeit stammt ein Rennwagenmotor von 110 PS als Ersatz für die 90-PS-Wagen, die beim Brand des Werkes untergegangen waren, sowie ein 120-PS-Rennwagenmotor, an dessen Hochspannungskerzenzündung sich Differenzen entzündeten, die mit zum endgültigen Ausscheiden Maybachs führten.

Ein Benzin-Dampfmotor freilich und ein Motor mit Druckluftübertragung waren weniger glückliche Konstruktionen. Von einer Direktionssitzung, aus der Maybach „von groben Beleidigungen und ungerechten Kränkungen“ berichtet, die bei ihm an Körper und Geist entsprechende Nachwirkungen hatten, stammt wohl sein Entschluß, die Firma zu verlassen. Er schied aus am 31. März 1907 noch vor Ablauf seines Vertrages. Ein Jahr später legte auch Jellinek, der Maybach bis zum Schluß unterstützt hatte, sein Aufsichtsratsmandat nieder.

# 5
# Geschäftsrückgang bei Benz

Es war schon die Rede davon, daß der vorwärts stürmende Mercedeswagen durch Jellineks Werbung und tatkräftige Acquisition Karl Benz mit seiner Kraftwagenkonzeption erst in Verlegenheit und dann in ernsthafte finanzielle Schwierigkeiten brachte.

Nach der „Kraft- und Arbeitsmaschinen-Ausstellung“ 1888 in München beteiligte sich Benz auch an der Weltausstellung in Paris 1889. Benz' Vertreter für stationäre Gasmotoren in Paris, Emile Roger, hatte einen Benzwagen erworben und ihn bei Panhard und Levassor, die Vertreter für stationäre Benzmotoren in Paris waren, vorläufig untergestellt.

Benz wußte nicht, daß zwischen Panhard und Levassor einerseits und Daimler andererseits Verbindungen bestanden. So wunderte er sich über das geringe Interesse dieser Firma; doch versprach Emile Roger, auch für den Benzwagen in Frankreich zu werben. Da beide Autoerfinder – Daimler ebenfalls – in Paris weilten, dürften sie ihre Erzeugnisse auf der Ausstellung studiert haben; getroffen haben sie sich jedoch nicht, weder auf dieser Ausstellung noch sonst im Leben.

Mit dem Eintritt der neuen Teilhaber von Fischer und Ganß am 1. Mai 1890 kam ein frischer Wind in das Unternehmen. Statt Verdruß und Hektik beherrschten jetzt Wagemut und Unternehmungslust die Szene. Hatte man in den acht Jahren des Bestehens von den stationären Gasmotoren gerade etwa 500 Stück verkauft, so waren es allein in dem einen Jahre 1892 dank Ganßens unerhörter Verkaufs- und Werbetaktik 500 Stück. Die jährlich verkaufte Stückzahl erhöhte sich in den folgenden Jahren bis auf über 600. Immer deutlicher kam Benz an Deutz heran; er galt als die zweitgrößte Fabrik für stationäre Gasmotoren in Deutschland.

Für Benz am wichtigsten war, daß Ganß und von Fischer seine Motorisierungspläne bejahten und klar erkannten, daß in der Motorisierung, also in der Herstellung von Kraftfahrzeugen, ein weiter Markt liegen werde. Geld floß aus dem stationären Motorenbau reichlich, und seine Teilhaber hatten nichts dagegen, daß Benz jetzt unter Aufwendung größerer Mittel sich an die Verbesserung seines ersten Patent-Motorwagens machte. Benz hatte bei seinen Fahrten bemerkt, daß die senkrecht angeordnete Schwungradebene keineswegs, wie er zuerst befürchtet hatte, die Steuerfähigkeit des Wagens durch die Kreiselwirkung eines rasch laufenden Schwungrades beeinträchtigen würde. Die Kühlung durch Dampfsammler und Kondensator genügte bald nicht mehr; ihn mußte ein Rippenrohrkühler und später (1903) ein Lamellenkühler ersetzen, der sich bewährte.

## Viktoria!

1893 aber rief Benz: „Viktoria!“ aus. Nach langen Bemühungen war es ihm gelungen, die Lenkvorrichtung für einen Vierradwagen zu finden: die Achsschenkellenkung. Es gibt jetzt einen 3-PS-Vierradwagen, den Patent-Motor-Wagen Benz Viktoria.

Der Verkaufsprospekt von 1895 zeigt, wie ein elegantes Paar, in sehr korrekter Haltung, vorne am Wagen drei Laternen, durch eine elegische, völlig verkehrsleere Landschaft fährt. Das Steuer ist in der Mitte des Wagens. Der Preis betrug 3800,– Mark; für Extras, die es schon damals gab, zusätzlich noch 75,– Mark, also insgesamt 3875,– Mark. 200,– Mark mehr kostete ein stärkerer

Motor. Leider verkaufte sich der Viktoria-Wagen nur schleppend; er war offensichtlich zu teuer. Auf Vorschlag seines kaufmännischen Direktors Brecht entschloß sich Benz zu einer billiger auszuführenden Konstruktion, dem „Velo“. Der Anklang des Namens an das relativ billige Fahrrad sollte den mäßigen Preis von 2000 Mark annoncieren. Das „Velo“ besaß zuerst einen 1,5-PS-Motor (später 2,75 PS), wies eine Geschwindigkeit von 20 km/h aus und hatte drei Gänge nebst einem Rückwärtsgang.

„Velo“ war 1894 das erste serienmäßig produzierte Auto der Welt. Es war sofort ein Erfolg, was man an den Verkaufszahlen ersieht: Innerhalb eines Jahres, Oktober 1894 bis Oktober 1895, gingen 125 Wagen weg, wovon ein Drittel in Frankreich, ein Drittel im übrigen Ausland und nur ein Drittel in Deutschland untergebracht werden konnte. Auch hier wieder die stärkere Neugierde und Kauflust der Franzosen, eine Feststellung, die schon Daimler treffen mußte.

Mit dem Verkaufserfolg des „Velo“ faßte Benz neuen Mut. (1891 hatte Benz gesagt, er wolle die Sache wieder energischer in Angriff nehmen.) Unterstützt von seinen Partnern verbesserte er nicht nur Motor und Chassis. Es kamen auch eine ganze Anzahl neuer Wagentypen für die verschiedensten Verwendungszwecke heraus. Zuerst gab es den leicht veränderten „Viktoria“ als Vis-à-vis, das achtsitzige Break und den achtsitzigen Landauer, aus dem sich der erste Omnibus entwickelte.

## Der erste Omnibus

Im Frühjahr 1895 wurde tatsächlich mit zweien dieser Omnibusse die erste Motor-Omnibuslinie der Welt zwischen Siegen und den Ortschaften Netphen und Deuz eröffnet. Sie stellte praktisch die Vorwegnahme einer geplanten Siegtalbahn dar.

Dennoch beherrschte die Eisenbahn das Feld des öffentlichen Verkehrs; noch waren es die Pferde, die den gesamten privaten Verkehr, aber auch den öffentlichen, dort bedienten, wo die Eisenbahn nicht fuhr. Jene ersten 500 oder 1000 Kraftwagen, die kurz vor der Jahrhundertwende auf den immer noch schlechten Straßen fuhren, waren nicht einmal der Tropfen auf den heißen Stein. Zum Vergleich die Gegenwart: Nach einer Meldung des Kraftfahrbundesamtes in Flensburg vom 12. Dezember 1980 sind in der Bundesrepublik Deutschland und West-Berlin gegenwärtig rund 23,2 Millionen Personenwagen zugelassen!

Und niemand, außer Daimler und Benz, dachte daran, daß diese paar Wagen um die Jahrhundertwende ein Anfang zur Bedienung nicht nur des privaten, sondern auch des öffentlichen Nah- und Fernverkehrs, insbesondere auch des gewerblichen Verkehrs sein könnten. Noch wird alles, was an der Bahn liegt, von der ungeheuren Welle der Industrialisierung miterfaßt, vergrößern sich die Städte und Dörfer, werden Fabriken gegründet, schießen große Handelsunternehmen aus dem Boden, tritt das Deutsche Reich in die Weltwirtschaft ein und wird zum wirtschaftlichen Konkurrenten der Großstaaten.

Daß aus der Motorisierung der Fahrzeuge ein zweiter großer technischer Aufbruch entsteht, wird erst zu Beginn des Zweiten Weltkrieges wahrscheinlich und offenbar.

Doch zurück zur ersten Omnibuslinie Siegen – Netphen. Jeder der beiden Omnibusse besaß einen liegenden 5-PS-Einzylinder-Motor. Er leistete bei ebener Strecke 20 km/h. Doch die Vollgummireifen – Luftreifen kamen erste einige Jahre später mit dem Typ Comfortable – wurden durch die schlechten Straßen rasch zerfetzt; man mußte Eisenreifen aufziehen. Bei Steigungen hatten die Fahrgäste auszusteigen – und dies gerade bei schlechtem Wetter. Pferde scheuten, und so mußte der Omnibus halten, bis das 1-PS-Fuhrwerk vorbei war. Der Dienst beanspruchte die Wagen so stark, daß ständig einer in Reparatur war. So stellte die „Netphener Omnibus-Gesellschaft“ im Herbst 1896 den Verkehr mit Kraftomnibussen wieder ein, obwohl der Bus beim Publikum regen Zuspruch erfahren hatte.

Das gleiche Schicksal erlitt übrigens in Württemberg „die Motorwagenbetrieb Künzelsau – Mergentheim GmbH“. Sie erfuhr September 1898 mit einem zehnsitzigen, umgebauten 10-PS-„Viktoria“-Wagen von Daimler, der die stolze Aufschrift „POST-Omnibus“ trug, in dem bergigen Gelände so viele Schwierigkeiten, daß der Betrieb im Juli 1899 ebenfalls aufgegeben werden mußte.

Beide Firmen ließen sich dadurch nicht beeindrucken. Weiterhin wurden Omnibusse gebaut, Fehler beseitigt und vor allem stärkere Motoren verwendet.

So kann man einen Zeitgenossen zitieren, der 1909 schrieb: „Je weiter der eherne Polyp seine Fangarme in Form eines Schienenstranges ausstreckte, zog er den Personenverkehr an sich, und bald wird eine Straßenpost nach der anderen verschwinden. Sollte damit auch alle Reiseromantik verklingen, wie uns die Lobpreiser der guten, alten Zeit versichern? Wir glauben, diese Frage verneinen zu sollen. Denn schon tritt ein neues Beförderungsmittel, das Automobil, auf den Plan, welches im Personenverkehr bald eine bedeutsame Rolle spielen dürfte. Das Automobil, das bezüglich seiner Geschwindigkeit etwa zwischen Postkutsche und Eisenbahn rangiert, könnte uns wieder seine innerlichen Werte des Reisens vermitteln und uns zu schauenden und genießenden Passagieren machen, die mit Goethe ‚reisen, um zu reisen‘.“

Die Rheinische Gasmotorenfabrik Benz & Co. war im Aufwind. Den etwa 125 Wagen verkaufter Jahresproduktion 1894/95 stehen 1900 schon 603 Wagen gegenüber!

Neben der Vertretung in Paris gibt es nun Vertretungen in Berlin, Dresden, Wien, Basel, Nymwegen, Brüssel, Mailand, London, St. Petersburg, ja sogar in Buenos Aires, Singapur, Mexiko und Kapstadt.

Und der Produktionsausstoß nimmt weiter zu. Damit aber wachsen auch die Wünsche der Kunden, nicht nur nach weiteren Typen wie Mylord, Ideal, Spider, Tonneau und Duc, sondern auch nach mehr Stärke des Motors und erhöhter Geschwindigkeit. Benz konstruiert einen stärkeren Motor mit einander gegenüberliegenden Zylindern, den er Kontramotor benennt; die moderne Bezeichnung wäre Boxermotor. Er besaß in der weiteren Entwicklung bei 2,7 Litern 9 PS und kam auf Drehzahlen bis 1100 U/min.

Eine Verbesserung der Zündeinrichtung brachte die von Bosch 1898 entwickelte Niederspannungs-Magnetzündung; die neuen Wagen hatten auch Zentralschmierung. Im selben Jahr entstand der erste Wagen mit Pneumatikbereifung, der „Comfortable", dem bald weitere Wagentypen folgten. Damals war die Pneumatikbereifung bei den Fahrrädern schon vorhanden.

Ein verbessertes Kühlsystem wurde vorne in einer Art von falscher Motorhaube bei „Ideal" und „Spider" untergebracht.

Bewährt hatte sich der durchgehende Fahrzeugrahmen. Spitzenleistung war das 15-PS-„Break" für zwölf Personen zu 7500 Mark.

Die Höchstgrenze für Benz bei Personenkraftwagen lag allerdings bei 20 PS. Darüber hinaus wollte er nur in Ausnahmefällen gehen. Die gleiche Zurückhaltung bezeigte Benz auch in der Frage der Beteiligung an Rennen. Dagegen nahmen Benz-Wagen an der ersten Zuverlässigkeitsfahrt in Deutschland 1898 teil: Die Strecke führte 54 Kilometer weit von Berlin nach Potsdam und zurück. Ein Daimler-Phönixwagen und drei Benz-Wagen waren am Start und am Ziel. Auch in weiteren Fernfahrten bewährten sich Benz-Wagen.

Der Geschäftsumfang hatte sich inzwischen so erweitert, daß die vorhandenen Fabrikationsanlagen nicht mehr ausreichten. Friedrich von Fischer, in jener Zeit der Hochspannung schwer erkrankt, schlug seinen Partnern vor, die GmbH in eine Aktiengesellschaft umzuwandeln. Eine vorläufige Bilanz ergab ein Vermögen von drei Millionen Mark, denen ein Soll von rund einer halben Million gegenüberstand.

Am 8. Mai 1899 wurde die neue Firma „Benz & Cie., Rheinische Gasmotorenfabrik Mannheim AG" gegründet. Vorstandsmitglieder: Karl Benz und Julius Ganß. Neben der Umwandlung in eine AG ging die Vergrößerung der Werksanlagen einher. Trotz des Rückgangs in der Gasmotorenfertigung baute man eine neue Fabrik, so daß 1898 30 000 qm zur Verfügung standen, die sich im Hinblick auf den Auftragsbestand und die laufende Zunahme bis zum Jahre 1900 als immer noch zu wenig erwiesen. In Mannheim-Waldhof erwarb die Firma daher mit 311 000 qm ein neues Gelände nahe der Eisenbahnhaltestelle „Am Luzenberg".

## Alarmsignale

In den Triumph des Jahres 1900, in dem die Firma Benz AG mit 603 verkauften Automobilen zur größten Automobilfabrik heranwuchs, mischen sich schon unheilverkündend die Meldungen von den stolzen Siegen der Mercedeswagen in den Rennen von 1901 und den folgenden Jahren. Die Bestellungen wurden schwächer und blieben allmählich fast aus; 1901 werden über 200 Wagen weniger verkauft; ein Rückgang um rund ein Drittel. Das war für die Benz AG das erste deutliche Alarmzeichen.

Jetzt werden Differenzen zwischen den beiden Vorstandsmitgliedern, Benz und Ganß, laut, die bisher nur andeutungsweise zwischen diesen zwei ganz verschiedenen Männern zur Sprache gekommen waren. Der Draufgänger Ganß, ein Manager mit geradezu modernen Werbe- und Vertriebsmethoden, in der Eloquenz dem etwas schwerfälligen, eher verschlossenen Benz weit überlegen, tendierte eher zur Linie Jellinek, der ja ein feines Gespür für das Kommende besaß. Jetzt hielt man Benz auch im Aufsichtsrat seine zögernde, ja ablehnende Haltung in der Frage der Teilnahme an Rennen vor. Hatte Benz nicht stärkere Motoren und infolgedessen schnellere Wagen für den Publikumsgebrauch abgelehnt? Und dabei wollte doch gerade die kauflustige Schicht, die aus begüterten, sportlichen, zumeist jüngeren Männern bestand, schnelle Wagen fahren! Und die Mädchen, begütert oder nicht, fuhren entgegen der Meinung von Benz gerne und ohne jede Angst mit den Kavalieren auf den neuen Kutschen.

Bei dem Gedanken an couragierte Mädchen und Frauen hätte Benz nur an seine eigene Frau denken sollen. Dabei hätte die Firma Benz genauso Rennsiege kassieren können wie die Daimler-Motoren-AG, denn im internationalen Bahnrennen zu Frankfurt im Mai 1900 siegte der 24-PS-Rennwagen – ein ausnahmsweise von Benz konstruierter Vierzylinder-Boxer-Motor.

Benz sagte nicht viel dazu. Er war grundsätzlich gegen schnelles Fahren: es gab die ersten schweren Unfälle zu jener Zeit, Zusammenstöße mit Pferdefuhrwerken, mit der Eisenbahn, mit Radfahrern, mit Autos – dies allerdings sehr selten.

Man muß bedenken, daß die meisten Autofahrer keine Fahrprüfung hinter sich hatten, kaum eingewiesen waren und daß es einen eigentlichen Führerschein erst 1910 gab. Zum zweiten waren die Straßen, von wenigen Ausnahmen abgesehen, so schlecht, daß die Hartgummireifen zerfetzt wurden und die Pneus binnen kurzem Löcher bekamen – eine der damals häufigsten Pannen. Zum dritten waren die Fahrzeuge, Chassis und Motor, dem schnellen Fahren nicht gewachsen, sie gingen vor der Zeit in Stücke. Das alles, insbesondere aber die auf die Zahl der damals verkehrenden Automobile gerechnete hohe Zahl der Unglücksfälle, vor allem Zusammenstöße mit anderen Fahrzeugen, schadete dem Gedanken des Autos. Das meinte Benz; denn für ihn war das Auto in erster Linie dazu da, das im Vergleich langsamere und teurere Pferd zu ersetzen. So waren seine Grundsätze und damit basta.

Er war in etwas anderer Weise als Daimler mindestens ebenso dickköpfig. Diese Tugend beider war der Grund, weshalb sie das Automobil erfanden, konstruierten, bis zur Serienreife brachten; dies war der Grund, weshalb andere vielleicht ebenso begabte, aber weniger starrsinnige Erfin-

*1 und 2  Mit dem abgebildeten Typ Viktoria gelang Benz die Lenkvorrichtung für einen Vierradwagen.*

*3  Verkaufsprospekt zum Patent-Motor-Wagen Benz „Viktoria“ von 1895.*

*4  Benz Velo 1894. Der erste in Serien gebaute Kleinwagen. Am Steuer die Tochter Clara von Karl Benz.*

*5  Immer neue Variationen entstehen im Benzschen Werk. Hier der Vis-à-vis mit Baldachin von 1894.*

*6  Von 1901 stammt der Benz-Elegant-Sport-Zweisitzer Einzylinder-6-PS mit Dienersitz. Der Motor ist vorne eingebaut; drei Vorwärts-, ein Rückwärtsgang.*

*7  Benz-Tonneau bringt eine Leistung von 10 PS und erreicht eine Geschwindigkeit von 45 km/h. Die Bezeichnungen stammen zu einem großen Teil aus der Kutschenzeit.*

*8  Inzwischen zeigen sich immer mehr Benz-Wagen im Straßenbild. Hier eine Straßenszene von 1895.*

3

Benz & C^ie., Rheinische Gasmotoren-Fabrik, Mannheim.

**Patent-Motor-Wagen Benz „Victoria.“**

**Preise:**

Patent Motor-Wagen, „Victoria“ mit einem Sitz für 2 Personen mit einer 3pferdigen Maschine, mit 4 massiv Gummiräder, mit Verdeck, Spritzleder und Laternen complett kostet **Mark 3800.–**

Auf Wunsch liefern wir zu diesem Wagen einen kleinen Nothsitz . . . . . . . . . . . . . . . . . . . . . . **Mark 75.–**

Wird der Wagen mit einer 4–5pferdigen Maschine gewünscht, so erhöht sich der Preis um . . . . . . . . . . . . . **Mark 200.–**

Gewicht des Wagens mit Maschine ca. 650 Kg.

**Dimensionen:**

| | |
|---|---|
| Aeusserste Länge des Wagens | 2 Meter 90 cm. |
| „ Breite „ „ | 1 „ 50 „ |
| Höhe des Wagens ohne Verdeck | 1 „ 50 „ |
| Spurweite | 1 „ 25 „ |

1

2

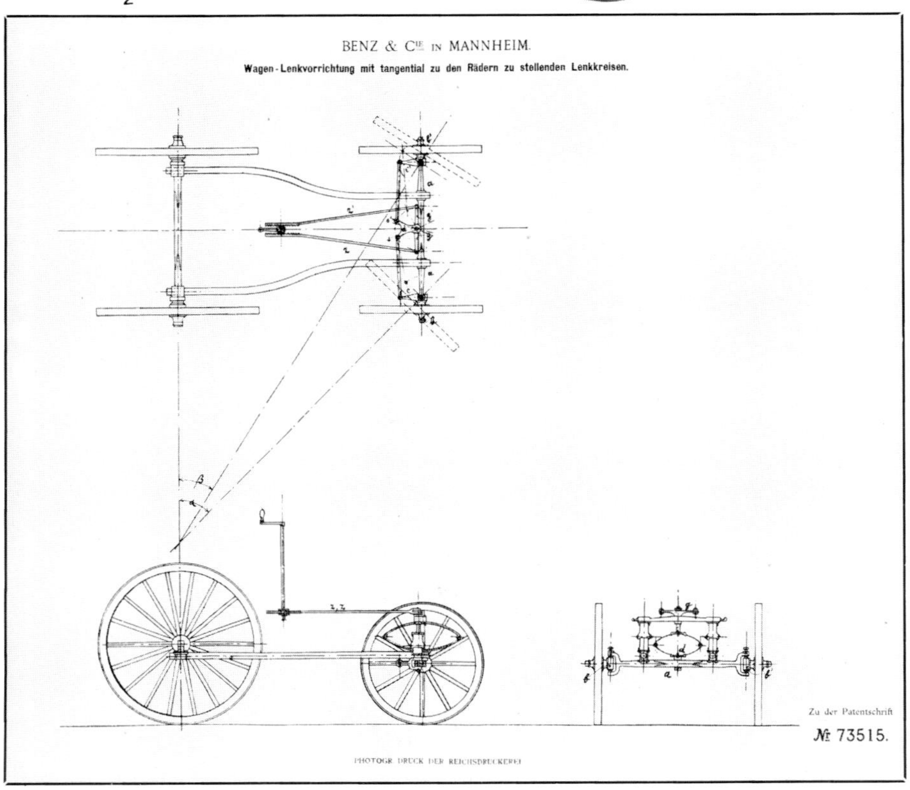

4

5 6

7

8

*Hier ein Benz-Wagen von 1895 im Rennen Paris–Bordeaux.*

*Erstes internationales Bahnrennen zu Frankfurt (Main) 1900. Ein von Benz konstruierter Vierzylinder-Boxer-Motor mit 24 PS siegte.*

der an dem Problem scheiterten. Andererseits: Wenn die erfolgreichen Mercedes-Rennen so verheerend auf den Benzwagen-Absatz wirkten, wer hatte dann recht, Benz oder Ganß?

## Originalton Benz und Daimler
## Benz resigniert

In diesem Augenblick, in dem Benz resigniert und aus dem Vorstand ausscheidet, ist es Zeit, festzustellen, daß Benz und Daimler anders waren als sie in bisherigen Biographien geschildert wurden. Weder Daimler noch Benz dachten und sprachen in der schwülstigen Art und Weise, die der Schwiegersohn von Benz, der Gymnasialprofessor Volk, in die Biographien hereingebracht hat und die dann von Siebertz und anderen übernommen worden ist.

Benz hat sich standhaft geweigert, seine Autobiographie im Alter zu schreiben. Erst sein Schwiegersohn hat ihn nach eigenem Bekunden mit viel Mühe dazu gebracht; er hat auch die Benzsche Darstellung in die „für eine Veröffentlichung geeignete Form" gebracht. In der „Lebensfahrt eines Erfinders" schaut Benz „von den weißen Firnhöhen des Lebens" herab. Da „läutet die Erinnerung mit allen Glocken... Im Deutschen Museum haben wir den Dom mit den Lokomotiven und Autos... Es ist nicht ein Dom zu höherer Ehre Gottes, aber es ist ein Dom zur Ehre des ewig sinnenden und gestaltenden, ewig vorwärtsdrängenden Menschengeistes... Die Erfüllung... dieses Menschheitstraumes ist für mich, den Achtzigjährigen, ein verglühendes Abendleuchten an meinem Lebenshimmel mit der aufgehenden Morgensonne." (S. 151, Benz „Lebensfahrt eines Erfinders".)

Nein, der Originalton Benz lautet ganz anders: Als bei einer Probefahrt in München der Polizeipräsident das erste Auto sah, verfügte er, daß der Wagen ohne Pferde mit einer helltönenden Glocke ausgestattet sein müsse. Benz' Fahrer bat Benz um eine solche Glocke, doch Benz schwieg. Erst als sie wieder in Mannheim waren und der Fahrer Benz nochmals nachfragte, da antwortete ihm Benz: „En Auto hat a Hup' un kee Klingel!"

Originalton Daimler: Als Maybach und Daimler über die Vorteile von Heck- und Frontmotor sprachen, sagte Daimler kurzentschlossen: „I glaub', wir mache des Gäule doch vorne nei."

Bevor Benz mit Grimm und Erbitterung aus der Firma ausschied – es war am 21. April 1903 – gab es noch einen Wettkampf zwischen ihm und Ganß, der entfernt an den Wettkampf Daimler-Maybach im Hotel Hermann gegen die Daimler-Motoren-Gesellschaft erinnert.

Der kaufmännische Direktor Ganß wagte einen Husarenritt, indem er das Konstruktionsbüro, das selbstverständlich dem technischen Direktor Benz unterstand, schlicht anwies, einen neuen Wagentyp zu schaffen.

Der Wagen mit vorne liegendem Motor, ein 10-PS-Zweizylinder, Kardangetriebe, wird 1902 fertig, aber niemand will ihn kaufen. Jetzt beruft Ganß den französischen Konstrukteur Barbarou; dieser beginnt mit einem Stab von ihm berufener Mitarbeiter, neue Typen von 8, 10, 14, 28 und 40 PS zu konstruieren. Auch ein Rennwagen von 60 PS befindet sich in der Vorschlagsliste.

Benz zieht, gekränkt, aber fest entschlossen, dagegen zu halten, seinerseits ein deutsches Konstruktionsbüro auf.

Barbarou wird zuerst mit seinem Wagen fertig, scheitert aber in der Erprobung beim Bergrennen Nizza–La Turbie, bei dem Mercedes-Wagen gewinnen, alle Benz-Wagen aber versagen. Jetzt scheidet Barbarou aus, und die Arbeiten des deutschen und des französischen Büros werden überprüft, zusammengestellt und nach vielen Versuchen zu einem Konglomerat verschmolzen, das unter der Marke „Parsifal" mit 8/10, 10/12, 12/14 mit stehenden Zweizylindermotoren und unter gleichem Namen als Vierzylinder mit 26 PS herauskommt.

Der neue Wagen hat mit den alten Benzwagen nicht mehr viel gemein: Ein vorne angebrachter Lamellenkühler – das Gegenstück zu Maybachs Bienenwabe – und eine Zahnradwasserpumpe sind ebenso neu wie die vom Getriebe ausgehende Kardanwelle mit Kegelradantrieb auf die Hinterachse. Dies anstelle des etwas geschmeidigeren, bisherigen Riemen-Ketten-Antriebes. Niederspannungs-Magnetzündung war bei allen Typen selbstverständlich, die Motordrehzahl war durch einen Luftzufuhrregler am Vergaser einstellbar in den Grenzen von 300 bis 1100 U/min.

Leider setzten sich diese völlig veränderten, aber wesentlich moderneren Typen auf dem Markt nicht durch. Die Ertragskurve sank weiter trotz der größten Bemühungen von Ganß, nachdem Benz, 59 Jahre alt, aus dem Werk, dem Ergebnis seiner Lebensarbeit, auf das er bisher so stolz gewesen war, ausschied. Das Jahr 1904 bescherte der Firma einen Verlust von über 400 000 Mark; dieses katastrophale Ergebnis veranlaßte nun auch Ganß, die Firma zu verlassen. Ganß konnte diesen Abgang nicht verwinden; er starb im Juli 1905.

Ein Glück, daß der Absatz der inzwischen verbesserten ortsfesten Gasmotoren die Firma über Wasser hielt.

Karl Benz war inzwischen – 1904 – wieder in den Aufsichtsrat der Firma eingetreten. Er gehörte nun zwar wieder der Firma an, hatte aber in Ladenburg, wohin er seinen Wohnsitz verlegte, ein neues Unternehmen unter der Firma „C. Benz Söhne, Ladenburg" gegründet. Der Firma, die Motoren und Kraftwagen herstellte unter der Leitung von Eugen und Richard Benz, den beiden Söhnen, war jedoch kein großer Erfolg beschieden. Sie wurde nach dem Ersten Weltkrieg in eine Firma für Kraftfahrzeugbestandteile umgewandelt. Die direkten letzten Nachkommen von Karl Benz, Ingenieur Karl Benz (Tochter Jutta Benz) und Anneliese Elbe, geborene Benz, leben, wohnen und arbeiten im Werk C. Benz Söhne in Ladenburg. Heute liefert die Firma C. Benz Söhne in Ladenburg Lagerböcke und Achsteile für Lkws in die Werke Wörth und Kassel von Daimler-Benz.

*Ein Familienfoto zeigt die Familie Benz, auf den Rücksitzen Karl Benz mit Frau.*

1 Seit 1910 gibt es den gesetzlich eingeführten Führerschein. Hier der Führerschein für den Industriellen Robert Bosch.

2 Der erste Omnibus, entwickelt aus dem achtsitzigen Landauer, auf der Linie Siegen–Netphen-Deuz 1895.

3 Auf Juxpostkarten werden jetzt die Rennfahrer gezeichnet, die rücksichtslos Menschen und Getier überfahren.

4 1905/1906 entsteht der 40-PS-Benz-Tourenwagen.

5 Nach dem Ausscheiden von Benz als Konstrukteur entsteht der 60-PS-Rennwagen von 1907.

6 Seit 1899 gibt es auch in Deutschland Automobilklubs. Hier eine Zeichnung für das Schnauferlbuch von Franz Stuck, 1904.

1

Herr Robert Bosch

ist auf Grund der vor dem amtlich anerkannten Sachverständigen Herrn Alfred Vischer in Stuttgart in

am 27ten September 1906 abgelegten Prüfung

ermächtigt, einen Kraftwagen ~~ein Kraftrad~~ mit (Motor) Benzin Antrieb (Klasse) 3b zu führen.

Stuttgart, den 22ten August 1910.

K. Stadtdirektion

(Name der höheren Verwaltungsbehörde)

Knapp

Liste Nr. 174.

Eigenhändige Namensunterschrift des Inhabers: Robert Bosch

2

3

4

6

5

2

*1 Plakette der Herkomerkonkurrenz 1907.*

*2 Foto von 1906 zeigt Prinz Heinrich von Preußen, den Benz-Fan in der Herkomerfahrt.*

*3 1907 siegt der Chefkonstrukteur Fritz Erle in der Herkomerfahrt.*

*4 Chefkonstrukteur Fritz Erle.*

*5 Plakette zur Prinz-Heinrich-Tourenfahrt 1908. Die Strecke führte von Frankfurt (Main) über Hannover, Bremen, Hamburg, Lübeck, Stettin nach Berlin.*

*6 Auch 1908 setzt Erle seine Siegesserie bei der Prinz-Heinrich-Fahrt auf Benz fort.*

3

1

4

5

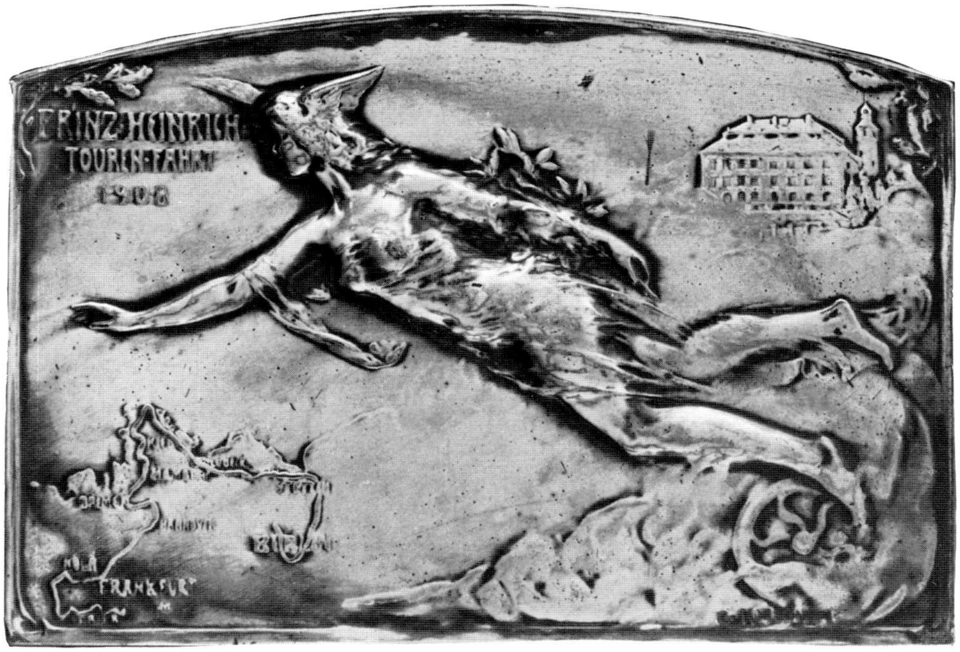


6

*1 Der Zar von Rußland überreicht den Kaiserpreis 1911 für die Firma Benz.*

*2 Kaiser Wilhelm II. (im ersten Auto stehend) bei Ausgrabungen in Lothringen. Mercedes-Doppelphaeton 45 PS, 1906.*

1

2

Auch die Zeit des Erfinders ist einmal abgelaufen. Die Technik, seine Technik, hat ihn überholt und ihren Weg vollendet. Benz bleibt nach 1904 nur noch die Rückschau auf sein Werk. Seinen 85. Geburtstag feiert Benz, von Ehrungen überhäuft, am 25. November 1928. Am 4. April 1929 stirbt Karl Benz auf seinem Wohnsitz in Ladenburg.

## Die Welt, in die das Auto fuhr...

Was ist das für eine Zeit, aus der berichtet wird? 1898 Tod Bismarcks; Zola schreibt seinen Brief „J'accuse" an den französischen Staatspräsidenten wegen eines Justizirrtums. Deutschland lehnt Bündnisverhandlungen mit England ab, im selben Jahr wird Bertolt Brecht geboren. Der Zeichner Theodor Thomas Heine wird wegen Majestätsbeleidigung des Kaisers Wilhelm II. verurteilt, Toulouse-Lautrec bringt eine Lithographienserie aus dem Leben einer Dirne. Rutherford entdeckt die Strahlung radioaktiver Atome. Die erste deutsche Frau erwirbt in Halle den Doktorgrad.

Um die Jahrhundertwende gibt es schon eine Anzahl Automobilfirmen: in Deutschland einen Adler, einen Lohner-Elektrowagen, Ford in den USA, FIAT in Italien, einen Nesselsdorf und Gräf in Österreich, in Frankreich hatten sich zu den schon bekannten Marken noch Renault, Mors, Corre, Darracq, Brillé und andere hinzugefunden.

Nicht zu vergessen „Bergmanns Industriewerke in Gaggenau", die kleine Personenwagen bauen. Daraus entwikkelte sich die „Süddeutsche Automobilfabrik Gaggenau", die 1910 von Benz übernommen wird.

Nicht zu vergessen endlich die Drachenflüge der Brüder Wright; 1903 gelang ihnen der erste Motorflug. Weniger glücklich operierte Otto Lilienthal, der 1896 bei ähnlichen Versuchen tödlich verunglückte.

1892 veröffentlicht Diesel seine Erfindung eines „rationellen Wärmemotors", die auf großes Interesse, aber auch auf herbe Kritik stößt.

Die Jahrhundertwende ist die Zeit des großen Aufbruchs in allen naturwissenschaftlichen Disziplinen, insbesondere in Mathematik, Physik, Chemie und Biologie. Die Darwinsche Lehre von der Entwicklung der Lebewesen, vom Einzeller zum Tier, vom Hominiden zum Menschen, hat sich durchgesetzt.

In diesen Jahren hat auch der Eisenbahnverkehr seinen Höhepunkt erreicht. Rund eine Million Streckenkilometer überspannen die bewohnten Teile der Erde, vorzüglich in den Industriestaaten des Westens. Es sind ein- oder zweigleisige Hauptbahnen, die jetzt fächerförmig über Nebenbahnen und Kleinbahnen noch nicht erschlossene Gebiete erschließen sollen. Bald wird man feststellen müssen, daß der auf den Nebenbahnen nur schwach oder gar nicht rentierende Verkehr über Straßenfahrzeuge, insbesondere Autos, Lkws und Omnibusse billiger erschlossen wird.

So sind viele dieser Zweigbahnen nach dem ersten und erst recht nach dem zweiten Weltkrieg zur Stillegung verurteilt – viele Planungen werden auch gar nicht mehr ausgeführt. Dies ist alles ganz folgerichtig, aber eines Tages wird man erschreckt entdecken, daß das alles nur gilt, solange die Ölvorräte frei verfügbar sind.

Immerhin wird zu Beginn des Ersten Weltkrieges die Konkurrenz innerhalb der Kraftwagenindustrie bereits deutlich. Von Europa wurde schon berichtet. In den USA gründet 1903 Ford die Ford Automobilgesellschaft; 1905 verkauft er sein millionstes Stück von der „Tin Lizzy".

Unter den konkurrierenden Verkehrsmitteln taucht um die Jahrhundertwende die Binnenschiffahrt wieder auf. Die Motorisierung der Schiffe, die Abschaffung der Segelschiffahrt und der Neubau von Kanälen gab der Binnenschiffahrt neuen Auftrieb. In der Hochseeschiffahrt beginnt auch der Dieselmotor eine Rolle zu spielen.

Noch hat sich im ersten Jahrzehnt des neuen, des zwanzigsten Jahrhunderts das Auto auf den Straßen nicht endgültig durchgesetzt; noch ist es eine kleine, eine Eliteschicht, die es wagt, mit dem Auto zu fahren – noch ist jede Fernfahrt ein Abenteuer, und das nicht zuletzt wegen der häufigen Pannen.

Immer wichtiger werden deshalb sogenannte Zuverlässigkeitsfahrten. Der von dem Porträtmaler Hubert von Herkomer gestiftete Herkomerpreis wird aus diesem Grunde zur sportlichen Sensation des Jahres 1906. Hubert von Herkomer, deutscher Abstammung, war seiner Bilder wegen in England geadelt worden. Der von ihm gestiftete Preis war von vornherein auf Tourenwagen, nicht auf Rennwagen gemünzt. Ihn gewann 1907 der 40-PS-Benzwagen mit seinem Chefkonstrukteur Fritz Erle, nachdem schon 1906 Benzwagen unter den Siegern waren.

Doch es sind diese Zuverlässigkeitsfahrten, die genauso wie die Rennen das Auto in weiten Kreisen erst bekannt und dann populär machen. Dennoch ist das Auto der damaligen Zeit weder für den Mittelstand, geschweige denn für den kleinen Mann erschwinglich.

# 6 Die Daimler-Motoren-Gesellschaft AG

## Nach dem Ausscheiden Maybachs bis zum Ende des Ersten Weltkriegs

Das Ausscheiden Maybachs Anfang 1907 als Chefkonstrukteur bei der Daimler-Motoren-AG ließ die Leiter der anderen Autofabriken aufatmen. Der „König der Konstrukteure", wie ihn die Franzosen genannt hatten, hatte seinen Arbeitsplatz verlassen. Auch bei der Benz-AG war man glücklich, den unbequemen Ideenproduzenten, der mit den Mercedes-Konstruktionen den Markt umgewandelt hatte, los zu sein.

Schon bald nach Maybachs Entlassung tat es dem Vorstand leid, so „undankbar" – dies ist eine Äußerung Jellineks – gegen Maybach verfahren zu haben.

„Maybach, gut dirigiert, ist das größte Glück für eine Automobilfabrik", schrieb Jellinek zuvor in einem Brief (1906) an ein Vorstandsmitglied.

Aus den USA kamen billige, in der Verarbeitung einfache Autos auf den deutschen Markt. Erste Anzeichen einer schweren Wirtschaftskrise (1908) machten den Verlust Maybachs noch prekärer.

Der weitere Lebensweg Maybachs, der damals 61 Jahre alt war, hat klar bewiesen, daß von einem Nachlassen der Schaffenskraft oder von dem behaupteten Altersstarrsinn keine Rede sein kann. Erfolgreiche Erfinder sind, wir sagten es schon, nun einmal eigenwillig, sonst würden sie sich nicht durchsetzen.

Unter dem Einfluß Jellineks, der als bewährter Großkunde und Aktionär im Aufsichtsrat saß, wurde beraten, wer die Nachfolge antreten könne. In Betracht kam in erster Linie der älteste Sohn Gottlieb Daimlers, Paul Daimler, der schon zu Lebzeiten Gottlieb Daimlers in Maybachs Konstruktionsbüro gearbeitet hatte und der kurz vor dem Tode Gottlieb Daimlers auch mit selbständigen Konstruktionsarbeiten beauftragt worden war, die seine Begabung erwiesen. Im Gegensatz zu seinem Vater, dem „dickköpfigen" Erfinder, war Paul Daimler eher nachgiebig, was ihm in Jellineks Tonart das Prädikat „unselbständig" verlieh.

Das Foto zeigt einen sensiblen Menschen. Man hat das Gefühl, einen Mann zu sehen, der unter dem Druck und der Verpflichtung eines großen Namens steht. Nur die Kopfform erinnert an den Vater. Jellinek schied übrigens ein Jahr nach Maybachs Austritt aus dem Aufsichtsrat aus.

Paul Daimlers letzter väterlicher Auftrag war ein Kleinwagen, der auf 4 PS ausgelegt werden sollte. Um die Jahrhundertwende fabrizierten die neu entstandenen Autofabriken, insbesondere in Frankreich, „Voituretten", kleine, leichte Zweisitzer mit Verdeck, Ein- bis Zweizylindermodelle mit Kardanantrieb und einer Tourenzahl, die 1500 U/min nicht überstieg.

Die Fabriken, die wenig Erfahrung hatten, produzierten Fahrzeuge, die größeren Anforderungen nicht standhielten. So beschloß man bei Daimler, selbst einen solchen Wagen zu bauen. Paul Daimler erhielt den Auftrag, ein Auto mit einem Zweizylindermotor 800 U/min zu konstruieren.

Aber der Wagen fand in Deutschland kein Interesse. Als Paul Daimler 1902 berufen wurde, die technische Leitung des Wiener Zweigwerkes in Wiener Neustadt zu übernehmen, da versuchte er sein Glück mit dieser Konstruktion in Österreich. Tatsächlich verkaufte er auch ein paar Jahre lang diesen Wagen.

Wesentlich mehr Erfolg hatte er mit Lastwagen und mit seinen vierradangetriebenen Wagen für die österreichische Armee. Von Untertürkheim aus rief man ihn 1905 zurück, zunächst mit dem heiklen Auftrag, einen 120-PS-Rennwagenmotor Maybachs, an dem der Aufsichtsrat die Hochspannungskerzenzündung beanstandete, neu zu konstruieren. Doch bevor Paul Daimler damit fertig war, trat Maybach aus, und die Daimler-Motoren-AG bestellte Paul Daimler zum Chefkonstrukteur. Dem jüngeren Bruder Adolf oblag die technische Leitung des Betriebes.

Paul Daimler übernahm zunächst einmal die vorhandenen und bewährten Typen Maybachs, also den Mercedes- und den Simplexmotor. Noch im gleichen Jahr seiner Bestellung (Maybach trat am 31. März 1907 aus) konstruierte er einen 75-PS-Sechszylindermotor mit Abreiß- und Kerzenzündung. Von diesem Typ wurden nur etwa 30 Wagen verkauft. Der Grund lag darin, daß auf Deutschlands Straßen schnelle und starke Wagen angesichts des schlechten Zustandes der Straßen praktisch nutzlos waren. So blieb der Sechszylinder bei der Daimler-Motoren-Gesellschaft die Ausnahme etwa bis zu Beginn des Zweiten Weltkrieges (Benz führte den Sechszylinder erst 1924 ein). Der Vierzylinderwagen dominierte. Bis zur Fusion der beiden Firmen 1926 entstand nur ein Achtzylinderwagen. (Der Mercedes-zwei-Liter-Kompressor-Rennwagen 1923/1925.)

Der meistverkaufte Wagen jener Tage war ein Mercedes-Vierzylinder, der bei 1600 U/min auf 20 PS Leistung kam. Es war der Typ 10/20 PS mit Kardanantrieb (seit 1909).

1908 kam aus den USA die Nachricht von einem sogenannten Schiebermotor, dem Knightmotor. Der Gedanke war nicht ganz neu; wir begegnen der Schieberkonstruktion bei der ersten Ausführung der atmosphärischen Gaskraftmaschine Ottos von 1867.

Charles Y. Knight sah, daß es notwendig war, „die Ladung (im Zylinder) sehr schnell einzulassen und die Auspuffprodukte sehr schnell aus dem Zylinder abzuführen, wenn man die Drehzahl, also die Leistung, erhöhen wollte“. Das Schieberprinzip bezeichnete der Anspruch in DRP 214089 so, „daß die Kanäle der Viertaktverbrennungsmaschine durch die relative Bewegung teleskopisch ineinander geführter Teile geschlossen und geöffnet wurden“.

Die von Knight der Daimler-Motoren-Gesellschaft offerierte Erfindung hatte Paul Daimler zu prüfen. Maybach hätte vermutlich abgelehnt, aber Paul Daimler fand sie beim augenblicklichen Stand des Motorenbaues nützlich und konstruierte danach 1909 einen vierzylindrigen 45-PS-Motor, der bei der Kundschaft Anklang fand. Von 1909 bis Kriegsende wurden über 5000 Motoren in Fahrzeuge eingebaut und verkauft.

Der Nachteil war die Kühlung und Schmierung des Schiebers, ein Problem, das schon bei Ottos Maschine kaum zu lösen war. Beim Knightmotor geschieht die Schmierung durch reichliche Ölzufuhr über Schmiernuten. Aber diesem Nachteil standen unbestreitbare Vorteile gegenüber. Der Motor lief leise, der Kraftstoffverbrauch lag niedriger als bei gleichartigen Motoren mit Ventilsteuerung. Das Leistungsgewicht lag mit 1,5 kg/PS so niedrig, daß der Motor für den kommenden Luftschiff- und Flugzeugverkehr als sehr geeignet erschien.

Knightmotoren wurden bis 1923 geliefert, also noch ein Jahr, nachdem Paul Daimler aus der Daimler-Motoren-Gesellschaft ausgeschieden war. Paul Daimler wurde Leiter der Horch-Werke in Zwickau, wo er den V8-Horchmotor schuf. Er starb 1945 in Berlin.

Experten bescheinigen Paul Daimler, daß er das Erbe seines Vaters und Maybachs gut verwaltet habe.

Der Sohn Paul Daimlers, ebenfalls mit dem Namen Paul Gottlieb Daimler, Dipl.-Ing., technischer Gutachter in Hamburg, ist der letzte noch lebende Namensträger aus der ersten Ehe Gottlieb Daimlers. Die beiden Kinder aus der zweiten Ehe Daimlers mit Frau Lina (gestorben 1932 in

Stuttgart), Gottlieb Daimler und Emilie Daimler sind kinderlos gestorben; Gottlieb fiel im Ersten Weltkrieg 1916.

Aufträge fremder Staaten im militärischen Bereich sind nie zufällig. Entweder hat der Lieferant ein Fabrikationsmonopol (Beispiel: das Zündnadelgewehr), oder es handelt sich beim Besteller um eine befreundete oder verbündete Macht. Aufträge des Kriegs- oder Verteidigungsministers für Luftfahrtmotoren aber zeigen eine verstärkte Aufrüstung an. Sie bekunden letzten Endes im Kaiserreich nach der Jahrhundertwende die Besorgnis, man könne einem vielleicht unvermeidlichen kommenden Krieg nicht gewachsen sein. Es gibt dahingehende Äußerungen der Nachfolger Bismarcks.

So fällt die Bestellung eines 300-PS-Motors für die russische Marine durch den Ingenieur Loutzky in die Zeit, da ein britisch-japanisches Bündnis gegen Rußland zustande kommt. Ein Jahr zuvor war Zar Nikolaus II. Gast bei deutschen Flottenmanövern. Maybach baute den Sechszylindermotor, der Ende 1902 fertig wurde.

## Maybachs Lebensweg · Entwicklung von Luftschiff- und Flugzeugmotoren

Heißluftballone waren schon zu Goethes Zeiten eine Art Jahrmarktsensation; aus ihnen entwickelte sich der eine Zweig der Luftfahrt, der unter der Konstruktionsidee „leichter als die Luft" stand. Der lenkbare Ballon, das Luftschiff, war der Wunschtraum einiger Engländer und Franzosen, die es mit Dampfmotoren versuchten, oder des Deutschen Paul Haenlein, der einen Leuchtgasmotor benutzen wollte. In allen diesen Fällen war der Motor viel zu schwer, und die Versuche mußten mißglücken.

Über die Versuche mit Wölferts Lenkballon wurde schon berichtet. Auch hier war der Motor – Daimlers „Standuhr" – zu schwer oder aber der Fluggast zu beleibt.

Der erste, der mit Lenkballonen oder der Form nach mit Luftschiffen besser umzugehen verstand, war Graf Zeppelin. Er wandte sich an Daimler, der ihn an Maybach weiterverwies. Von daher datiert Maybachs Bekanntschaft mit dem Grafen Zeppelin, die er nach seinem Abschied von der Firma Daimler wieder belebt hat, um seinen Sohn Karl Maybach als Konstrukteur leichter und sicherer, dabei kräftiger Luftschiffmotoren vorzustellen.

Die ersten Versuche fanden mit LZ I (Luftschiff Zeppelin I) und einem 12-PS-Vierzylindermotor von Daimler statt. Die französischen Brüder Lebaudy übernahmen 1902 einen 35-PS-Motor; der Major von Parseval verwandte für sein halbstarres Luftschiff 105-PS-Daimlermotoren. Am 5. August 1908 zerstörte eine Windbö Zeppelins viertes Luftschiff mitsamt den beiden 200-PS-Daimlermotoren bei Echterdingen. Ein Achtzylindermotor, von Paul Daimler 1911 konstruiert, bot eine Leistung von 246 PS bei 1200 U/min. Er fand in einem Schütte-Lanz-Luftschiff Verwendung. Seit 1913 baute man bei Daimler keine Luftschiffmotoren mehr. Der Grund lag darin, daß man jetzt Flugmotoren baute.

In Wilhelm Maybachs Vertrag mit der Daimler-Motoren-Gesellschaft stand eine Konkurrenzklausel für den Fall seines Ausscheidens aus dem Betrieb. 1909 hatte Graf Zeppelin zusammen mit Wilhelm Maybach und dessen Sohn Karl, ein Unternehmen zuerst in Bissingen/Württemberg, dann 1911 in Friedrichshafen aufgezogen: die Luftfahrzeug-Motoren-GmbH, später bekannt als Maybach-Motorenbau-GmbH. Karl Maybach übernahm 1909 die Leitung des Motorenwerkes für Zeppelinmotoren. Einige Jahre später schränkten die Daimler-Werke den Bau von Luftschiffmotoren ein. Im weiteren Verlauf wird die Maybach-Motoren-GmbH von der vereinigten Daimler-Benz-AG übernommen. Das war 1961.

Das Kapitel des Baues der Luftschiffmotoren war abgeschlossen. Nun beginnt bei Daimler das Kapitel des Flugzeugbaues und des Baues von Schiffs- und Flugzeugmotoren. Die ersten Flüge der Brüder Wright in den USA 1903, der Flug von Santos Dumont 1906 in Frankreich gaben den Auftakt.

Anders als sein Chef Daimler verbringt Wilhelm Maybach einen stillen Lebensabend in seinem Cannstatter Heim. Jetzt, da er Zeit hat für die Rückschau und fern von Arbeitskämpfen nur noch rezeptiv die Fortschritte in der Technik des Motoren- und Fahrzeugbaues verfolgt, jetzt erreichen den immer noch bescheidenen, scheuen und zurückhaltenden Mann Orden, Titel und Ehrungen. Der VDI verleiht ihm die goldene Grashof-Denkmünze „in dankbarer Anerkennung seiner großen Verdienste, die er sich als bahnbrechender Konstrukteur um die Schöpfung der neuzeitlichen Kraftfahrzeuge und um die Entwicklung der rasch laufenden Verbrennungsmaschine erworben hat".

Am 29. Dezember 1929 starb Wilhelm Maybach; ein genialer Ingenieur, von dem Jellinek sagte, „er habe auf Kommando erfinden" können.

1929 ist übrigens auch das Todesjahr von Karl Benz und von Frau Mercedes Schlosser, geborene Jellinek, deren Namen der Mercedes trägt. Sie wurde gerade 40 Jahre alt.

1 Der Rennwagen Mercedes 120 PS von 1906 ist eine der letzten Schöpfungen Maybachs aus der DMG.

2 Blick in den Knight-Motor, einen sogenannten Schiebermotor, der vor allem in der 16/45-PS-Ausführung viel bis 1923 verkauft wurde.

3 Die Brüder Lebaudy bauten 1902 einen 35-PS-Mercedes-Motor in ihr Luftschiff ein. Es war der erste Luftschiff-Mercedes-Motor.

4 Daimler 16-PS-Vierzylinder-Luftschiffmotor von 1900. Eingebaut in das erste Zeppelinluftschiff LZ 1.

5 Dieser Achtzylinder-246-PS-Motor, eine Konstruktion Paul Daimlers, wurde in ein Schütte-Lanz-Luftschiff eingebaut.

6 Seit 1913 baute Daimler Flugzeug- und Schiffsmotoren. Hier ein 238-PS-Daimler-Achtzylinder-Flugmotor DF 220, 1915.

7 Wilhelm Kress versuchte 1901 vom Tullnerbach-Stausee aus mit einem 35-PS-Mercedes-Motor den Start eines Wasserflugzeuges, der jedoch mißlang.

1

2

3

5

4

6

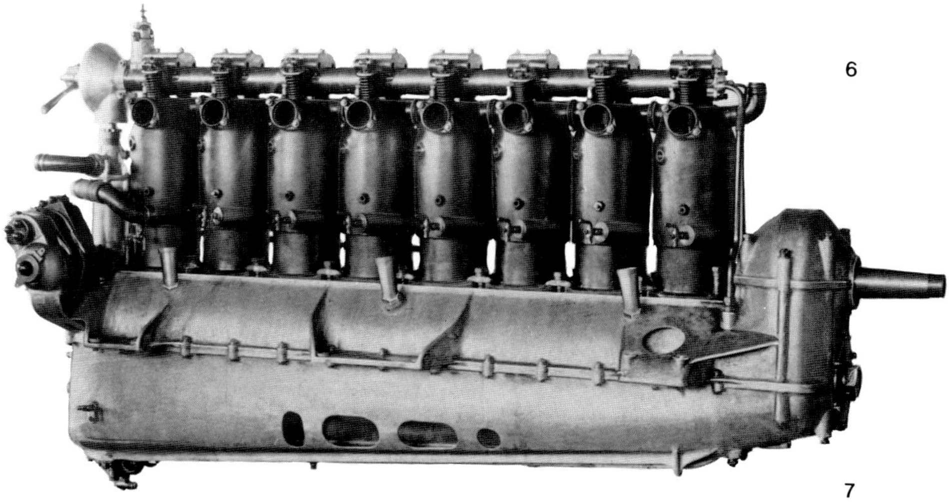

7

*1 Christian Lautenschlager und Beifahrer Hemminger siegen im Großen Preis von Frankreich bei Dieppe 1908 auf Mercedes-140-PS.*

*2 Lautenschlager vor dem Start des Grand-Prix-Rennens 1908.*

*3 Der erfolgreiche Grand-Prix-Rennwagen Mercedes-Vierzylinder 1908.*

*4 Situationsbild von Liska mit dem siegreichen Mercedes-Wagen Nr. 35, am Steuer Lautenschlager.*

*5 Lautenschlager auf der Rundstrecke von Lyon im Grand Prix 1914 Siegerwagen Nr. 28, gezeichnet von Liska.*

3

1

2

4

5

*Letztes Rennen vor dem Ersten Weltkrieg. Das Bild zeigt die Siegerwagen im Grand Prix 1914 mit Fahrern und Beifahrern vor dem Werk in Untertürkheim.*

Bei der Geschichte der Flugmotoren sollte man den Österreicher Wilhelm Kress nicht vergessen, der 1901 im Staubecken bei Tullnerbach im Wienerwald Schiffbruch erlitt. Er verwendete als Antrieb für sein Flugzeug einen 35-PS-Mercedes-Motor: Die leinwandbespannte Luftschraube und die Schwimmer waren nicht zweckmäßig konstruiert.

Als aber Blériot am 29. Juli 1909 den Ärmelkanal mit einem dreizylindrigen 25-PS-Anzani-Motor überflog, da wachten die deutschen Militärs auf; die Versuchsabteilung der Verkehrstruppen erhielt den Auftrag, einen für Flugversuche geeigneten deutschen Motor zu schaffen. Da dies nicht gelang – die Daimler-Werke hatten zwar Luftschiff-, aber keine Flugzeugmotoren – kaufte man einen französischen Motor, der Ende 1909 in Paris erprobt wurde. Der Luftschiffmotor J4L mit 135 PS, den Daimler anbot, war zu stark für die Flugzeuge damaliger Bauart. So schuf Paul Daimler 1910 in kurzer Zeit neben anderen Flugmotortypen einen 60-PS-Vierzylinder mit hängenden Ventilen. Das Leistungsgewicht betrug 1,8 kg. Mit diesem Motor errang Helmuth Hirth 1911 einen Preis für den Flug München – Berlin.

Schnellere und stärkere Motoren verlangten die militärischen Stellen, als die gespannte Lage vor dem Ersten Weltkrieg erkennen ließ, daß Flugzeuge auch im Kriege erstmals eine Rolle spielen würden.

Der Sechs-Zylinder-Motor mit seinen 120 PS mußte durch den 160-PS-Motor abgelöst werden. Es ging jetzt um Steigfähigkeit und Kontinuität der Motorleistung in Höhen über 3000 Metern: Hier half nur noch die Aufladung der Motoren mittels eines Gebläses. (Der 160-PS-Motor, bei 1450 U/min 170 PS hat übrigens Konstruktionsmerkmale des von Maybach zuletzt konstruierten Rennmotors von 1906, über den er ausschied.)

Einzelstehende Stahlzylinder und aufgeschweißte Stahlblechkühlwassermäntel waren Kennzeichen der Motoren.

Zu Beginn des Krieges produzierten die Daimler-Werke auch Großflugzeuge. Sie wurden in Sindelfingen gebaut und eingeflogen. Das Ende des Weltkrieges I war auch das Ende dieser Kriegs-Produktion.

Von den für den Krieg verwendeten Flugmotoren hat übrigens Daimler rund die Hälfte – etwa 20 000 Stück – gebaut und abgeliefert.

Aus dem Flugmotorenbau stammt die Idee der direkten Benzineinspritzung, die später eine große Rolle spielte. Davon wird noch die Rede sein.

## Dieselmotoren für Schiffe

Vor dem Ersten Weltkrieg, ab 1910, hat die Daimler-Motoren-Gesellschaft die Produktion von Schiffsdieselmotoren eingeleitet. 1910 kam es zum ersten brauchbaren Motor, einem Sechszylinder von 100 PS Leistung. Er wurde in Unterseeboote eingebaut.

## Letzte Rennen vor dem Ersten Weltkrieg

Seit dem Unglück von Bordeaux bei der Fernfahrt Paris-Madrid waren solcherart Straßenrennen durch Großstädte verboten. Die Art der Rennen, die Form der Austragung und die Bestimmungen für die Teilnahme hatten sich laufend geändert. Nun wurden sie genauer festgelegt. Es sollte nicht nur Parität unter den Teilnehmern herrschen, es sollte durch die Festlegung einer Rennformel auch die Entwicklung des Motorsports und des Automobils gefördert werden. Gordon Bennett hatte in seiner Rennformel von jedem Land nur drei Fahrzeuge zugelassen. Das führte dazu, daß meist nur ein Fabrikat der zahlreichen Marken teilnehmen durfte und daß die französische Automobilindustrie (allein 1900 gab es in Frankreich über ein halbes Dutzend bedeutender Fabriken) nicht zum Zuge kam. So entstand in Frankreich der Grand Prix, der bis zum Ersten Weltkrieg „das“ Autorennen Europas blieb.

Inhalt der Rennformeln war in der ersten Zeit vor allem die Begrenzung des Fahrzeuggewichtes: Das sogenannte Trockengewicht des Wagens durfte nur 1000 kg betragen. Dann zeigte es sich, daß man den Zylinderinhalt beschränken mußte. Endlich wurde der Brennstoffverbrauch schon 1907 auf 30 l/100 km, 1913 auf 20 Liter und 1929 gar auf 14 kg Benzol herabgesetzt. Auch wenn später solche Beschränkungen wegfielen, so machte doch der höhere Verbrauch sich im Gewicht oder im Aufenthalt beim Nachtanken als Zeitverlust geltend.

Die Daimler-Siege der allerersten Zeit wurden hier beschrieben. Der Grand Prix 1908 verlangte für einen Vierzylindermotor eine Bohrung von maximal 155 mm, der günstigste Hub war zu suchen. Sowohl Daimler wie Benz beschlossen, sich an dem Rennen zu beteiligen. Daimler bevorzugte einen Hub von 180 mm und erzielte damit bei 1400 U/min 140 PS. Benz konstruierte mit einem Hub von 200 mm und brachte es bei 1500 U/min auf 150 PS. Bei dem Rennen gewann den ersten Preis Daimler, den zweiten und dritten Benz.

Frankreich, der Grand Prix und die hohe Sportkommission konstatierten nach diesem großen deutschen Sieg, bei dem die französischen und englischen Marken unter „ferner liefen“ rangierten, eine starke „Rennmüdigkeit“.

Zweifellos wollte man den Autofirmen die Chance geben, den weiten deutschen Vorsprung aufzuholen. Die nächste Veranstaltung war 1913. Die Deutschen waren mit Mercedes und Opel vertreten.

Für 1914 wurde eine Rennformel mit Beschränkung des Zylinderinhalts auf 4,5 Liter ausgeschrieben. Mercedes beteiligte sich mit einer Neukonstruktion. Der Antrieb geschah durch einen Motor mit obenliegender Nockenwelle. Statt der Graugußzylinder wurden, wie später bei den Mercedes-Flugmotoren, Stahlzylinder mit aufgeschweißten Stahlblechmänteln verwendet. Hinter den Sitzen befand sich eine Kraftstoffpumpe, die der mitfahrende Mechaniker von Hand bedienen mußte, was wohl ziemlich schwierig war.

Die fünf gemeldeten Mercedes-Wagen belegten beim Grand Prix 1914 die drei ersten Plätze und ließen die konkurrierenden Marken weit hinter sich. Der „Dreh“ war eine Steigerung der Drehzahl des Motors auf mehr als das Doppelte, nämlich 3200 U/min.

Aber nicht nur die intelligente und neuartige Konstruktion, sondern auch die minutiösen Vorbereitungen des Rennens selbst brachten den Erfolg. So hatte die Werksleitung – die beiden Brüder Paul und Adolf Daimler – Geometer auf die Rundstrecke bei Lyon geschickt, die Streckenkarten mit Steigungen und Gefällen in Längen und Prozenten aufgenommen hatten. Danach wurden die Getriebeübersetzungen berechnet. Auch die Renntaktik war überlegen. Zwei Wagen wurden in den ersten Runden gegen die schnelleren französischen Wagen geopfert.

Hier schließt die „klassische“ Rennperiode ihr Buch der Triumphe und Trophäen. Es zeigt die beiden Firmen Daimler und Benz als führende Marken auf dem inzwischen stark ausgeweiteten Markt einer weltweiten Automobilindustrie, auf dem vor allem die Amerikaner mit ihrer billigen Massenproduktion auffallen.

Grand Prix 1914: Kurz danach brach der Erste Weltkrieg aus. Rennen und Rennpläne wurden zu den Akten gelegt.

Rückblickend kann man feststellen, daß die Veranstaltung von Zuverlässigkeitsfahrten nachließ, da die Wagen aller großen Marken inzwischen ein hohes Maß von Zuverlässigkeit erreichten. In der klassischen Epoche ging es darum, dies den Zuschauern, der Öffentlichkeit vor Augen zu führen. Da die ersten Firmen jedes Jahr, bedingt durch die schnelle Entwicklung in der Konstruktion und dem Bau von Automobilen, einen neuen Wagen mit verbesserten Eigenschaften des Motors und des Fahrwerks, einschließlich abgeänderter, neumodischer Karosserien herausbrachten, so galt der Satz: Der Rennwagen von heute ist der Gebrauchswagen von morgen. Gerade elf Monate hatten die Konstrukteure Zeit, ihren neuen Wagen zu präsentieren. So haben die Rennen der ersten Zeit zu der außerordentlichen Beschleunigung der Entwicklung im Automobilbau beigetragen.

Doch das Auto – Domäne immer noch der Begüterten in Friedenszeiten – wurde nun im Kriege erst recht wichtig. Sicherlich war die Mobilmachung der kriegsführenden Staaten Europas im wesentlichen auf den Eisenbahntransport ausgerichtet. Der deutsche Aufmarsch 1914 vollzog sich, vom Feinde ungestört, planmäßig. Nach dem Schlieffenplan kam es im Westen zwar zu einem schnellen Vormarsch, doch blieb die erste Armee unter Alexander von Kluck 50 Kilometer vor Paris stecken.

Und plötzlich tritt hier ein neues Verkehrsmittel auf, das eine der großen Entscheidungen – das Wunder an der Marne – mit herbeiführt. Der französische Oberbefehlshaber Joffre, der den Plan der Deutschen, die Festung Paris rasch zu nehmen, durchschaut hatte, warf starke Kräfte aus dem rechten Flügel seiner Front nach Paris. Der Festungskommandant von Paris aber, Galliéni, wollte sich nicht auf Pferde oder Eisenbahnen verlassen. Er requirierte Taxis, Ambulanzen und Kraftfahrzeuge und schickte mit diesem neuen Transportmittel alle verfügbaren Kräfte an die Front. Hier hat erstmals in einer entscheidenden Situation das Auto, das die Truppe direkt an den Einsatzort beförderte, der Eisenbahn den Rang abgelaufen.

Der Erste Weltkrieg hat insgesamt für die Idee des Autos keineswegs einen Rückschlag gebracht. Im Gegenteil: Der Ausgang der Marneschlacht, an dem das Auto einen wesentlichen Anteil hatte, brachte, zunächst verborgen, heute allen sichtbar, den großen Durchbruch des Autos im Wettbewerb der Verkehrsmittel. Hier blieb das Auto Sieger!

*Mein Benz!! Plakat aus dem Jahre 1921.*

# 7
# Benz erholt sich wieder

Bei der Firma hatte sich nach dem Niedergang von 1901 bis 1907 eine Wende vollzogen. Der erst im Jahre 1904 zur Firma gestoßene Fritz Hammesfahr übernahm die Leitung der Firma. Die letzten verzweifelten Versuche von Benz, einen Motor zu konstruieren, der den Vergleich mit Maybachs eleganten und leichten Konstruktionen ausgehalten hätte, waren mißlungen. Der „Parsifal"-Typ, eine Mischung aus den Ergebnissen des Barbarou-Teams und des Benz-Teams, wurde von den Käufern nicht voll akzeptiert. Auch mußte man den Namen „Parsifal" wieder zu Gunsten des Namens Benz aufgeben.

Auch das Geschäft mit den stationären Gasmotoren ging zurück. Eine Vereinfachung der Typen und ein Zusammenlegen der Leistungen brachte zwar eine Ersparnis der Herstellungskosten, aber keinen dauernden Verkaufserfolg. Die Modelle konnten mit denen der Deutzer Gasmotorenfabrik nicht mehr konkurrieren. 1908 war im Auftragseingang der Tiefpunkt erreicht.

Angesichts der schlechten Geschäftslage stellte Hammesfahr am 1. Oktober 1908 Prosper l'Orange als Oberingenieur ein. L'Orange hatte seit 1904 in Deutz als Versuchsingenieur gearbeitet. Er ist in der Geschichte der Dieseltechnik als Erfinder des Vorkammerverfahrens bekannt.

L'Orange verließ das Feld mittelgroßer Gasmotoren. Er konstruierte und fabrizierte nun Kleinmotoren für gewerbliche Zwecke, die billig waren und sofort guten Absatz fanden.

Gestützt auf den Verkaufserfolg im stationären Motorenbau nach Prosper l'Orange' Eingreifen 1908 wagte man sich im Kraftfahrzeugbau – nach dem Fehlschlag des „Parsifal" – dennoch an keine neue Konstruktion. Man hielt sich vielmehr an das von Maybach stammende Modell des stehenden Motors und verbesserte dieses Modell ständig. 1911 gelangte man zur Blockbauart, das heißt, daß alle Zylinder mit dem Oberteil des Kurbelgehäuses in einem Stück gegossen wurden, was die Herstellung und anschließend die Montage verbilligt. Auch die Steifigkeit des Motors in Längsrichtung wird verstärkt. Die Wagen hatten Kardanübertragung.

Erste Hoffnungen gab es für die Firma Benz durch Siege in Rennen und Zuverlässigkeitsfahrten. Schon 1906 hatte sie mit der erfolgreichen Beteiligung an der Herkomer-Konkurrenz Aufsehen erregt; in der letzten Herkomer-Ausschreibung 1907 errang der Chefkonstrukteur Fritz Erle mit einem 40-PS-Benzwagen den Sieg in der Gesamtwertung, die weniger auf Rennen als auf sportliches Fahren im allgemeinen ausgelegt war.

Es war auch 1907, da Maybach von den Daimler-Werken seinen Abschied nahm, als man in Mannheim dazu überging, wieder Rennwagen zu bauen. In den vorhergehenden Rennen hatten die Daimler-Rennwagen die Benz-Rennwagen mit wenigen Ausnahmen geschlagen. Mit den neuen 50-, 60- und 80-PS-Rennwagen wurde wiederum Daimler wiederholt von Benz unter „ferner liefen" verwiesen. Vom Grand-Prix-Rennen 1908 wurde oben schon berichtet.

Auch in den Prinz-Heinrich-Fahrten, den Fahrten um den russischen Kaiserpreis 1911 (es gab drei erste Preise für Benz!) und anderen Wettbewerben, zuletzt in der Karpartenfahrt von 1914, bewährten sich die Benzwagen und holten Preise. 1908 wurden drei Rennmotoren mit 120, 150 und 200 PS konstruiert. Der letzte dieser Motoren war der Blitzen-Benz.

Die Rekordfahrten fanden in Florida auf dem Sandstrand von Daytona-Beach statt. Der Wagen, der heute im Daimler-Benz-Museum in Untertürkheim steht, erreicht 1911 auf der Rennstrecke über eine Meile mit fliegendem Start eine Geschwindigkeit von 228,1 km/h! Man hatte die Bohrung auf 185 mm erhöht und dadurch ein Zylindervolumen von 21,5 Liter erreicht. Bei einer Drehzahl von 1600 U/min kam der Wagen auf 200 PS, damit auf eine Literleistung von 9,3 PS. Dieser absolute Weltrekord für Autos hielt dreizehn Jahre lang.

Wenn man den Blitzen-Benz heute sieht, so imponiert die Stromlinienform. Kaum ein Sportwagenfahrer von heute würde sich jedoch trauen, in diesem Wagen mit offenem Zahnrad, Kettenantrieb, schmalen Reifen über 200 Stundenkilometer zu fahren. Dabei handelte es sich keineswegs um eine Spezialanfertigung, sondern im heutigen Sprachgebrauch lediglich um einen „frisierten Typ aus der Serienfertigung". Demgegenüber war Seagraves Sunbeam von 1927 mit zwei 500 PS starken Zwölfzylinder-V-Motoren ein Monster mit einem Gesamthubraum von 45 Litern. Er erreichte eine Geschwindigkeit von 322 km/h.

Benz war meist Sieger bei gesellschaftlichen Veranstaltungen, die zum Beispiel als Schönheitskonkurrenzen aufgezogen waren. Im guten Geschmack und in der Eleganz der Formen, kurz im modischen Design, war Benz führend. So gibt es Bilder von dem 60-PS-Benz-Doppel-Phaeton, einem Tourenwagen, der für Prinz Heinrich von Preußen bestimmt war. Der Prinz galt als „Benzfan". Der Wagen trug ein Doppeldach, einen roten Aufbau zu schwarzem Fahrwerk; innen war er mit einer dunkelblauen Saffianlederpolsterung versehen; der Aufbau war burgunderrot. Auch gab es Limousinen mit Naturholz-Karosserie und Polsterung aus weißem Tuch.

Die Limousinenbauart setzte sich beim Publikum immer mehr durch. Seither hat sich, was die Masse der Autos betrifft, die Limousine als *der* Autotyp erwiesen, der nur ganz allmählich vom Wagen mit Hecktür verdrängt wird.

Insgesamt dominiert das Benzauto jener Zeit in der mittleren Leistungsklasse, während Mercedes die hohe Leistungsklasse präsentiert.

## Flugmotoren

Der Ankauf eines französischen Flugmotors durch die Versuchsabteilung der deutschen Verkehrstruppen löste auch bei Benz die Konstruktion eines Flugmotors aus. Es entstand ein vierzylindriger Flugzeugmotor mit einer Leistung von 45 PS bei 1600 U/min und einem Leistungsgewicht von 2,6 kg/PS. Die Versuchsabteilung, der man den Motor anbot, lehnte ihn als zu schwer ab. Daimler hatte Motoren erst mit einem Leistungsgewicht von 2,1 kg/PS, 1910 mit nur noch 1,85 kg/PS angeboten.

1912 wurde der schöpferische Ehrgeiz bei Benz durch den sogenannten Kaiserpreis geweckt. Kaiser Wilhelm II. setzte an seinem Geburtstag, am 27. Januar 1912, einen Preis von 50 000 Goldmark für den besten deutschen Flugmotor aus. Der Preis wurde ein Jahr später vergeben. Man hatte inzwischen bemerkt, daß in der Aufrüstung potentieller Gegner, vor allem der französischen und englischen Heeresleitung, das Flugzeug eine zunehmende Rolle spielte. Neben Materialvorschriften waren PS-Zahlen zwischen 50 und 115 PS bei höchstens 1350 U/min und ein Gesamtgewicht (Zubehör und Benzin) von 6 kg/PS vorgeschrieben. Auch gab es mehrere schwierige Prüfungen.

Für Benz war die Teilnahme ein großes Risiko: nicht weniger als 26 Bewerber mit 44 Motoren meldeten sich!

Dann donnerten in der neu errichteten staatlichen Versuchsanstalt in Berlin-Adlershof Tag und Nacht die Motoren. Von den 44 Motoren überstanden vor allem zwei die Tests: der Benz-Vierzylinder-Motor und der von Daimler gemeldete Sechszylinder. Leistungsgewicht und Benzinverbrauch waren beim Benzmotor niedriger, und so gewann Benz den Kaiserpreis.

Aber der Motor wurde nicht verkauft; man stellte generell fest, daß Vierzylinder wegen der starken Vibration für den Flugzeugbau ungeeignet waren. Man ging daher auf den Sechszylinder über mit 85, 110 und 150 PS.

Im Krieg wurden noch stärkere Motoren verlangt, ein Anspruch, dem Benz mit 200 und 500 PS starken Motoren entsprach. Der 500-PS-Motor war einer der stärksten Motoren, der je während des Ersten Weltkriegs in ein deutsches Flugzeug eingebaut wurde. Es gab davon 25 Stück.

Das Jahr 1918 beendete auch bei Benz die erste Ära des Flugmotorenbaues.

## Es dieselt bei Benz

Als Prosper l'Orange in die Dienste der Benz-Werke, die sich ja damals in einer krisenhaften Lage befanden, im Herbst 1908 eintrat, da hatte er schon geraume Zeit zuvor sich mit Diesels Erfindungen beschäftigt. Diesels Bemühen ging dahin, den Wirkungsgrad der Energieumsetzung bei Kraftstoffmaschinen zu erhöhen und auch schwer verdampfende Kraftstoffe zu verwenden, um bedeutende Kraftstoffersparnisse zu erzielen.

Zunächst scheiterten die Versuche, die Diesel in der Maschinenfabrik Augsburg durchführte, daran, daß die Einführung des Kraftstoffes in feinster Zerstäubung in den Zylinder, in dem ein hoher Verdichtungsdruck herrschen mußte, mit den damaligen mechanischen Mitteln nicht gelang. So mußte der Kraftstoff in einer Niederdruck-Brennstoffpumpe einem Zerstäuber vorgelagert werden; dann wurde er im zweiten Takt, der Aufwärtsbewegung des Kolbens, durch hochgespannte Druckluft in den Zylinder eingeblasen. Das Kraftstoff-Luft-Gemisch entzündete sich infolge seiner hohen Temperatur von selbst.

Als Rudolph Diesel 1913 auf geheimnisvolle Weise bei der Überfahrt nach England vom Schiff verschwand (Selbstmord?), da war dieses Prinzip so weit zur Konstruktionsreife gediehen, daß überall Dieselmotoren mit mehreren Millionen PS in Kraftwerken, Frachtschiffen, U-Booten in Betrieb waren.

Prosper l'Orange hatte sich, als er 1909 zum Leiter des Motorenbaues bestellt wurde, sogleich daran gemacht, seine alten Pläne zu verwirklichen. Er wollte bei Benz den leichten, schnell laufenden Dieselmotor herausbringen, er war gewissermaßen auf einer fortgeschritteneren Stufe Nachfahre Daimlers. Hatte l'Orange die finanzielle Misere durch seine Reorganisation der Abteilung stationärer Motorenbau beseitigt, so wollte er nun auch im Leichtmotorenbau seinen Grundgedanken verwirklichen, nämlich die Konstruktion eines kleinen, leichten und schnellen Dieselmotors zum Einbau in Fahrzeuge.

Er hatte die Idee, vom Hauptbrennraum eine Vorkammer abzutrennen. In dieser „Kammer sollte keine Explosion entstehen, sondern nur eine allmähliche Verbrennung, durch die der Druck in der Kammer nur um so viel über den Druck im Arbeitsraum gebracht werden sollte, daß die nötige Zerstäubungsenergie bei dem Hereinblasen in den Arbeitsraum zustande kam".

März 1909 meldete l'Orange das Patent an, das die Nummer 230517 bekam. Doch gab es bei der Versuchsmaschine Schwierigkeiten.

Die starke Inanspruchnahme l'Oranges auf den anderen Gebieten, der Kriegsausbruch und endlich die Einberufung l'Oranges zum Kriegsdienst machten eine Weiterverfolgung der Erfindung unmöglich. Das Patent verfiel, weil die Firma die Patentgebühren nicht mehr einzahlte.

Ende 1918 hörte l'Orange von der Erfindung des Schweden Leissner, der sich eine Vorkammer anderer Art patentieren ließ. Seine Motoren liefen. Jetzt erkannte l'Orange und mit ihm die Firma Benz die Wichtigkeit des Vorkammerverfahrens. Man machte die Löschung des Patents rückgängig; l'Orange gelang es mit einer neuen Art von Zündeinsatz, seine damaligen Schwierigkeiten zu beheben. Um die Verdichtungswärme für die Zündung beim Start zu erreichen, verwendete l'Orange ursprünglich salpetergetränktes Papier, das er anzündete und in die Vorkammer einführte. Heute besorgt das „Vorglühen" eine Glühspirale, die von der Batterie gespeist wird.

Auch bei dieser interessanten Weiterentwicklung des Dieselsystems bedeutete das Kriegsende noch nicht das Ende der Produktion. Später hatte die Firmenleitung von Benz erste Verhandlungen wegen eines Zusammenschlusses mit der Firma Daimler in Untertürkheim aufgenommen, die aber ergebnislos verliefen. Beide Firmen steckten in einer tiefen Krise, zu der noch erschwerend der laufende Geldwertverfall durch die Inflation hinzukam. Am 9. November 1918 belief sich zum Beispiel die Zahl der Beschäftigten auf 20 000 bei Daimler. Tatsächlich war aber nur noch für wenige Hundert eine sinnvolle Beschäftigung vorhanden.

1922 lähmte ein Streik in der Metallindustrie von März bis Mai die Anstrengungen, die Betriebe aufrechtzuerhalten. 1923 gibt es für die Beschäftigten in beiden Betrieben im September nur 24 Stunden Arbeit in der Woche.

Endlich wird am 20. September 1923 die deutsche Währung auf der Grundlage 1 Dollar = 4,2 Billionen Mark stabilisiert. Von da an tauschte die Reichsbank eine Billion Mark in eine Rentenmark um. Jetzt endlich kann man, nachdem die Währung festgesetzt ist, wieder an die Herstellung eines normalen Betriebes denken. Jetzt finden auch von neuem Verhandlungen zwischen den Firmen Benz und Daimler statt, die zur Vereinbarung einer Interessengemeinschaft führen.

Während dieser Zeit laufen Versuche und Erprobungen bei Benz mit Einspritzpumpen weiter – 1923 entstehen die ersten Schlepper. Sie haben einen Zweizylindermotor, eine Bohrung von 135 mm, einen Hub von 200 mm, eine Drehzahl von 800 U/min und eine Leistung von 30 PS.

Der erste Benz-Gaggenauer-5-Tonnen-Lastwagenmotor entstand im selben Jahr. Seine Daten: 4 Zylinder, Bohrung 125, Hub 180 mm, Drehzahl 1000 U/min und Leistung maximal 50 PS.

Das war der Anfang der Nutzfahrzeugproduktion mit Dieselmotoren 1923. Heute übertrifft der Umfang der Nutzfahrzeugproduktion wertmäßig den Umfang der Personenkraftfahrzeugherstellung. Das Verhältnis der beiden Produktionsarten ist etwa 60 : 40.

1 *Liska zeichnet den Blitzen-Benz bei einem Rekordversuch in Daytona Beach (Florida), 1911.*

2 *Der Blitzen-Benz, der Weltrekordwagen, von 1909 bis 1924 Träger des absoluten Geschwindigkeitsrekords, 21,5 l, 1600 U/min, 200 PS. Der Weltrekord lag 1911 bei 228,1 km/h mit diesem Wagen.*

3 *Eine neue, grundlegende Bauart bei Benz war der 14/30-Benz-Motor von 1918 mit einer damals stilgerechten Karosserie.*

4 *80-PS-Flugmotor BZ I, 1913.*

5 *575-PS-Benz-Zwölfzylinder-V-Flugmotor BZ VIv, 1917.*

6 *Benz-Kaiserpreis-Motor 1913.*

2

1

3

4

5

6

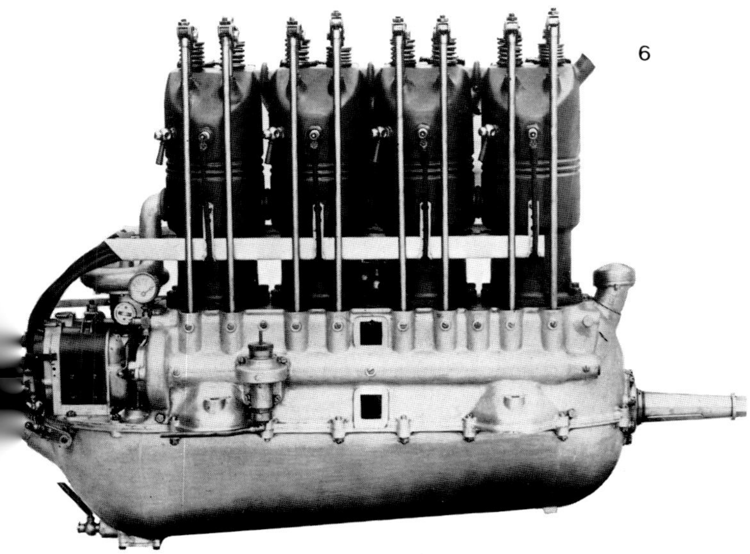

*1 Erster Benzscher Vorkammer-Dieselmotor in einem 5-Tonnen-Lkw von 1923. Beginn der Nutzfahrzeugproduktion mit Dieselmotoren.*

*2 Wiederbeginn der Rennen bei Benz: Der 10/30-PS-Sportwagen gewinnt 1921 das erste Avus-Rennen in Berlin.*

*3 Einen Eindruck von der Beteiligung des neuen Tropfenwagens am Rennen von Monza 1923 vermittelt die Zeichnung von Liska.*

*4 Der Benz-Tropfen-Rennwagen mit hinterer Schwingachse und neuartiger Tropfenform der Karosserie war ein 80-PS-2-Liter-Wagen, der jedoch nur Achtungserfolge aufweisen konnte.*

2

3

1

4

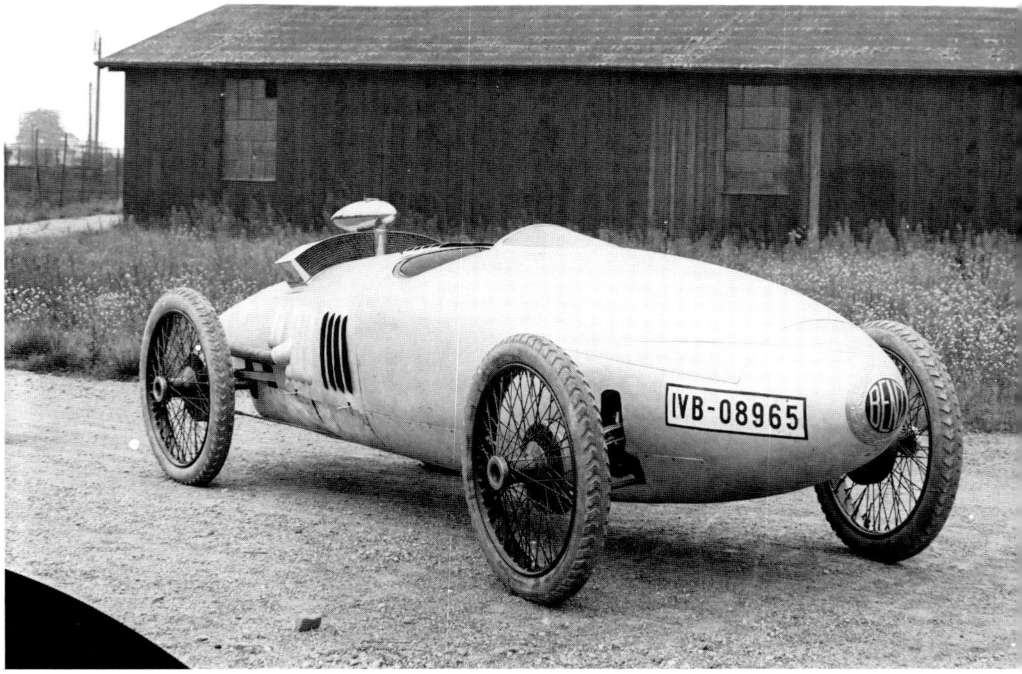

Fusions-Plakat
Mercedes-Benz 1926.

# 8 Fusion der «Daimler-Motoren-Gesellschaft» mit «Benz & Cie»

Die 1924 vereinbarte Interessengemeinschaft führt unter dem Eindruck einer neuen Absatzkrise infolge der schwindenden deutschen Kaufkraft 1926 zur Fusion der beiden Werke, in denen die ersten Automobile der Welt entstanden.

Nach dem Stillstand der Konstruktionsarbeiten in den Zeichenbüros und dem mühevollen Neubeginn besann man sich darauf, was die Zeit vor dem Krieg an Ideen gebracht hatte, was begonnen worden war und was der Krieg von allem übriggelassen hatte. Es war nicht viel.

Da war vor allem die Weiterentwicklung des Dieselmotors, der bei Benz in Mannheim ebenso wie bei Daimler in Marienfelde entwickelt worden war. Auch die Firma MAN hatte eine interessante Konstruktion des Dieselmotors geschaffen. Man mußte sich also für die eine oder andere Konstruktion entscheiden. Sehr weitsichtige Konstrukteure in der neuen Firma dachten auch bereits daran, den Dieselmotor, der bisher überwiegend nur in Lastkraftwagen und Schleppern, also im Nutzfahrzeugbau verwendet worden war, eines Tages auch in den Personenkraftwagen einzubauen.

Beide Firmen hatten bei Beginn des Krieges die Rennperiode abgebrochen; sie hatten aber beide ein Programm, das sie in den Stand versetzte, Käufern Wagen anzubieten. Praktisch war es das Programm, das zu Anfang des Krieges vorlag. Während des Krieges waren Produktion und Absatz von Personenkraftwagen kontinuierlich weitergeführt worden, wenn sie auch unter den Begriff Heeresfahrzeuge fielen. Dadurch litten beide Firmen nicht unter Arbeitslosigkeit. Militärfahrzeuge aller Art, Schiffs- und Flugzeugmotoren wurden von militärischer Seite mehr bestellt als geliefert werden konnten. Auch deshalb trat der private Markt stark zurück. Man hätte ihn, wenn er sich ausgedehnt hätte, gar nicht befriedigen können.

Soviel zum Status der Automobilfabrikation.

Der Versailler Vertrag vom 16. Juli 1919 enthielt in Artikel 202 die restlose Auslieferung des deutschen Flugzeugparks, von den Flugzeugteilen bis zu den Geräten für Wasserstoffgas. Bis zur Aufhebung dieser Bestimmungen war auch die Herstellung und Einfuhr von Luftfahrzeugen verboten; also war auch dieses einst große und erfolgreiche Arbeitsgebiet völlig verschlossen. So blieb nur das Kraftfahrzeug übrig in der Form des Personenkraftwagens und des sogenannten Nutzfahrzeuges.

Bei Daimler war es der 10/30-PS-Knight-Motor, den Paul Daimler nun mit einem Gebläse auflud, um die Literleistung zu erhöhen. Da die Versuche erfolgreich verliefen, wurden die 6/25- und 10/40-PS-Mercedes-Motoren ebenfalls mit Kompressoren bestückt. Der 16/50-Knight mit dem Vierzylinder-Schiebermotor wurde übrigens bis 1924 weitergebaut. Einen Kompressor bekam auch der 1914 konstruierte 28/95 PS mit zwei Vergasern, ein Typ, den Paul Daimler zum Sportwagen umwandelte. Der Zylinderinhalt betrug 7250 ccm. Die drei Auspuffrohre an der linken Seite waren mehr Design, Vorläufer der Kompressorwagen, bei denen die Rohre allerdings wegen der Hitzeabfuhr nach außen gezogen wurden. Später waren sie ein Kennzeichen der Kompressorwagen.

In diesen Jahren der sich wahnsinnig steigernden Inflation und Entwertung, in denen ein normales Wirtschaften unmöglich geworden war, erinnerte sich Paul Daimler auch an das alte

Jellinek-Rezept, wenigstens das Image der Firma aufrechtzuerhalten und womöglich durch Rennsiege zu erhöhen, um nicht in dem Strudel der Inflation unterzugehen. So meldete er 1921 den 28/95-PS-Siebenliter-Sportwagen zur Coppa Florio an und gewann mit diesem Kompressorwagen den ersten Preis. Aber solche Husarenritte waren eine pure Ausnahme. Und mit diesem im Grunde veralteten Modell war kein Staat zu machen. Paul Daimler entschloß sich deshalb, serienmäßig einen neuen Kompressorwagen zu schaffen: Es war der 6/25/40 PS, ein offener Viersitzer, also ein echter Tourenwagen.

Zur Erklärung der drei Zahlen: 6 ist die vom Fiskus errechnete Steuerzahl der PS, 25 die Leistung in PS ohne Kompressoreinsatz und 40 die Leistung mit Kompressor.

Zur gleichen Zeit erschien der 10/40/65-PS-Kompressor-Mercedes.

1923 verließ Paul Daimler die Firma Daimler-Motoren-Gesellschaft und wechselte zu Horch über. Sein Nachfolger war Ferdinand Porsche (Konstruktionschef 1923–1928), der das erfolgreiche Kompressorprogramm Paul Daimlers fortführte. Der 24/100/140-PS-Mercedes-Kompressor, ein Sechszylinder-Tourenwagen von 1924 war eine Sensation. Er war 27mal in Wettbewerben erfolgreich.

Der Erfolg des 28/95 bewirkte die Ausrüstung eines Zweiliter-Vierzylindermotors mit Gebläse, wobei eine Leistung von 120 PS erzielt wurde. Es war der Wagen, mit dem Christian Werner – nun schon in der Porsche-Ära – 1924 in der Targa und Coppa Florio überlegener Sieger blieb. 93 Rennerfolge wurden im Jahre 1924 verzeichnet, die alle auf die 1,5- und Zweiliter-Kompressorwagen entfielen. Der Vorteil des Kompressors waren die „Spitzenreserven“, insbesondere bei Bergfahrten.

Von 1923 an wurden für das sportlich interessierte Publikum planmäßig zwei große Mercedes-Sechszylinder-Kompressorwagen konstruiert: der 15/70/100-PS-Vierliter- und der 24/100/140-Sechsliter-Sport- und Tourenwagen sowie Limousinen. Von dem 140-PS-Typ wird noch zu berichten sein.

Bei Benz wurden in diesen schlechten Jahren bis zur Inflation bewährte, ältere Typen angeboten. Man hatte die alten Pläne hervorgeholt. Neu waren ein Typ 10/30 PS, den es auch als Sportwagen gab, ferner die Typen 11/40 und 16/50 PS.

Auch Benz beteiligte sich an Rennen und siegte im ersten Avus-Rennen 1921. Der 16/50-PS-Benz war eine Neuerscheinung auf dem ungeheuer ausgeweiteten europäischen Automarkt, den die Amerikaner zugleich mit ihrer preiswerten, im Krieg aufgestapelten Produktion bedrängten.

Sensationell wirkte der Benz-Tropfenwagen mit seiner neuen hinteren Schwingachse. Das System stammte von der Firma Rumpler. Es war nicht nur die neue aerodynamische Form, welche die Fachwelt bestach, es war genauso die neue Konstruktion dieser Schwingachse, die später zu den bekannten Mercedes-Benz-Schwingachskonstruktionen leitete. Insofern war Benz bis zum Schluß seiner eigenständigen Existenz eine Fabrik voll neuer und vorausschauender Ideen.

1926 vereinbarten die Firmen „Daimler-Motoren-Gesellschaft“ und „Benz und Cie., Rheinische Automobil- und Motorenfabrik AG“ die Fusion. Der Name der neuen Firma lautet: „Daimler-Benz AG“.

## Zeichen und Marke

Die Fusion der beiden Firmen Daimler und Benz im Jahre 1926 warf sofort die Frage auf, unter welchem gemeinsamen Firmenschild künftig die zwei Firmen agieren sollten, die bisher als ausgesprochene Konkurrenzfirmen bekannt waren.

Nur Laien halten eine solche Frage für nebensächlich. Heute weiß jeder, daß auch die beste Leistung im Wirtschaftsleben nur dann floriert, wenn sie durch Öffentlichkeitsarbeit und Werbung bekannt gemacht wird. Dabei hilft das Warenzeichen oder die Marke. Ausgewählte, einprägsame Zeichen stärken das Image eines Unternehmens; Wortzeichen sind gut, Bilder noch besser. Ideal ist die Verbindung eines Wortzeichens mit einem Bild, wie dies im Falle Mercedes-Benz in Verbindung mit dem Stern geglückt ist.

Wie es zu dem Namen Mercedes gekommen ist, wurde berichtet. Es ist merkwürdig, daß ausgerechnet ein aus dem spanischen Kulturkreis stammendes Wort für einen Wagen ausgewählt wurde, der im Schwabenland entstanden ist.

Überliefert ist, daß Gottlieb Daimler sich wenige Jahre vor seinem Tode mit der Frage eines Warenzeichens, einer Marke beschäftigt hat. Es handelte sich um die Frage, ob man als Zeichen für die Daimler-Motoren nicht einen Stern wählen sollte, dessen drei Zacken für die Devise: „zu Lande, zu Wasser und in der Luft“ stehen sollten. Es ist der Unterschied zu Karl Benz, der von Anfang an ein motorisiertes Fahrzeug schaffen wollte, während Daimlers Grundidee, weitergreifend, der schnell laufende, leichte Motor zum Einbau in Kutschen, Boote und Luftschiffe war. So erschien Daimler ein dreizackiger Stern als das geeignete Bild.

Die Vorbereitungen, im wesentlichen Nachforschungen, ob der Stern schon anderswo als Markenzeichen benutzt werde, unterblieben zunächst wegen Daimlers fortschreitender Erkrankung. Sie machten aber auch deshalb keine Fortschritte, weil Jellinek inzwischen mit seinem „Mercedes“plan aufgetreten war und die Zustimmung Daimlers dazu erhalten hatte, ihm bei Abnahme von 36 Wagen der neuen Bauart den Alleinvertrieb für Österreich-Ungarn, Frankreich, Belgien und die USA zu überlassen.

Voraussetzung war ferner, daß der Wagen in diesen Ländern unter dem Namen „Mercedes“ verkauft werden solle, in anderen Ländern aber, wenn man so wolle, als Daimler.

Die Woche von Nizza – 25. bis 29. März 1901 – warf alle Überlegungen zum Wortzeichen über den Haufen.

„Wir sind in die Ära Mercedes eingetreten“, hieß es in einem Fachblatt. Die vielgerühmte Harmonie von Motor und Fahrzeug beim siegreichen 35-PS-Fahrzeug sollte auch in Zukunft das Merkmal der Daimler-Produktion bleiben. Nach diesem triumphalen Sieg und den begeisterten Kommentaren in der nationalen Presse gab es keinen Zweifel mehr: Daimlers Auto hieß Mercedes. Und sehr bald war der Name in aller Munde und vielleicht gerade deshalb, weil er so interessant klang.

In Untertürkheim entschloß man sich, klugerweise, den Namen nicht nur für die vertraglich bedingten Länder, sondern überall einzuführen. 1902 wurde der Name „Mercedes“ für sämtliche Wagen gesetzlich geschützt, das heißt in das beim Patentamt geführte Register eingetragen. Damit besaß die Firma eine Wortmarke, jedoch noch immer nicht das seit Daimlers letzten Lebensjahren diskutierte Bildzeichen. Paul und Adolf Daimler besprachen diese Frage mit dem geschäftsführenden Aufsichtsratsmitglied Alfred von Kaula. Die Patentabteilung wurde beauftragt, beim Patentamt nachzufragen, „ob ein weiß emaillierter dreizackiger, plastischer Stern für gewerblichen

*Angemeldet 1909*

*Angemeldet 1916*

*Angemeldet 1909*

*Angemeldet 1926*

*Angemeldet 1933*

*1 Auch Mercedes beteiligt sich wieder an Rennen. Mit dem abgebildeten 28/95-PS-7-Liter-Sportwagen siegt Sailer bei der Targa Florio, Sizilien, 1921.*
*Unter den Daimler-Ingenieuren, die den Wagen umringen, zweiter von links Paul Daimler.*

*2 Werksfahrer Max Sailer auf dem siegreichen Mercedes 28/95 bei der Targa Florio 1921.*

*3 Christian Werner siegt mit dem 2-Liter-Kompressor-Mercedes bei der Targa Florio 1924.*

*4 Graf Masetti in der Targa Florio 1922 auf Mercedes.*

1

2

3

4

Musterschutz noch frei sei". Tatsächlich war der Stern schon öfters als Warenzeichen benutzt worden, jedoch nicht für Kraftfahrzeuge. Da die Anmeldung im Zusammenhang mit der Wortmarke „Mercedes" erfolgte, bestanden gegen die Eintragung keine Bedenken.

Am 24. Juni 1911 wurde der Dreizackstern mit dem Namen „Mercedes" angemeldet und am 26. Juni als Vierzackstern, vermutlich um Konkurrenzpläne oder -absichten von vornherein auszuschließen, nochmals registriert.

Tatsächlich wurde im Verlauf der Verwendung des Zeichens fast immer, sowohl in Untertürkheim wie auch in Marienfelde, der dreizackige Stern verwendet. Er wurde an der Kühlerhaube angebracht. Wie man beim Studium der Modelle erkennen kann, gab es vielfach Variationen, sowohl was die Gestaltung des Sternes im einzelnen wie auch das Anbringen desselben betrifft. 1923 wurde der dreizackige Stern im Ring als Kühlerfigur geschützt.

Das ebenfalls 1909 von Benz angemeldete Zeichen enthält den Namen Benz in lateinischen Großbuchstaben in einem Kreis, der von einem Lorbeerkranz umgeben ist. Das Zeichen selbst taucht erst kurz zuvor an den Benzwagen auf.

Die Lösung des Problems war ebenso einleuchtend wie einfach.

Man hat den Lorbeerkranz übernommen und zugleich die beiden Markennamen Mercedes oben und Benz unten zwischen die beiden Lorbeerzweige eingefügt. In der Mitte steht der Daimlerstern, wobei das Wort Daimler in Warenzeichen-Bild und -Wort nicht mehr auftaucht. Lediglich der Firmenname „Daimler-Benz-Aktiengesellschaft Untertürkheim" legt Zeugnis davon ab, daß die Firma aus Geist und Werk der beiden Automobilpioniere entstanden ist.

## Ihr guter Stern...

Wenn auch der Stern im Zeichen später, so 1937, noch einige Wandlungen erfahren hat (die Strahlen wurden schmäler), und wenn der Stern aus Sichtgründen und aus Gründen der Vereinfachung ohne Umrandung bei bestimmten Pesonenwagentypen und bei Nutzfahrzeugen nicht mehr auf dem Kühler, sondern inmitten des Kühlers oder auf der Frontseite des Fahrzeugs angebracht ist, so hat man sich doch klugerweise entschlossen, den immer wieder auftauchenden, meist von außerhalb herangetragenen Ratschlägen zur Verbesserung oder Veränderung des Symbols zu widerstehen.

Der Bekanntheitsgrad des Zeichens ist auf der ganzen Welt sehr hoch. Es ist schwierig, einen solchen Bekanntheitsgrad zu erwerben, und es bedarf vieler Jahre unermüdlichen und erfolgreichen Wirkens einer Firma, bis sich ihr Symbol der Öffentlichkeit in gewissem Ausmaß eingeprägt hat.

In der aufgeklärten Welt des letzten Jahrhunderts war ein Firmenzeichen ein sachlicher Gebrauchsgegenstand ohne jede weitere Bedeutung, an den niemand viel Phantasie verwandte. Heute weiß man aus tiefenpsychologischen Untersuchungen, daß es eine kleine Anzahl von Ursymbolen gibt, die gewissermaßen im Geist des Menschen genetisch fixiert sind. Sie sind dort etabliert, sie haben einen festen Platz im Unterbewußtsein. Das kosmische Sternsymbol, das der geniale Daimler – vielleicht rein zufällig – auswählte, gehört dazu.

Ist es nicht bemerkenswert, daß ausgerechnet die Firma mit dem Glücksstern sich von Anbeginn an durch alle Fährnisse unserer nicht immer glücklich verlaufenen deutschen Geschichte gehalten hat?

Wie es auch sei, „ihr guter Stern auf allen Straßen" ist ein Wort und ein Zeichen, das wie alle Ursymbole nicht der Gegenwart verhaftet ist, sondern in die Zukunft weist. Es ist ein Teil der Philosophie von Werk und Marke.

## Die Frauen der Pioniere

Am 4. April 1929 stirbt Karl Benz. Er ist in den letzten Jahren seines Lebens mit Ehrungen und Huldigungen überhäuft worden. Man kann sagen, daß er seinen Ruhm noch erlebt hat. Bis zum letzten Augenblick war Frau Bertha um ihn und pflegte ihn.

Während Daimlers erste Frau vor Daimler an einer schweren Erkrankung im Alter von 46 Jahren starb, hat Bertha Benz ihren Mann noch 15 Jahre überlebt. Sie starb 95 Jahre alt am 5. Mai 1944.

Erfinder sind sensible Naturen. Wir haben es mehrfach gesehen. Es gehört zum Glück dieser beiden Pioniere, daß sie sehr früh die richtigen Frauen fanden. Auch Maybach hatte dieses Glück.

Daimler hat bekanntlich seine Frau während der ihn beruflich wenig befriedigenden Zeit als Vorstand der Wernerschen Anstalten in Reutlingen kennengelernt. Es ist nicht bekannt, ob er schon damals die ihn beflügelnde Idee seiner Frau mitteilte. Spätestens freilich mit der von Daimler provozierten Kündigung in Deutz und der freiwilligen Stellungslosigkeit mit anschließender Umsiedlung nach Cannstatt hat sie erfahren, was ihren unruhigen Mann umtrieb.

Frauen sind Realisten, und so war es Frau Daimler sicherlich klar, auf welch schwankendes Rohr sie ihre Zukunft baute, wenn sie den vagen Plänen ihres Mannes zustimmte. Da war von einem kleinen, schnell laufenden Motor für Fahrzeuge aller Art die Rede: Wenn sie aber in ihrem Bekanntenkreis herumhörte, interessierte sich für diesen komischen Motor, der die Pferde ersetzen sollte, kein Mensch. So war es auch: Niemand wollte die ersten Erzeugnisse dieser Art von Daimler oder Benz kaufen. Erst die aufglimmende Begeisterung in den USA, in Frankreich und in England veranlaßte die deutschen Landsleute, einmal genauer nachzusehen, was hinter diesen merkwürdigen Kutschen ohne Pferde steckte.

Die ersten Rennen wurden in Frankreich gefahren,

obwohl die Ursprünge der Automobilindustrie dank der genialen, ja selbstlosen Anstrengungen Daimlers und Benz' ausschließlich in Deutschland, genauer in Süddeutschland, im heutigen Bundesland Baden-Württemberg, lagen. Aber hier interessierte sich niemand dafür.

Man darf nicht glauben, daß die Frauen der beiden anderen Pioniere, Frau Bertha Benz und Frau Bertha Maybach, geborene Habermass, eine Jugendfreundin von Daimlers Frau, nicht ebenso klar gesehen hätten, welchen Träumen ihre Männer nachjagten.

Maybach hat in späteren Jahren, die ihm Ruhm und Auszeichnung brachten, nicht nur Daimlers Fürsorge, sondern auch Hilfe und Zuspruch der Frau Daimler gerühmt, die ihm und seiner Frau in Zeiten der Verzagtheit zuteil wurde.

Daß die Frauen der Pioniere sich in Entscheidungen mit ihrem Rat nicht eingemischt hätten, das wäre im Grunde ihrer Position und auch dem Opfer, das sie brachten, nicht entsprechend gewesen. So hat Frau Daimler, schwer krank, sich dafür eingesetzt, daß Daimler doch dem Ausgleich mit Duttenhofer zustimmte, was – auf weite Sicht gesehen – gewiß der richtige Rat war. Oder wenn Benz, den sicheren Ruin vor Augen, als Selbständiger aufgeben wollte, war es Frau Benz, die ihr Heiratsgut in die Waagschale warf oder ihn, wie in jener Neujahrsnacht, noch einmal aufforderte, doch ein weiteres Mal den Motor auszuprobieren. Und siehe da: der Motor lief.

Wir wissen nicht, wieviel Einsamkeit, Not, Kummer und schlaflose Nächte die Frauen der Erfinder am Schluß ihres Lebens hinter sich hatten. Doch möge man bedenken, daß zu den geschäftlichen Sorgen noch die familiären hinzutraten: Die Ehen waren mit Kindern gesegnet. Gottlieb Daimler hatte fünf Kinder von seiner ersten, zwei Kinder von seiner zweiten Frau. Auch die Ehen von Benz und Maybach, in denen Schmalhans in den ersten Jahrzehnten oft Küchenmeister war, waren kinderreich. Man darf jedoch aus vielen Anzeichen mit Gewißheit annehmen, daß die drei geschilderten Ehen glücklich waren. Daß die Ehen trotz Not und finanzieller Schwierigkeiten glücklich waren, ist im Gegensatz zu mancher Erfahrung sicher auf die den Frauen einleuchtende überragende Idee zurückzuführen.

Über eine besondere Tat ist Frau Bertha Benz in die Automobilgeschichte eingegangen. Die Geschichte ist so wichtig und interessant, daß sie hier erzählt werden soll.

Es war im August 1888, zur Zeit der Schulferien des 15jährigen Eugen und des 13½jährigen Richard, als die beiden Söhne die Mutter bestürmten, das Lieblingsspielzeug des Vaters, den Patent-Motor-Wagen im Schuppen, einmal ausprobieren zu dürfen. Es war eine neuere, verstärkte Form des ersten Wagens, der weiter hinten im Schuppen stand. Die neueste Form (III) wurde eben für die Münchener Gewerbeausstellung montiert.

Die Abfahrt wurde fünf Uhr früh festgesetzt, weil man wußte, daß um diese Zeit der Vater noch schlief. Man hatte ihm mitgeteilt, daß man einen Ausflug machen wolle. Aber was für einen Ausflug! Das hatte man ihm verschwiegen. Man schob den Wagen aus dem Hof: ihn anzuwerfen hätte den Vater geweckt. Übrigens gab der Motor, wie alle diese ersten Motoren, keineswegs ein donnerndes, knallendes oder auch nagelndes Geräusch von sich, es war vielmehr ein relativ leises, vergleichsweise gedämpftes Getön, ein Puffen, das der Einzylindermotor produzierte, zumal schon die ersten Wagen Auspufftöpfe gegen allzu großen Lärm besaßen. Die ersten Autobauer taten gut daran, dem Lärm vorzubeugen; sie mußten an die Überzahl der Pferdefuhrwerke denken, die ihnen begegnen würde.

So fuhr also der dreirädrige Patent-Motor-Wagen mit abnehmbarem Halbverdeck und Spritzleder, ausgestattet mit einem Notsitz für Richard (13½ Jahre), der seinem Bruder Eugen am Steuer (15 Jahre) und ebenso seiner Mutter Bertha (38 Jahre) gegenübersaß, in langsamem Tempo aus Mannheim heraus und in der Morgenfrühe auf der noch leeren Landstraße nach Weinheim. Diese relativ kurze Strecke legte der Wagen anstandslos zurück, doch bemerkten die drei Insassen sehr wohl, daß auch nur schwache Steigungen dem Wagen schwerfielen.

Nach Weinheim begannen die Abenteuer. Die ersten Pferdegespanne begegneten ihm, und nach einer Weisung des Bezirksamtes Mannheim mußte fünfzehn Schritte vor der Begegnung im Schritt gefahren werden. Die Kutsche ohne Pferde, voraus der Rücken eines sitzenden Kindes, im Fond des Zweisitzers ein Knabe am Steuer und eine junge Frau daneben, dazu der permanente Auspuffton und das Knirschen der hartgummibelegten Reifen auf dem Schotter der Straße versetzte nicht nur die entgegenkommenden Pferde in Schrecken, manches Fuhrwerk wurde in den Graben gelenkt aus Entsetzen über den unglaublichen, ja unnatürlichen Vorgang.

In Wiesloch verlangte man in der Apotheke Benzin und Wasser – vor allem der Wasserdurst der Maschine war der mangelnden Kühlung wegen ungeheuer – dann fuhr man der Steigung vor Bauschlott zu. Hier stockte der Wagen, weil der Benzinzufluß zum Vergaser verstopft war. Hier half Frau Berthas Hutnadel. Störungen bei den Ketten, ein Kurzschluß in der elektrischen Anlage: Hier half Frau Berthas Strumpfband isolieren! Der Wagen war mit Batteriezündung ausgestattet. Abnützung der Bremsen: ein Schuster mußte sie neu „besohlen". Und nun endlich der Berg! Nichts half: Frau Benz und Sohn Eugen mußten schieben, damit der Wagen mit dem leichten Richard am Steuer den Berg hochkam.

Verfolgt man auf einer Geländekarte den Weg der drei Ausreißer, so begreift man den Zickzackkurs unter diesem Aspekt.

In Wilferdingen erkundigten sie sich, wie man den nächsten Berg nach Pforzheim – die Großmutter in Pforzheim war das Ziel – umgehen könne, und so landeten sie in Brötzingen, einem kleinen Dorf, drei Kilometer von Pforzheim entfernt. Das Dorf, ein Eisenbahnknotenpunkt im Badischen, zählte damals knapp 5000 Seelen. Der Besitzer

1

2

5

6

3

4

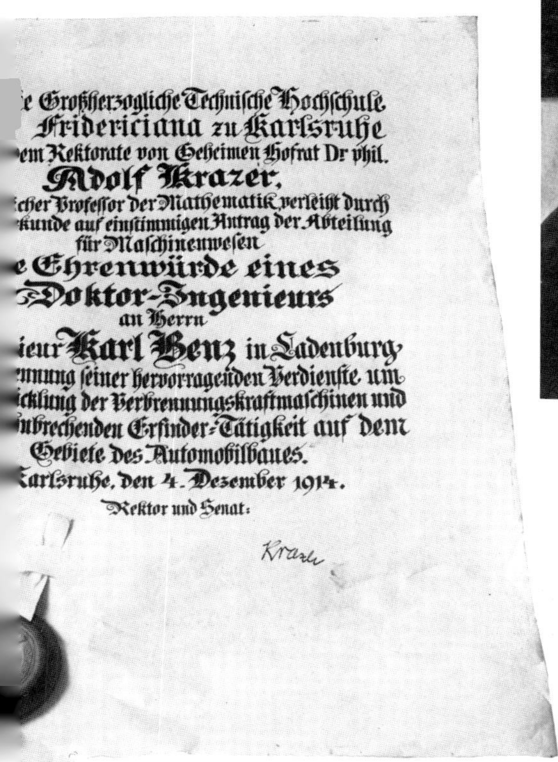

e Großherzogliche Technische Hochschule
Fridericiana zu Karlsruhe
em Rektorate von Geheimen Hofrat Dr phil.
Adolf Krazer,
cher Professor der Mathematik, verleiht durch
kunde auf einstimmigen Antrag der Abteilung
für Maschinenwesen
e Ehrenwürde eines
Doktor-Ingenieurs
an Herrn
ieur Karl Benz in Ladenburg
nnung seiner hervorragenden Verdienste um
icklung der Verbrennungskraftmaschinen und
ubrechenden Erfinder-Tätigkeit auf dem
Gebiete des Automobilbaues.
Karlsruhe, den 4. Dezember 1914.
Rektor und Senat:
Krazer

*1 Gottlieb Daimler und seine erste Frau Emma, geb. Kurz, um 1882.*

*2 Frau Lina Daimler, geb. Schwend, um 1895.*

*3 Brautbildnis von Bertha Ringer, der späteren Frau von Benz, um 1870.*

*4 Porträt von Bertha Benz, die ihren Mann, Karl Benz, um 15 Jahre überlebt. Sie starb 95 Jahre alt am 5. Mai 1944. Das Porträt zeigt Bertha Benz im Alter von 90 Jahren.*

*5 Am 5. September 1928 feiern Wilhelm Maybach und seine Frau das Fest der Goldenen Hochzeit. Das Foto stammt von diesem Tag. Wilhelm Maybach starb am 29. Dezember 1929.*

*6 Nach Wiedereintritt in die Firma 1904 wird Benz 1914 der Doktor-Ingenieur verliehen.*

*Karl Benz stirbt am 4. April 1929. Das Bild zeigt die außergewöhnliche Popularität dieses großen Mannes. Im Hintergrund das Wohnhaus der Familie Benz in Ladenburg.*

*Plakat aus dem Jahre 1931.*

einer Tripelgrube (ein Mineral, das man zum Polieren verwendete) gab Auskunft, und so machten sie sich nach einer kleinen Rast auf den kurzen Weg nach Pforzheim, landeten aber, weil es schon dunkel war und der Wagen keine Laternen besaß, im nächstbesten Gasthof, der „Post". Dort übernachteten sie und schickten Vater Benz ein Telegramm.

Der nahm den Abenteurern die Spritzfahrt nicht übel, verlangte nur, daß man sofort mit Expreß die Ketten schicke, weil man sie für den in München auszustellenden Wagen brauche.

Gerne nahm er später die Anregung entgegen, für Steigungen einen weiteren Gang in den Wagen einzubauen.

Als erste Frau der Welt, die, mutig, ja kühn, mit dem ersten Auto der Welt eine erfolgreiche Fernfahrt unternahm, ist Bertha Benz in die Geschichte des damals beginnenden Autosports eingegangen.

Von etwas anderer Art ist Gottlieb Daimlers zweite Ehe mit Frau Lina Hartmann, geborene Schwend. Sie war die Witwe des Hoteliers Hartmann, der bis zu seinem Tode in Florenz das Hotel „Citta di Roma" betrieb. Daimler lernte sie auf einer seiner Geschäftsreisen nach Italien kennen. Sie war seine zweite große Liebe. Vom ersten Tage an fesselte ihn ein ungewöhnlicher Charme und eine außerordentliche Gewandheit im Umgang mit Menschen, eine Munterkeit und eine Unternehmungslust, die ihm, der schon damals herzkrank war, immer mehr abging. Er war ein Zögerer, ein Mutloser, ein Hypochonder geworden. Der Umtriebigkeit seiner Frau, die sich unter anderem in Um- und Ausbauten des an sich geräumigen Cannstatter Hauses zeigte, stand er hilflos gegenüber. So kam es, daß der Arzt ihm nach seinen letzten schweren Herzattacken eine Kur verschrieb fern von kommerziellen Verhandlungen und häufigem Lärm.

Frau Lina war eine kapriziöse, sehr elegante und anmutige Dame, die durch den Verlust aller repräsentativen Aufgaben infolge des frühen Todes ihres Mannes schwer getroffen wurde.
Die Villa Daimler in der Taubenheimstraße in Cannstatt ist im Zweiten Weltkrieg zerstört und nicht wieder aufgebaut worden.

## Krisenkonzept und Fusionsfolgen

Die Fusion der beiden bedeutendsten Automobilfabriken auf dem Kontinent war nicht zuletzt auch eine Folge der damals herrschenden Wirtschaftskrise. Nach der Inflation als Konsequenz des verlorenen Krieges waren zwar nach der Währungsreform vom 20. November 1923, welche die deutsche Währung wieder stabilisierte, Mut und Unternehmungslust in Deutschland neu aufgeflammt, doch entsprach die geringe Kaufkraft innerhalb der für den Kauf eines Autos in Betracht kommenden Schichten keineswegs der gewaltig angeschwollenen Autoproduktion. 86 große und kleine Automobilfabriken kämpften um einen Markt, den die damals noch nicht vereinigten Automobilfabriken von Daimler und Benz hätten bequem allein befriedigen können.

Die Herabsetzung der Einfuhrzölle, die eine Einfuhr billiger Autos, vor allem aus den USA bewirkte und so die Konkurrenz noch verstärkte, vergrößerte auch für Daimler-Benz die wirtschaftlichen Schwierigkeiten. Dazu trat eine Luxussteuer für Automobile, die nicht nur die Autos verteuerte, sondern auch bewies, wie man von Seiten des Staates die Bürger, die ein Auto kaufen wollten, einstufte.

Das zuerst für beide Autofirmen nach der Fusion ausgearbeitete Rationalisierungskonzept mußte verschiedene Modifikationen aufnehmen. So stand zwar als gewaltiger Aktivposten die Entwicklung des Dieselmotors bei beiden Firmen zu Buche, doch konnten die parallel laufenden Entwicklungen bei Daimler in Marienfelde und bei Benz in Gaggenau nicht so weiter betrieben werden. Man entschied sich daher für das Vorkammerverfahren von Prosper l'Orange bei der Produktion von Nutzfahrzeugen in Gaggenau und bei der Entwicklung von Diesel-Pkw. (Chronik)

Zunächst wurden die geläufigen, gängigen und gut verkäuflichen Typen weiterproduziert, so bei Benz die 10/30-PS- und 16/50-PS-Typen. Auch die erfolgreichen Daimler-Kompressortypen stellte man weiter her. Vor allem aber entschloß man sich 1926, drei neue Sechszylindermodelle zu schaffen: den Typ Stuttgart 8/38 PS 2 Liter, den Typ Mannheim 12/55 PS 3,1 Liter sowie 1928 den 4,6-Liter-Typ Nürburg mit 18/80 PS.

1930 wurde aus diesem nun mit einem 110 PS ausgestatteten Motor der Typ Nürburg 500.

Die immer schwieriger werdende Lage zwang zur Absatzfinanzierung, um den Verkauf zu fördern. So brachte das Jahr 1927 nochmals einen großen Erfolg, insofern eine gewaltige Steigerung des Umsatzes möglich war (80%). Dabei war die Sparte Lastwagen mit Dieselmotoren hervorragend beteiligt. Man kam daher schon 1928 zum Großserienbau von Dieselnutzfahrzeugen aller Art, wobei der schnell laufende Vorkammerdieselmotor (Patent Prosper l'Orange) die Prototype für alle später entsprechend weiterentwickelten Dieselnutzfahrzeuge war.

Das Jahr 1929 ist von großer Bedeutung in der Weltwirtschaftsgeschichte. Es gab Krisensignale für Eingeweihte und scharfäugige Beobachter. Für die eigentlichen Industrieländer kam der Schwarze Freitag, 29. Oktober 1929, mit dem ersten Kurssturz an der New Yorker Börse, dem am 13. November desselben Jahres ein zweiter Börsenzusammenbruch folgte, völlig überraschend. Jetzt brachen auch in anderen Ländern, insbesondere in Deutschland, für sicher gehaltene Bankinstitute zusammen, große Firmen mußten ihre Zahlungsunfähigkeit bekennen, Konkurse bedeutender Häuser waren an der Tagesordnung.

Viele autoproduzierende Firmen mußten schließen; 1931 waren von den 64 Autofabrikanten des Jahres 1926 gerade noch 26 übrig, die nur unter größten Schwierigkeiten ihren Betrieb aufrechterhalten konnten. Die Zahl der Arbeitslosen betrug schon 1930 4,4 Millionen.

Die Zahl der Beschäftigten bei Daimler-Benz in Höhe von 12000 im Jahre 1928 sank bis Ende 1929 auf 10000. Sie ging in den folgenden Jahren laufend weiter zurück.

Niemals dachte man bei Daimler-Benz daran, aufzugeben oder zurückzustecken. Jetzt war es notwendig, die führende Weltmarke aufs neue zu bestätigen, indem man schnelle Sportwagen, ja vielleicht Rennwagen schuf, die der Welt zeigten, wer in der Lage war, trotz schwieriger wirtschaftlicher Verhältnisse hervorragende Autos herzustellen.

Man setzte darauf, daß es auch unter den obwaltenden Umständen genug finanziell gut gestellte Kreise gäbe, die sich einen zwar teuren, aber schnellen Wagen leisten könnten.

Und Daimler-Benz, im Besitz erprobter Kompressorkonstruktionen, würde schnelle, starke und schöne Wagen schaffen. So entstand der 24/100/140-PS-Tourenwagen, der mit der Zusatzbezeichnung „K" = kurz, also in verkürzter Bauart mit erhöhter Leistung herauskam. Der Motor hatte 6,2 Liter Hubraum und brachte es mit Kompressor auf 160 PS, was eine Spitzengeschwindigkeit von 145 km/h ermöglichte.

Erfolge bei Zuverlässigkeitsfahrten führten zu einer Neukonstruktion 1927, dem sogenannten S-Typ, der eine wesentlich tiefere Schwerpunktlage aufwies. Das Nürburg-Eröffnungsrennen 1927 brachte diesem Typ den Sieg. In der Folge entstanden aus ihm weitere Konstruktionen, nämlich der Super-Sportwagen Typ SS, der in zweisitziger Ausführung – als SSK in kürzerer Form auftrat und endlich der SSL, bei dem vor allem durch Gewichtseinsparungen ein erheblich geringeres Gewicht bei gleicher Motorleistung eine wesentlich höhere Geschwindigkeit erzielte. Mit diesem Typ wurden auch gegen ausländische hochgezüchtete Rennwagen große Erfolge erreicht.

## Die Rennen der Kompressor-Zeit

Die klassische Epoche der Rennen, die man von der Wettfahrt Paris – Rouen 1894 bis zum Beginn des Ersten Weltkrieges 1914 rechnet, hat in ihren Wett- und Zuverlässigkeitsfahrten die motorisierte Kutsche bei schweren Zerreißproben auf untauglichen Straßen erst eigentlich zum Auto gestaltet. Es ist eine hervorragende Ingenieursleistung, den Typ des Straßenfahrzeugs in 20 Jahren von einer Geschwindigkeit, die um 20 km/h lag, bis auf 100 km/h hochschnellen zu lassen. In dieser Zeit hat sich das Auto als Straßenverkehrsmittel durchgesetzt; von diesem Zeitpunkt an hat es die Welt verändert. Die beiden damals noch getrennten Firmen Daimler und Benz, zugleich die Erfinder des Automobils, dürfen sich rühmen, den entscheidenden Anteil dazu in den beiden Jahrzehnten geleistet zu haben.

Diese Rennen der ersten Epoche haben auch einen außerordentlichen Werbeeffekt gehabt. Sie haben nicht nur das Auto geformt, sie haben es bekanntgemacht und seine Vorzüge aller Welt vor Augen geführt. Oft genug wurde der Rennwagentyp sofort anschließend als Gebrauchswagen verkauft. Oft genug wurde der Prototyp des neuen Gebrauchswagens als Rennwagen eingesetzt.

Nach dem Ende des Ersten Weltkrieges hatten es die beiden Firmen, Daimler und Benz, in dem Land, das den Krieg verloren hatte, schwer. Ringsum in den Siegerländern schossen die Autofabriken wie Pilze aus dem Boden. Viele Unternehmer vermuteten ein Geschäft mit Autos in dem kommenden, riesigen Nachkriegsmarkt. Daß diese hektische Industrialisierung zu einem Zusammenbruch führen mußte, das vermutete niemand. Und die Wahrsagungen eines gewissen Hellsehers Hanussen fand man zwar interessant, aber nicht seriös.

Nach den Siegen des Werksfahrers Max Sailer in der ersten Krisenzeit 1921 und dem ersten Sieg auf einem mit einem Kompressor verstärkten 28/95-PS-Serienwagen, einer Uraufführung des Kompressors im Rennen, bringt nach dem Ende der Inflation 1924 die Targa Florio und Coppa Floria die endgültige Bewährung des Kompressormotors. Das Orgeln der Kompressoren wird jetzt für lange Zeit die Leitmusik auf den Rennstrecken.

1934 beginnt man wieder in Untertürkheim mit dem Bau eigentlicher Rennwagen. Damit beginnt die große Zeit der Sportwagen. Mit dem Sportwagen kann man zwei Fliegen mit einer Klappe schlagen. Man kann mit ihnen Rennen fahren, und man kann sie – ohne Änderungen – genauso als Gebrauchswagen benutzen. Es beginnt die Zeit der S, SS, SSK und SSKL, über deren Produktion oben schon zu lesen war. Es ist zugleich die Zeit eines großen Rennfahrers: Caracciola.

Rudolf Caracciola stammt trotz seines italienisch klingenden Namens nicht aus dem Süden; er ist Sohn einer schon lange in Remagen (südlich von Bonn am Rhein) beheimateten Hoteliersfamilie. Rudolf interessiert sich aber nicht für die häusliche Reception oder für die Küche, er interessiert sich für Motoren, wird nach langem Bemühen bei Daimler-Benz für 100 Mark monatlich bei der Verkaufsabteilung in Dresden eingestellt und schleppt sich mühsam durch, ab und zu an kleinen sportlichen Veranstaltungen beteiligt, bei denen er nicht selten auch gewinnt.

Die Firma holt ihn nach Untertürkheim; der Rennstall braucht Nachwuchs, und schon taucht in der Gewinnerliste 1923 Caracciola als Sieger auf. Es ist zugleich sein erster Start auf Mercedes 1,5 Liter mit Kompressor. Weitere Siege folgen 1924 beim Klausenpaß-Bergrennen und 1925 bei der Batscharifahrt.

## Caracciola – „Caratsch"

Immer im Hinblick auf die schwieriger werdende Wirtschaftslage ziehen sich die Autofirmen vom Rennsport zurück: Rennen sind zu teuer geworden. 1926 soll auf der

1

2

*1 Dreifacher Mercedes-Benz-Sieg im „Großen Preis von Deutschland" für Sportwagen auf dem Nürburgring 1928. Siegerwagen mit Werner und Caracciola am Steuer geht durchs Ziel.*

*2 Auch 1925 läuft der historische Viktoria-Wagen von 1891 immer noch.*
*Am Steuer Eugen Benz, neben ihm sein Vater, Dr. h. c. Karl Benz, 80 Jahre alt.*

Avus der Große Preis von Deutschland ausgetragen werden: nur für Sportwagen. 40 Fahrer hatten sich gemeldet. Nach einigem Zögern nimmt Daimler-Benz teil mit dem 2-Liter-Achtzylinder-Kompressor, den Caracciola fahren darf. Es ist derselbe Typ, der in Monza 1924 verlor.

Die Konkurrenz ist groß und prominent. Riecken auf NAG, Minoia auf O.M., beides seinerzeit bekannte Marken, die eine deutsch, die andere italienisch. Sie verschwanden wie so viele andere Autofirmen im Strudel der zwanziger und dreißiger Jahre. Favorit ist ferner Rosenberger auf Mercedes als Privatfahrer, übrigens mit demselben Typ, den auch Caracciola fährt. Von Mercedes sind als Beobachter, Ratgeber und Rennleiter da: Konstruktionschef Dr. Ferdinand Porsche, Direktor Sailer (nicht zu verwechseln mit dem Werksfahrer) und Rennleiter Neubauer. Die zu gewinnenden Preise: 17 000 Mark für den Sieger und ein Pokal aus schierem Gold.

Für die Avus in Berlin ist es das erste große internationale Rennen. Sie ist 1907 beim Taunusrennen um den Kaiserpreis aus dem Geiste Kaiser Wilhelm II. geboren worden: „eine Autostraße von Berlin nach Wiesbaden, vierspurig." Von dieser Idee blieben 8,5 Kilometer übrig und zwei Kurven, die Nord- und die Südkurve, beide bei Regen sehr gefährlich. Diese Strecke machte man zur internationalen Rennstrecke. Die Beteiligung des Publikums an der Veranstaltung, die einer Art Uraufführung gleicht, ist außerordentlich: 500 000 Zuschauer sind zusammengeströmt. An Start und Ziel ein erregendes Bild. Der Kronprinz ist zu sehen, elegante Damen in Topfhut und Jumperkleid, Aufsichtsräte und Direktoren von Autofirmen und Zulieferanten, Größen von Film und Funk, Brigitte Helm und Harry Liedtke. Nicht zu vergessen die Presse, die Aufnahmeteams der Wochenschauen und die Reporter des Rundfunks.

Es ist die Zeit der roaring twenties, der Menschen, die nach Krieg und Inflation noch einmal davongekommen sind und nun alles miterleben wollen. In diesem Jahr, 1926, erhalten Briand und Stresemann den Friedensnobelpreis. André Gide veröffentlicht „Die Falschmünzer", Galsworthy den „Silbernen Löffel", Bruno Franck „Trenck" und Hans Grimm „Volk ohne Raum"; Marke entdeckt die „Unfäller", das Bauhaus Dessau entsteht und die Böttcherstraße in Bremen. Claude Monet stirbt, und Kokoschka malt „Die Terrasse in Richmond". Hindemith schreibt die Oper „Cardillac", Puccinis Oper „Turandot" wird posthum in Mailand uraufgeführt. Homann veröffentlicht ein Buch über die Technik der Raumschiffahrt, und Amundsen und Nobile fliegen mit dem Luftschiff „Norge" zum Nordpol. Wilhelm Marx vom Zentrum wird Reichskanzler, die SPD ist gegen die Reichswehr, Deutschland tritt in den Völkerbund ein, Goebbels wird Gauleiter von Berlin, die Hitler-Jugend wird gegründet, Hubble zeigt, daß die Spiralnebel Milchstraßen sind; Thomas Mann schreibt die Novelle „Unordnung und frühes Leid". Der Lyriker Rainer Maria Rilke stirbt in diesem Jahr.

Cafés und Luxuslokale sind überfüllt. Auf den Tanzflächen drängen sich Stars von Bühne und Film, Großgrundbesitzer, Bankiers, Geschäftsleute aller Art, Neureiche, Schieber, Gigolos, Zuhälter, leichte Damen. Man tanzt Charleston, die Frauen tragen kurze Kleider und Bubikopf.

Auf der Avus hebt der Rennleiter die Fahne, und die Motoren heulen los. Es stinkt nach verbranntem Benzin, Öl, Rizinus und Äther. Das Feld braust davon, nur Wagen 14 mit Caracciola bleibt stehen.

Endlich gelingt es, ihn anzuschieben. In der fünften Runde liegt Riecken auf NAG vorne, ihm folgt Guilleaume auf Austro-Daimler, Rosenberger auf Mercedes schiebt sich auf den dritten Platz vor. Caracciola ist inzwischen im Mittelfeld gelandet.

Jetzt fängt es zu regnen an. Rosenberger überholt und führt, rast in der Nordkurve in das Zeitnehmerhäuschen: Der Wagen zerschellt, die drei Zeitnehmer, freiwillige Helfer, sind tot, Rosenberger und sein Beifahrer verletzt.

Das Rennen geht weiter, aber Riecken muß Reifen wechseln, und Minoia hat Getriebeschaden. Caracciola führt. Großer Jubel unter den Zuschauern. Caracciola muß Kerzen wechseln, später Riecken wieder die Reifen. In der achtzehnten Runde überholt Caracciola Riecken, aber weder er noch sein Beifahrer wissen, wie sie im Rennen liegen. Noch zwei Runden.

Da kommen die Boxen. Caracciola ist völlig erschöpft. Schweiß und Tränen. Da kommen Leute mit einem großen Lorbeerkranz, Sailer und Dr. Porsche gratulieren, und eine schöne, junge Frau umarmt und küßt den Sieger. Sie wird später seine Frau werden.

Jetzt heißt er in Berlin „Caratsch" und ist die Nummer Eins im deutschen Automobilsport. Er gründet ein Geschäft und gibt es nach kurzem wieder auf.

Dies ist die Zeit, in der es sich für Autofirmen lohnt, Rennen zu fahren, um bekannt zu werden. Auch Mercedes-Benz hat es in dieser Zeit nach der Fusion bitter nötig. Aber die Firma hat die besten Konstrukteure und die beste Mannschaft, sie hat das Glück und den Stern. Caracciola und mit ihm Mercedes-Benz werden auf S, SS, SSK und SSKL in den Jahren 1927 bis 1931 sechzehnmal große Siege erringen in Deutschland auf dem Nürburgring und auf der Avus, in Irland, Österreich, in der Schweiz, in Italien bei Mille Miglia, und zweimal wird Caracciola Europameister.

Selbstverständlich waren zwischen Caracciolas Siegen immer wieder auch andere Namen des Rennstalls von Daimler-Benz Sieger der verschiedenen internationalen Rennen. So wurde beim Avusrennen 1932 Sieger von Brauchitsch auf Mercedes-Benz SSKL mit einem Durchschnitt von 194,4 km/h. Hans Stuck wurde auf Mercedes-Benz SSKL Alpenmeister für Sportwagen 1932 aufgrund seiner Siege in Bergrennen.

Nachdem 1933 Rudolf Caracciola im Rennen von Monaco schwer verunglückt war, führte Manfred von Brauchitsch in mehreren anderen Rennen die Marke Mercedes-Benz zum Sieg.

## *Was heißt SSKL?*

*Als Baujahr gilt der Beginn der Auslieferung. Bei Renn- und Sportwagen der erste Einsatz. Nach der Fusion (1926) erhielten die Typen Spezialnamen, oft als Hinweis auf das Werk, das sie baute, wie Stuttgart und Mannheim. Ab 1933 entfiel die Angabe der Steuer-PS. Die Typenbezeichnungen beschränkten sich nun immer mehr auf die Kennzahl des Hubraums, zum Beispiel 180 für 1,8 Liter. Diesel-Personenwagen werden außerdem mit einem D gekennzeichnet. Hinzu treten mitunter nähere Hinweise wie: DS = Diesel in Sonderausführung, S = Sport, SL = Sport leicht, SS = Super-Sport, SSK = Super-Sport kurz, SSKL = Super-Sport kurz leicht, SLR = Super-Leichtbau-Rennsportwagen. Die kleinen Buchstaben (a, b, c) bezeichnen jeweils die Weiterentwicklung des betreffenden Typs.*

## Silberpfeile und Silberfische

Es sind die Kompressor-Sportwagen von Mercedes, die in diesen großen Rennen die Siege bringen. 1933 allerdings scheint die große Kraftreserve dieser Wagen ausgeschöpft. Das Avus-Rennen vom 21. Mai 1933 wird zur Niederlage. Die Ausländer gewinnen, an der Spitze Achilles Varzi, der Italiener. Manfred von Brauchitsch landet abgeschlagen auf dem sechsten Platz.

Auf der Ehrentribüne verfolgt der neue Vizekanzler Franz von Papen mit einem guten Teil der Hitler-Regierung enttäuscht das Rennen. Ausländer gewinnen ein deutsches Rennen in der Reichshauptstadt! Das muß sich ändern!

Tatsächlich ändert sich im Jahre 1933 nach der Machtübernahme durch Hitler mehr als der Durchschnittsmarkt für Autofirmen. Wer allerdings glaubt, die Serie der Rennsiege auf den Silberpfeilen zwischen 1934 und 1939, gehe auf das Konto Hitlers, der irrt. Sowohl „Silberpfeile“ wie „Silberfische“, die einen von Mercedes-Benz, die anderen von der jungen Auto-Union sind seit dem Jahre 1932 in Konstruktion.

Die Auto-Union ist ein aus wirtschaftlichen Gründen in diesen Jahren schwerster Krise vereinbarter Zusammenschluß von vier großen Automarken – Horch, Audi, DKW und Wanderer, mit einem Chefkonstrukteur, der Dr. Ferdinand Porsche heißt. Er ist von Daimler-Benz zur Konkurrenz abgewandert.

1932 befaßte sich auf Drängen der Chefkonstrukteure der Automobilfabriken der ganzen Welt die internationale Automobil-Rennsport-Behörde, die IACR, mit der Schaffung einer neuen internationalen Rennformel. Die technischen Voraussetzungen hatten sich entscheidend geändert. Der Fortschritt war unverkennbar, und so wurde durch eine neue Formel den Konstrukteuren und damit den Autofabriken eine neue große und interessante Aufgabe gestellt. Am Ausrechnen der Formel hatten sich auch die deutschen Konstrukteure beteiligt. Die Formel sollte von 1934 bis 1937 gültig sein. Während man in den Anfangszeiten des Automobils etwa ein Jahr für die Neu- oder Umkonstruktion eines Autos rechnete, waren inzwischen die Fahrzeuge, Motoren und Chassis so kompliziert geworden, daß man mit gut zwei Jahren für die Schöpfung eines neuen Typs kalkulieren mußte.

## Die neue Formel

Die neue Formel bestimmte, daß das Fahrzeug nicht mehr als 750 kg wiegen dürfe; Kühlwasser, Brennstoff, Öl, Reifen und Reserveräder nebst Werkzeug waren nicht mitzurechnen. Der Beifahrer, der noch aus den Anfangszeiten stammte, da man einen Reifen nicht allein aufziehen und montieren konnte, fiel weg. Von nun an gab es nur noch die Einsamkeit des Rennfahrers beim Großen Preis.

Mercedes-Benz entschloß sich, trotz der schweren Krisenlage, die eben erst zur Fusion geführt hatte, den Wettkampf mit den besten Konstrukteuren anderer Autofirmen wieder aufzunehmen nach dem Motto Direktor Kissels: „Masse spricht für sich selbst, Klasse bedarf des dauernden Leistungsbeweises.“ In diesem Sinn bereitete sich Mercedes-Benz auf eine kommende Rennsaison mit

*1 Nach der Fusion wurden drei neue Sechszylinder-Modelle geschaffen. Das Foto zeigt den Mercedes-Benz-Typ Stuttgart 200, 8/38 PS. Es ist ein 2-Liter-Wagen.*

*2 Über den S-Typ der 1927 das Nürburg-Eröffnungsrennen gewann, entstand aus dem 160-PS-Kompressor-Tourenwagen der Supersportwagen SS und endlich der abgebildete SSK 1928 in kürzerer Form, ein Sechszylinder von 7,1 Liter Hubraum und einer Kompressorleistung bis zu 225 PS.*

*3 Der zweite Sechszylinder-Wagen ist der Typ 300 Mannheim, 12/55 PS, den das Foto zeigt. Der dritte Typ war der 4,6-Liter-Nürburg mit 18/80 PS.*

*4 Der Supersportwagen SSKL von 1931 (Leichtbau) war Gewinner des Großen Preises von Deutschland 1931 und des Avus-Rennens 1932.*

1

2 3

4

5 *5 750-Kilogramm-Formel-Rennwagen W 25, 1936.*

*6 Rudolf Caracciola auf dem Höhepunkt seiner Laufbahn in den 30er Jahren.*

*7 Caracciola auf Mercedes-Benz-Rennwagen siegt beim „Großen Preis von Deutschland" 1926 auf der Avus.*

6

7

erfahrener Mannschaft und einem kühnem Nachwuchs vor.

So entstand auf dem Reißbrett ein völlig neuer Typ, der sich von dem 2-Liter-Achtzylinder-Kompressor in mehreren entscheidenden Punkten unterschied.

1934 war dann der neue Rennwagen W 25 da. Hubraum und Leistung betrugen 3,6 Liter und 354 PS; am Achtzylinder-Reihenmotor war der Kompressor vorn angeordnet; er besaß zwei Druckvergaser. Spitzengeschwindigkeit war im Straßenrennen bis 300 km/h, mit Stromlinienkarosserie bis 450 km/h. Die vorderen Räder besaßen Einzelaufhängung, der Wagen hatte hinten Schwingachse.

Der erste Start des W 25 beim Eifelrennen am 3. Juni 1934 brachte mit von Brauchitsch den ersten Platz. Der Sieg war gegen schwerste ausländische Konkurrenz erkämpft. Es folgte Sieg auf Sieg, und das Jahr endete mit zwei Weltrekorden bei stehendem Start über eine Meile 188,6 km/h und bei fliegendem Start mit 311,98 km/h!

So ist wohl deutlich genug, daß nicht, wie die ausländische Presse schrieb, die Ereignisse von 1933 die neue Rennwagen-Generation erzeugten oder auch nur hervorriefen. Es war genauso wie mit dem Bau der Autobahnen oder jenem fulminanten Schnelltriebwagennetz der Reichsbahn in den dreißiger Jahren. Die Autobahnen waren längst vorgezeichnet in der Idee der Hafraba, einer seit vielen Jahren geplanten Autobahn Hamburg–Frankfurt–Basel, die in Teilstücken schon fertig war. Auch die Schnelltriebwagen der Reichsbahn waren längst vorher konstruiert: „Der fliegende Hamburger“ fuhr seit 1932 Weltrekorde.

Es waren deutsche Ansätze, durch verstärkte und vermehrte Leistung die Weltwirtschaftskrise zu überwinden. Es ist selbstverständlich, daß der Diktator Hitler diese Ansätze benutzte, um die schon leicht verbesserte Wirtschaftslage noch schneller zu seinen Gunsten zu wenden. Immerhin galt es, die sieben Millionen Arbeitslosen wieder in Arbeit und Brot zu bringen.

Hitler war ein Liebhaber von Flugzeugen und Automobilen. Er gab – Ende 1933 – den Befehl zur Motorisierung und beauftragte in einer Art von schwarzem Humor die Reichsbahngesellschaft, sich ihre eigene Konkurrenz, nämlich die Autobahnen, mit dem Know-how der Reichsbahningenieure, ihrer Verwaltung, ihren Bautrupps und ihrem Geld aufzubauen.

Das Reichsverkehrsministerium wiederum unterstützte die beiden Autofirmen Daimler-Benz und Auto-Union, jedoch nur mit einem Betrag von 450 000 Reichsmark, der einen geringen Teil der Kosten deckte; außerdem hatten sich beide Firmen in den Betrag zu teilen.

Wesentlich war natürlich die Unterstützung durch eine allgemeine Einstimmung für das Automobil, wesentlicher noch, daß es Hitler gelang, im Zuge der allgemeinen weltweiten Überwindung der Wirtschaftskrise auch in Deutschland durch Arbeitsbeschaffung (Bau von Autobahnen, Einführung des Reichsarbeitsdienstes und ähnlichem) die Arbeitslosen wieder in Arbeit und Lohn zu bringen und damit der Wirtschaft frische Impulse zu geben und die allgemeine Depression zu beenden. Sein wahres Gesicht, die Schreckensherrschaft in den KZ verbarg der Nationalsozialismus bis zum Ende geflissentlich vor der Öffentlichkeit.

## Waren die Rennwagen zu schnell?

Doch bevor wir im nächsten Unterkapitel die kräftige Weiterentwicklung der Autotypen in den Jahren vor dem Zweiten Weltkrieg verfolgen, wollen wir um der Kontinuität der Ereignisse willen den Fortgang des Renngeschehens in jenen Jahren betrachten.

Nach den Siegen mit der 750-Kilogramm-Formel in den Rennen der Jahre 1934 bis 1937 stellte sich heraus, so sagte es wenigstens die oberste Sportbehörde, daß die nach dieser Formel gezüchteten Rennwagen, eigentlich ein Kompliment für die Konstrukteure, viel zu schnell und viel zu gefährlich geworden seien. Bei Daimler-Benz zum Beispiel war aus dem ursprünglichen Dreiliter-Motor mit einer 350-PS-Leistung ein Sechsliter-Motor mit 650 PS entwickelt worden. Ergebnis: eine Spitzengeschwindigkeit, die über 430 km/h lag.

So wurde eine neue Rennformel festgelegt, die ein Zylindervolumen von höchstens drei Litern mit Kompressor und 4,5 Liter ohne Kompressor vorsah. Es kam also nicht mehr auf das Fahrzeuggewicht, sondern auf den Zylinderinhalt an. Da Daimler-Benz nach wie vor die Kompressorkonstruktion bevorzugte, ging es also darum, 3-Liter-Formel-Rennwagen zu konstruieren.

Das geschah mit dem Erfolg, daß am Schluß des zweiten Entwicklungsjahres der verkleinerte Motor zusammen mit konstruktiven Verbesserungen des Fahrgestells 480 PS und eine Spitzengeschwindigkeit von über 400 km/h besaß. Damit war unter erschwerten Bedingungen der frühere Leistungsstand wieder erreicht.

Die Großen Preise von Tripolis, Frankreich, Deutschland und der Schweiz, die Coppa Ciano (Livorno) und die Coppa Acerbo (Pescara) fielen an den Daimler-Benz-Rennstall mit Caracciola, der zum dritten Male Europameister wurde, an von Brauchitsch, Lang und Seaman.

Eine sensationelle Leistung erbrachten die Konstrukteure um Max Sailer mit der Herstellung eines 1,5-Liter-Rennwagens, wie ihn die Italiener gebaut und erprobt hatten. Sie schrieben daher den Großen Preis von Tripolis, das damals italienisch war, nur für 1,5-Liter-Rennwagen aus, wohl wissend, daß es nach allen Erfahrungen fast unmöglich sein würde, in knapp acht Monaten einen Rennwagen zu planen, zu bauen und einzusetzen. Aber dem Konstruktionsbüro von Daimler-Benz gelang das unmöglich Erscheinende.

Zwei Wagen des neuen Typs wurden kurz vor dem Rennen fertig und trafen gerade noch rechtzeitig in Tripolis ein. Sie stießen dort auf eine Phalanx von insgesamt 28 italienischen und englischen Rennwagen.

Das Ergebnis des Rennens war ein Sieg der „terribili Mercedes", der schrecklichen Mercedes-Rennwagen mit Hermann Lang, der 197,8 km/h Durchschnittsgeschwindigkeit fuhr (schnellste Runde 211,6 km/h), und mit Rudolf Caracciola als zweitem.

Das war auf einer der schnellsten Strecken der Welt gegen eine erfahrene und erprobte Übermacht, eine unerhörte Leistung aller an diesem Sieg Beteiligten.

Mit dem Ausbruch des Zweiten Weltkriegs schließt diese Rennepoche, die Kompressorzeit, von Mercedes-Benz. Die Rennwagen wurden eingemottet, in den Städten gingen die Lichter aus, auf den Rennbahnen wuchs Gras.

## Was sind Rennen wert? Wozu diese großen Anstrengungen?

Für eine Autofirma sind Rennen riskante, aber auch spektakuläre Ereignisse, die vordergründig finanziell ein großes Verlustgeschäft für die beteiligten Firmen darstellen. Sie waren bis in die Mitte der fünfziger Jahre eine Notwendigkeit, denn sie waren damals in einem unglaublichen Ausmaß imagebildend. Solche Siegesserien und geradezu zauberhaften Neukonstruktionen wie der 1,5-Liter-Wagen hatten starke Werbewirkung auf der ganzen Welt, und die Schlagzeilen der internationalen Presse, nicht nur der Sportpresse, verkündeten nach jedem Sieg: Mercedes-Benz wieder Sieger! Die Silberpfeile unschlagbar!

Das ist, wenn man es kaufmännisch in bare Münze umzusetzen weiß, Öffentlichkeitsarbeit und Werbung von ungeheurem Wert.

Für ein großes Werk wie Daimler-Benz gilt es jetzt, diese Vorleistung in den eigentlichen Autoverkauf umzusetzen. Man fährt Rennen, um Autos zu verkaufen. Dazu muß man aber Modelle haben, die Anklang finden. Die auslaufenden Modelle des klassischen Fahrwerks mit U-Profilrahmen, Starrachsen und Halbelliptikfedern sollten abgelöst werden von Wagen mit technisch fortgeschrittenen Konstruktionsmerkmalen, zu denen Vorderradaufhängung und Schwingachsanordnung gehörten.

Der 7/32-PS-Sechszylinder-Typ 170 bildete den Anfang einer modernen Baureihe. Dieser kleine Mercedes, auf dem der Autor übrigens seinen Führerschein gemacht hat, dieses Auto mit Zentralschmierung, Vierrad-Öldruck-Bremse, Schnellgang, mit den erstmals achslos aufgehängten, in parallelen Ebenen schwingenden Vorderrädern (Einzelradaufhängung) und den Pendelhalbachsen der Hinterräder war ein wendiger, schneller Wagen, der Urahne vieler Baureihen. Er war ein typisches Erfolgsmodell. Von ihm wurden in den nächsten fünf Jahren bis 1936 über 17 000 Stück abgesetzt, ein für die damalige Zeit beachtlicher Verkaufserfolg. Danach kam der 40-PS-Sechszylinder Typ 200.

Interessant ist, daß die ersten Versuche und Versuchsfahrzeuge mit Schwingachsen und Heckmotor ins Jahr 1922 (Rumpler-Benz-Tropfenwagen) zurückreichen.

Die Jahre 1927/28 sind die letzten Jahre der Ära des Chefkonstrukteurs Dr. Ferdinand Porsche. Wenn man dies weiß, so erstaunt es einen nicht mehr so sehr, im Daimler-Benz-Museum einem Wagen zu begegnen, den man mit einem veritablen Volkswagen-Käfer verwechseln könnte. Es ist die Kabrio-Limousine Typ 170 H von 1935 mit 38 PS, die aber wegen der Unsicherheit, wie das Publikum diesen Heckwagentyp aufnehmen würde, von einem neuen 1,7-Liter-Wagen, dem 170 V, bald verdrängt wurde. Der 170 H hatte Vorläufer in Gestalt des 130 H von 1933 und 150 H von 1934. Diesen 130 H konnte man übrigens auf der Berliner Automobil-Ausstellung 1934 bewundern. Es war ein kleiner Viersitzer von 1000 kg Gewicht mit Vierzylinder-1,3-Liter-Heckmotor, rückwärtiger Schwingachse und Einzelfederung der Räder. Der Motor war wassergekühlt. Der 1,5-Liter-Sport-Zweisitzer mit Mittelmotor von 1934 gehörte zu dieser Serie.

Alle drei Wagentypen (130 H, 150 H, 170 H) stellten als Billigfahrzeuge eine Alternative zu den schon erwähnten 170- und 170-V-Typen dar.

Übrigens bestätigte es sich, daß das Publikum den 170 V, also den Typ mit Frontmotor, dem etwas ungewohnten Typ 170 H mit Heckmotor vorzog. Immerhin sah man auch den Heckmotor-Wagen noch lange nach dem Ende des Zweiten Weltkrieges fahren.

Der 170 V war damals mit einigen Verbesserungen der Schlager der Automobil-Ausstellung von 1936. Er kostete 3750,– Mark. Es war ein preiswürdiges Vierzylinder-Gebrauchsfahrzeug, universell verwendbar: Man konnte ihn als Kabrio, als Lieferwagen mit Pritschen oder Kastenaufbau, als Streifen- und Krankenwagen kaufen. Bis Ende 1942 waren 90 000 Exemplare verkauft.

Der Typ 290 und der Typ 230 mit Kastenrahmen, der sehr beliebt war, sowie der aus dem 290 weiterentwickelte Typ 320, ein Sechszylinder mit 78 PS (1937 auf 3,4 erhöhter Zylinderinhalt), sie gehörten zur gehobenen Mittelklasse.

Ein eleganter Wagen war auch der 3,8-Liter-90/140-PS-Achtzylinder-Kompressor-Sportwagen Typ 380, ein Vollschwingachser von 1933. Das Kompressor-Sportmodell 5-Liter-8-Zylinder-Sportwagen 500 K und der rassig-elegante 540 K stellten gewissermaßen die Luxusklasse dar.

Der „große" Mercedes mit dem 7,7-Liter-Motor wurde 1938 mit allen schon geschilderten technischen Errungenschaften geliefert. Er gehört zu den Staatslimousinen wie der 1938 geschaffene 770 K mit Schwingachse.

Zusammengefaßt sehen wir so eine Kategorie der Billigwagen, eine Alternativgruppe dazu, eine gehobene Mittelklasse, eine Luxusklasse und eine Repräsentationsklasse von 1931 bis 1939.

*1 Hermann Lang auf dem Rennwagen W 125 von 1937, 5,66 Liter Hubvolumen, 646 PS, Gewinner des Großen Preises von Tripolis 1937.*

*2 Die beste Rennmannschaft der Welt 1938. Von links: M. von Brauchitsch, Rennleiter Neubauer, Richard Seaman, Hermann Lang, Rudolf Caracciola mit ihren Mercedes-Benz-Rennwagen.*

*3 Hermann Lang, erfolgreicher Rennfahrer des Mercedes-Rennstalls.*

*4 Hermann Lang auf Mercedes-Benz siegte im internationalen Avus-Rennen 1937. Im ersten Lauf siegte Rudolf Caracciola, im zweiten Vorlauf siegte Manfred von Brauchitsch; sämtliche auf Mercedes-Benz. Caracciola überholt Rosemeyer in der Nordkurve.*

*5 Mercedes-Benz-Rekordrennwagen 1938 (5,66-Liter-Zwölfzylinder). Caracciola stellte auf ihm am 28. 1. 38 folgende internationale*

3

4

1

2

5 Klassenrekorde der Klasse B auf: Fliegender Kilometer 432,692 km/std – Fliegende Meile 432,360 km/std.

6 Den Abschluß der Rennerfolge bildet der Einsatz des Rennwagens W 154, Rennformel 3 Liter. Wagenmindestgewicht 850 kg. Das Bild zeigt den Rennwagen mit Caracciola an den Boxen. 1938 und 1939 wurden jeweils vier bzw. fünf Hauptrennerfolge erzielt, so zum Beispiel der Große Preis von Frankreich, von Deutschland und der Schweiz 1938, Großer Preis von Belgien, Schweiz, Deutschland 1939.

7 Szenenbild aus Liskas Hand von den Rennen 1937 mit W 125, ganz rechts Rennleiter Neubauer.

2

1

*1 Nach der Konstruktion eines Heckmotorwagens 130 entstand ein 1,5-Liter-Sport-Zweisitzer mit dem ersten serienmäßigen Mittelmotor 1934, der 150 H.*

*2 Vorderradaufhängung und Hinterrad-Schwingachsenkonstruktion beim Typ 170, Sechszylinder von 1931, erstmals Vollschwingachs-Bauart von Mercedes-Benz.*

*3 Ein weiterer Heckbautyp war der 170 H von 1935, der 38 PS besaß und dem späteren Volkswagen sehr ähnlich sah.*

*4 Der neue 260 D mit Dieselmotor, der erste serienmäßige Diesel-Pkw der Welt, ein Vierzylinder nach dem L'Orange-Vorkammersystem mit einer Bosch-Einspritzpumpe. Hier der Motor von der Einspritzpumpenseite.*

3

4

*5 Luftschiff-Schwerölmotor Daimler-Benz LOF 6 (DB 602). Er wurde auch als Schnellbootmotor verwendet. Der Motor bewährte sich im Luftschiff LZ 129 „Hindenburg“ bis zur Zerstörung am 6. Mai 1937 nach 2800 Betriebsstunden.*

*6 Der weltbekannte Clown Grock ist mit seinem 200 Cabrio offensichtlich sehr zufrieden.*

5

6

*1 Typ 290 Roadster von 1936, 6 Zylinder, ein flotter Zweisitzer.*

*2 Cabrio B 500 K, 8 Zylinder, von 1934. Ein sehr schnelles Sportcabrio, Vorläufer des 540 K.*

*3 Großer Mercedes 155/230 PS, 7,7 Liter, 8 Zylinder.*
*Der mächtige, nur in beschränkter Anzahl gebaute Repräsentationswagen des Jahres 1938 verband alle neuzeitlichen technischen Errungenschaften mit den exklusiven Ansprüchen der Repräsentation.*

3

1

2

*4 30 Jahre lang hielt der 1939 mit einem Messerschmitt Rekordflugzeug erflogene absolute Geschwindigkeits-Weltrekord mit 755 km/h. Sein Motor: Daimler-Benz DB 601.*

*5 170 V, ein zwei Jahrzehnte überdauernder, überaus beliebter Typ. Er wurde von Mitte der 30er bis Mitte der 50er Jahre in hoher Stückzahl verkauft.*

4

5

## Der erste Diesel-Pkw

Er war das große Ereignis der Berliner Automobil-Ausstellung von 1936. Sein Name: 260 D.

Prüfstandversuche hatten seit 1933 stattgefunden. Dabei war man vom 3,8-Liter-Sechszylinder abgekommen, der im Fahrgestell des Typs „Mannheim", einem Sechszylinder, zu starke Schwingungen aufwies. So versuchte man es mit einem 2,6-Vierzylinder. Das l'Orangesche Vorkammersystem erwies sich mit der von der Firma Bosch gelieferten Einspritzpumpe so gut, daß der Motor nun ruhig lief und auch bei Teilbelastungen im ökonomischen Bereich blieb.

Die Höchstgeschwindigkeit betrug 97 km/h, der Durchschnittskraftstoffverbrauch 9,5 Liter Dieselöl auf 100 Kilometer. Dazu muß gesagt werden, daß Dieselöl damals sehr viel billiger war als Benzin. (17 Pfennig gegen Benzin 38 Pf. je Liter 1935.)

Dieser Wagen wurde als Taxi, Pullman-Limousine, Lieferwagen und so weiter gefertigt. Sehr bald kauften sich ihn auch Privatpersonen, die erkannten, daß der Mehrpreis für den Dieselmotor in keinem Verhältnis zur Lebensdauer des Fahrzeugs und zur Preiswürdigkeit im Betrieb mit Dieselöl stand. Wagen mit vielen hunderttausend Kilometern ohne Reparatur waren keine Seltenheit.

## Diesel-Lastwagen

Sie waren eine Fortbildung der ersten Benz-Diesel-Lastwagen, über die oben berichtet wurde. Die Typen hatten ihren Namen von der Nutzlast, so daß also L 1500 ein 1,5-Tonner und L 3000, L 5000, L 10 000 jeweilige Lasttypen darstellten. L 3000 wurde in Sonderausführung auch mit Allradantrieb versehen. Der Dreiachs-Lastwagen besaß einen 150-PS-Sechszylinder-Dieselmotor, hatte ein von einer Kardanwelle angetriebenes Fünfganggetriebe.

Mercedes-Benz-Zugmaschinen von 120 PS vervollständigten das Programm, das 1939 ebenfalls endete.

## Flug- und Luftschiffmotoren seit 1926

Die Beschränkungen im Flug- und Luftschiffmotorenbau gemäß dem Versailler Vertrag gestatten zuerst nur den Bau von Motoren für den Sportflugbetrieb, Motoren wie etwa den F 7502 mit 23 PS.

Erst seit 1926 war es wieder möglich, nach Wegfall der Beschränkungen, Flugmotoren zu bauen. Verhandlungen mit dem Reichsverkehrsministerium und der Deutschen Versuchsanstalt für Luftfahrt (DLV) führten über 12-Zylinder-Benzin-Hochleistungsmotoren schließlich zum Bau des Daimler-Benz-16-Zylinder-Großdieselmotors, der als Luftschiff- und Bootsmotor eingesetzt wurde – DB 602 beziehungsweise MB 502. LZ 129 Hindenburg wie auch das Luftschiff LZ 130 Graf Zeppelin II flogen weite Strecken mit diesen Motoren. Bei Bootsmotoren mit mechanischem Lader steigerte sich die PS-Zahl von 2000 auf 3500. (MB 511, MB 518)

1934 wurde aus dem eingereichten Baumuster F 4 in weiterer Entwicklung 1937 der DB 601 in Großserienbau genommen, ein Motor mit direkter Benzineinspritzung, der zunächst strenger Geheimhaltung unterlag. Er wurde beim internationalen Flugmeeting in Zürich 1937 erstmals eingesetzt. Mit diesem Motor – DB 601 Rekord-Motor V – flog Flugkapitän Fritz Wendel am 30. April 1939 mit einer Messerschmitt ME 209 V1 den absoluten Weltgeschwindigkeitsrekord von 755,1 km/h, der 30 Jahre galt.

Weitere Leistungssteigerungen wurden durch Sonderkraftstoffe, Beimischungen, Zusatzeinspritzungen in die Ladeluft und Abgas-Turboladern sowie durch Vergrößerung der Triebwerke erzielt. Diese Triebwerke wurden hauptsächlich für Jagdflugzeuge und schnelle Kampfflugzeuge verwendet. Der Serienbau weiterer Entwicklungen wurde durch fehlende Kapazitäten in den Werkstätten Berlin-Marienfelde und Genshagen, vor allem aber auch durch die im Laufe des Krieges immer schwieriger werdende Materialbeschaffung beeinträchtigt.

## Kriegsende

Schon bei Ausbruch des Krieges waren Auftragsrückstände für Personen- und Nutzfahrzeuge in Höhe von 600 Millionen Mark vorhanden. Der Krieg und die den Werken vom Krieg gestellten zunehmenden Aufgaben wurden immer umfangreicher; die Materialien wurden zunehmend knapper, die Facharbeiter fehlten, die für die Herstellung von Flug- und Großmotoren notwendigen Werkzeugmaschinen konnten nicht mehr beschafft werden.

Dennoch wurden gewaltige Konstruktionsaufgaben gelöst, die gerade auf diesem Gebiet auch nach dem Kriege nutzbar wurden. Dazu gehört vor allem die Einspritztechnik, die von den Flugmotoren stammend zuerst bei den Rennwagen und später zunehmend auch bei den Gebrauchswagen Anwendung findet.

Die größten Störungen bewirkten die Luftangriffe, die gezielt den Daimler-Benz-Werken galten. Nach einem Angriff am 26. November 1943, am 21. Februar 1944 und am 2. März 1944 erfolgte der schwerste Angriff am 5. September 1944, der den größten Teil des Werkes in Untertürkheim zerstörte. Angriffe vom 19. Oktober 1944 und 9. Dezember 1944 vollendeten das Werk der Zerstörung. Am 20. April 1945 wurde das Stammwerk stillgelegt. Es besaß noch 18 842 Betriebsangehörige.

Der Vorstandsbericht für 1945 erklärt für diesen Zeitpunkt lakonisch: „Die Gesellschaft hatte zu diesem Zeitpunkt praktisch aufgehört, zu existieren."

# 9
# Phönix aus der Asche

Schon zweimal war das Lebenswerk Gottlieb Daimlers und Karl Benz' vom Zusammenbruch bedroht, nicht weil es in sich instabil gewesen wäre, sondern weil so schicksalhafte äußere Geschehnisse wie zwei Weltkriege die Werke in den Strudel des Untergangs zogen. Während der unglückliche Ausgang des Ersten Weltkriegs – wie berichtet – den Wiederaufstieg des Unternehmens vor allem durch die Beschränkungen des Versailler Friedens und seine Folgen behinderte, war der Zusammenbruch des Unternehmens, das damals fünf Produktionsstätten am Ende des Zweiten Weltkrieges umfaßte, nahezu total. Waren nach dem Ersten Weltkrieg wenigstens die Fabrikanlagen, die Montagehallen, kurz die baulichen Anlagen so gut wie intakt geblieben, so mußten diesmal die Werke Untertürkheim als zu 70%, Sindelfingen zu 85%, Mannheim zu 20%, Gaggenau zu 80% und Marienfelde als zu 100% zerstört oder im Fall Marienfelde als total demontiert angesehen werden. Das gleiche galt für die meisten Niederlassungen.

Zunächst durften in keinem der Werke mehr als Aufräumungsarbeiten geleistet werden.

Bemerkenswert, daß in Untertürkheim, das zuletzt noch fast 20000 Mitarbeiter beschäftigte, nach der Katastrophe und der Stillegung des Werkes am 20. April 1945 einen Monat später, also am 20. Mai 1945, sich bei der provisorischen Wiedereröffnung nur 1240 Arbeiter und Angestellte zur Arbeitsaufnahme meldeten.

Von einem Neubeginn der Produktion wäre sowieso keine Rede gewesen, da alles zerstört war. Tatsächlich wurde von den örtlichen Militärregierungen nur die Beseitigung der Trümmer erlaubt.

Als man einen Bruchteil der Anlagen mit Resten von Maschinen, notdürftig wieder instandgesetzten Arbeitsgeräten in Betrieb nehmen wollte, da genehmigten die Militärkommandos lediglich Reparaturarbeiten.

Hoffnung gab den Werkstätten, daß sich viel mehr intakte Autos über den Krieg, in dem sie eingemottet stillagen, hinweggerettet hatten als man annehmen mochte. Auch entwickelte sich trotz zerstörter Straßen und Tankstellen alsbald ein lebhafter Markt mit gebrauchten Autos, Reifen, Ersatzteilen und notabene – Benzin.

Die sich rasch etablierenden Verkehrsstellen – Straßenverkehrsverwaltungen der Länder – versuchten, diesen wilden Markt über Bezugsscheine in den Griff zu bekommen, was ihnen mehr oder weniger schnell und vollständig auch gelang.

Anfängliche Schwierigkeiten gab es nur in der französisch besetzten Zone, in Gaggenau, und in Berlin mit Marienfelde; die Werke Sindelfingen und Mannheim, die wie Untertürkheim in der amerikanischen Zone lagen, konnten sehr rasch wieder Kontakt miteinander aufnehmen und zusammenarbeiten. Das wurde dadurch möglich, daß die ausgelagerten 170 V-Produktionsanlagen den Krieg überstanden.

Die Materialien und die Konstruktionsunterlagen mußten im Trubel der Ereignisse sichergestellt und später nach Untertürkheim zurückgeführt werden. Glücklicherweise bestanden keinerlei finanzielle Schwierigkeiten, da die Leitung des Werkes vorgesorgt hatte. („75 Jahre Motorisierung")

## Das Wirtschaftswunder

Nach einer von der obersten Stelle angeordneten Betriebsstillegung in dem harten Winter 1945/46, in dem weder Kohle noch Strom, noch Gas zur Verfügung standen, begann man 1946 mit der Fertigung, indem man wie nach dem Ersten Weltkrieg auf die Vorkriegstypen zurückgriff.

1947 begann das, was man auf der ganzen Welt das „deutsche Wirtschaftswunder" nannte. Es war, wie alle führenden Persönlichkeiten, so Erhard und Heuss betonten, gar kein Wunder. Gefordert von den Ruinen, von Hunger und Not entfalteten sich die deutschen Tugenden: Fleiß, Tüchtigkeit, Sparsamkeit, Einfallsreichtum. Als besondere Hilfe sei der Marshall-Plan erwähnt.

Es waren im Grunde die Eigenschaften, die Prinzipien und die Traditionen von Gottlieb Daimler und Karl Benz, die das fast völlig zerstörte Werk der beiden wieder zum Leben erweckten. Es sind dieselben Prinzipien, auf denen Qualität und Solidität des Sterns von Untertürkheim auch heute beruhen. Zweimal hatte der Stern fast den Höhepunkt des Zenits erklommen, zweimal war er am erlöschen.

Aber auch diesmal stieg er empor wie ein Phönix aus der Asche. Es war die Grundidee, die Philosophie des Werkes, die ihn wiederbelebte: das stetig solide moderne Produkt, das immer höchsten Ansprüchen genügt.

1946 begann man mit der Fertigung und Montage der ersten Stücke des altbewährten 170 V, und zwar als Lieferwagen oder Geschäftswagen. Es gab ihn mit Kastenaufbau oder Pritsche. Der gewerbliche Zweck stand im Vordergrund.

Nebenher liefen Reparaturen für private Firmen und für Behörden. Die amerikanische Militärregierung erteilte den Auftrag, beschlagnahmte Fahrzeuge für den Auftraggeber wieder instandzusetzen. Der Auftrag belief sich auf sechzig Fahrzeuge monatlich.

Damit war einmal ein Anfang gemacht. Die Requisitionen, Plünderungen und Übergriffe bewaffneter und unbewaffneter Elemente hörten auf. Ein Rückblick auf die immer noch vorhandenen Trümmerhaufen ergab eine

*Noch sind im Vordergrund die Zerstörungen sichtbar. Doch der Wiederaufbau ist nach dem Zweiten Weltkrieg kräftig im Fortschreiten, 1948.*

betrübliche Bilanz: Die weltweiten Verbindungen des Hauses Daimler-Benz waren unterbrochen, wenn nicht zerstört. Ein hoffnungsvoller Aufschwung, die großen Erfolge im Motorenbau, beginnend bei den Rennmotoren bis zum Flug- und Großmotorenbau, das alles schien verloren.

Nun galt es, neu und im kleinen wieder anzufangen. Das Personal mußte wiedereingestellt oder neu angeworben werden. Verschont gebliebene Werksteile mußten instandgesetzt und erweitert werden, Maschinen und Werkzeuge repariert oder beschafft werden. Es erwies sich unter dem Druck einer praktisch wertlosen Währung als äußerst schwierig.

Hier brachte die Währungsreform vom 20. Juli 1948 eine gravierende Änderung. Die politischen Verhältnisse – auch die zu den Besatzungsmächten entwickelten Kontakte – stabilisierten sich, das Vertrauen der Bevölkerung zum wirtschaftlichen Wiederbeginn wuchs. Zunehmend belebte sich die geschäftliche Szene.

Jetzt mußten Vertrieb, Verkauf und Kundendienst aufgebaut werden. Konstruktion und Fabrikation arbeiteten schon wieder, wenn auch eingeschränkt. Hatten schon 1947 die ersten 170-V-Personenwagen nach den ersten Nutzfahrzeugen das Werk verlassen, so erschien 1949 der 170 S als Weiterentwicklung des 170 V auf dem Plan. Bemerkenswert bei diesem Modell der neue Fallstromvergaser, der sich im Kriege bewährt hatte.

Beim 170 D standen der sparsame Kaufmann und der zugleich ökonomisch denkende Ingenieur Pate. Es war ein relativ kleiner Diesel nach dem Vorkammer-Verfahren mit 38, später 40 PS bei 3200 U/min; der Erfolg des Wagens führte zum 170 DS.

Die günstige Entwicklung der Wirtschaftslage ließ die Konstruktion stärkerer Typen erfolgversprechend erscheinen. So brachte man 1951 den Typ 220 heraus. Er wies bei großer Laufruhe eine ideale Straßenlage auf.

Bei der Frankfurter Automobil-Ausstellung des Jahres 1951 wurde der Typ 220 und der 300 präsentiert. Damit war Daimler-Benz wieder in die Kategorie der leistungsfähigen, eleganten Reisewagen der gehobenen Mittelklasse,

*Weithin sichtbar dreht sich der Mercedes-Stern auf dem Dach des Verwaltungsgebäudes im Werk Untertürkheim.*

1

2

3

*1 Wiederbeginn und Neuentwicklung mit den Typen 170 V. Hier der Typ 170 DS, ein viersitziger Diesel, 1952.*

*2 Modell 220a von 1954, 5-6-Sitzer.*

*3 Der Typ 300, ein viertüriger Innenlenker, fünf- bis sechssitzig, war ein eleganter Reisewagen der gehobenen Mittelklasse.*

*4 Am Typ 180 von 1953 ist neu die Rahmenbodenanlage mit Fahrschemel.*

*5 Typ 180, fünf- bis sechssitziger Innenlenker, 1953.*

*6 In die Reihe der jetzt erscheinenden Sportwagen gehört der Typ 190 SL von 1955, ein eleganter Touren-Sport-Zweisitzer.*

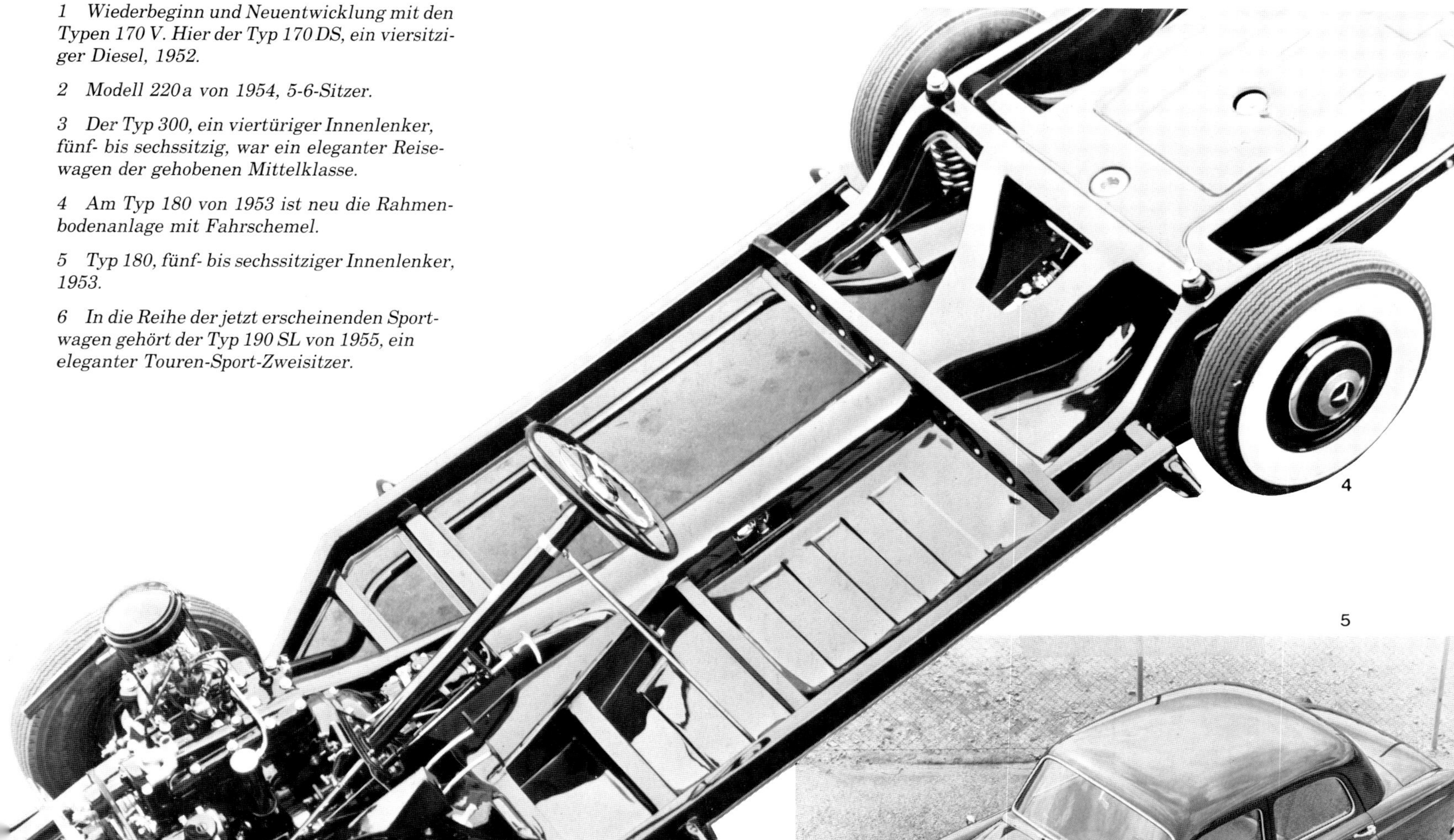

4

5

6

eine Entwicklung, die schon mit dem 170 S begonnen hatte, vorgestoßen. Seit 1952 gab es den 300 SL als sportlichen Zweisitzer, Nachfolger war 1955 der 300 Sc mit direkter Benzineinspritzung und Automatik, dessen Höchstgeschwindigkeit bei 180 km/h lag. Doch bevor mit den 300er Typen die Beteiligung von Daimler-Benz am Renngeschehen wieder beginnt, ist noch eine Neukonstruktion zu verzeichnen, die von einiger Bedeutung war.

Es handelt sich um die Rahmen-Bodenanlage zusammen mit dem Fahrschemel des Typ 180. Der x-förmige Ovalrohrrahmen hatte sich bei den bisherigen Typen 170 bis 300 bewährt, nun wurden beim Typ 180 die Profilstahlrohre mit dem Karosserieboden zur verwindungssteifen Plattform zusammengefugt. Der Fahrschemel mit Motor und Getriebe, mit Vorderradaufhängung und Lenkung wurde punktuell mit drei starken Gummiblöcken am Vorderteil festgemacht. Das war zugleich eine Lösung für den immer weiter vorangetriebenen Großgruppenbau im Rahmen einer rationellen Herstellung und Wartung. Der Typ 180 mit seiner damals modernen Pontonform war ein angenehm zu fahrender, geräumiger, bequemer Autotyp. Die Fensterflächen waren größer als beim 170 – der Vierzylindermotor leistete 52 PS bei 4000 U/min mit einer Geschwindigkeit von 125 km/h. Schnell folgte 1954 der Typ 220 a mit dem neuen Fahrwerk und dem Komfort des 180; allerdings als Sechszylinder wie bei den bisherigen Typen dieser Baureihe.

1953 wurde auch der Typ 180 D präsentiert. Das moderne Fahrwerk begünstigte den flotten Absatz dieses Dieselwagens.

## Letzte Rennepoche 1954/1955

1946 verläßt der erste Lkw die Fabrik. 1947 kommen 381 Pkw gegen Bezugsscheine auf den Markt, es sind die alten 170 V-Typen. Aber schon 1948 laufen über 4200 Stück neue 170 V vom Band in Untertürkheim.

Und 1950, so berichtet der alte und neue Rennleiter Neubauer in seinem Buch „Männer, Frauen und Motoren", zupft Generaldirektor Haspel ihn am Ärmel: „Na, Herr Neubauer, hätten Sie Lust, eine neue Rennabteilung aufzubauen?"

Herr Neubauer hat Lust dazu. Mit zwei alten Rennwagen, Drei-Liter-Formel 1939, versucht Daimler-Benz in Argentinien den großen Preis von Präsident Peron und seiner Frau Evita zu gewinnen. Aber der Versuch mißlingt. Die klimatischen Bedingungen machten einen Strich durch die Rechnung. Der Gewinn für Mercedes besteht darin, daß eine einmalige Rennfahrerpersönlichkeit für Daimler-Benz dabei in Erscheinung tritt.

In den ersten Rennen 1952 siegen Karl Kling und Hermann Lang auf Sportwagen 300 SL. Besonders zu erwähnen die III. Carrera Panamericana „Mexiko" 1952. Hier siegte Kling, obwohl ihm ein Geier die Frontscheibe des Wagens zertrümmerte. 1954 ist ein Jubiläumsjahr für den internationalen Motorsport: Das erste veritable Rennen fand 1894 von Paris nach Rouen statt. Sechzig Jahre Renngeschehen mit dem sich ständig perfektionierendem Selbstbeweger, dem Auto.

Aus der motorisierten Kutsche ist ein typisches Straßenfahrzeug mit individuellen Zügen geworden, geprägt und geprüft im täglichen Gebrauch und in den harten Zerreißproben der Rennen: Das heutige Auto.

Zugleich setzt eine große Serie von Siegen ein, die Daimler-Benz seiner Organisation, seiner Gründlichkeit, seinen Konstruktionsleistungen und nicht zuletzt der Rennstrategie eines Mannes verdankt, den der Rennleiter Neubauer jetzt kreiert hat: Juan Manuel Fangio.

Seine Laufbahn bei Daimler-Benz beginnt 1954 mit dem Großen Preis von Frankreich, der am 4. Juli, genau auf den gleichen Tag und Monat fällt, an dem 40 Jahre zuvor die Mercedes-Fahrer Lautenschlager, Wagner und Salzer im Großen Preis von Frankreich mit einem 4,5-Liter-Grand-Prix-Rennwagen die ersten drei Preise holten. Das war am Vorabend des Ersten Weltkrieges gewesen.

Es ist der erste Start mit den neuen Wagen der neuen Rennformel, die von 1954 bis 1957 gelten soll. Wieder hat man Einschränkungen vorgenommen im Hinblick auf die Unfälle und Todesstürze im Gefolge der alten Formel.

So gelangte man zu einer neuen Formel: Zugelassen sind 2,5-Liter-Saugmotoren oder 0,75-Liter-Kompressormaschinen.

Für die Versuchsabteilung stand nach eingehenden Kalkulationen fest, daß man wieder am internationalen Renngeschehen teilnehmen sollte. Daimler-Benz hatte dabei eine Trumpfkarte in der Hand, die den Konstrukteuren eine interessante Aufgabe stellte. Sie lautete verkürzt: Bewährungsprobe für den aus dem Flugmotorenbau stammenden Einspritzmotor auf Höchstdrehzahlen; Bewährung zugleich der Pendelachsen, gefördert von dem seit 1940 tätigen Chefkonstrukteur Nallinger.

So entsteht der 2,5-Liter-Formel-Rennwagen W 196. Es gibt ihn im Verlauf der Rennsaison in zwei Ausführungen: als Vollstromlinienwagen, das heißt mit einer Stromlinienverkleidung auch der Räder, und als Monoposto, das heißt als Wagen ohne Radverkleidung, die es dem Rennfahrer erlaubt, auf einer kurvenreichen Strecke, zum Beispiel Monaco, die Kurven unter Beobachtung der Vorderräder anzusteuern. Die Stromlinienform kommt vor allem dort in Betracht, wo es sich um Rennstrecken mit langen Geraden handelt, auf denen hohe Geschwindigkeiten erzielt werden können.

Zurück zu Juan Manuel Fangio. Zusammen mit Kling und Herrmann, dem ehemaligen Konditor, bildet er das Rennteam von Mercedes-Benz für den 41. Großen Preis von Frankreich 1954, genau vierzig Jahre nach dem triumphalen Sieg der Mercedes-Wagen 1914 in Lyon. Die drei silberglänzenden Wagen sind vor den Boxen aufgereiht. Noch arbeiten die Monteure daran, sie hantieren noch mit dem Schraubenschlüssel, als die Wagen schon an die Startlinie herangeschoben werden. Es hat sich nämlich herausgestellt, daß der Inhalt der eingebauten Tanks für die 500 Kilometer nicht ausreicht. Also fuhr der Direktor der Versuchsabteilung, Uhlenhaut, Freitagnacht von Reims nach Untertürkheim, ließ dort passende Zusatztanks bauen und raste am Samstagnachmittag nach Reims zurück. In der Nacht wurden die Tanks angebaut.

Die Rennsituation hatte sich gegenüber 1914 drastisch verändert. Es gab keinen französischen Gegner mehr, die kleinen Gordini ausgenommen, die jedoch nicht zählten. Seit 1914 waren die großen Namen entweder verschwunden, oder sie beteiligten sich nicht mehr an Rennen. Die bedeutendsten Gegner waren fast immer Italiener und wurden zumeist von einer Renngesellschaft (Scuderia) ins Feld geführt.

Es waren die bekannten und berühmten Rennfahrer Ascari und Villoresi, die diesmal für Maserati fuhren; ebenso Fangios ehemaliger Schüler Marimon. Hawthorn, Gonzáles und die Franzosen Trittignant und Manzon starteten auf Ferrari.

Der Rennleiter Charles Faron senkt die blau-weiß-rote Flagge, und das Feld schießt los. Kling, Fangio und Ascari stehen in der ersten Reihe. Ascari scheidet nach der ersten Runde aus. Herrmann fährt ein Duell mit Gonzáles, liegt kurze Zeit auf Platz drei, scheidet dann ebenfalls wegen Motorschaden aus. Gonzáles, Ferrari, steht in der dreizehnten Runde in Flammen. Es ist ein mörderisches Rennen, das von der Geschwindigkeit der beiden führenden Mercedes' Fangio und Kling angeführt wird.

Sechs Wagen von 22 am Start gelangen ins Ziel. Fangio siegt mit zweizehntel Sekunden vor Kling. Der nächste Wagen kommt erst eine Runde später und ist ein Ferrari mit Manzon.

Seit diesem Rennen fährt Fangio die Marke Mercedes-Benz, von wenigen Ausnahmen abgesehen, von Erfolg zu Erfolg: Es ist nicht nur der Ruf der Firma, es ist auch sein eigener Ruf, den er mit diesen Erfolgen begründet. Neben Fangio nennt man die Namen Moss, Kling und Herrmann. Bei fünfzehn Starts in den Grand-Prix-Rennen der Jahre 1954/55 wurde Mercedes zwölfmal Sieger, darunter sieben Doppelsiege, einmal drei erste und einmal vier erste Preise.

Juan Manuel Fangio errang fünfmal den Titel des Weltmeisters; davon zweimal auf Mercedes-Benz. Bei der Targa Florio 1955 holt sich Mercedes-Benz mit der Besatzung Moss/Collins auf einem 300 SLR-Rennsportwagen den begehrten Preis der Konstrukteure, die Markenweltmeisterschaft für Mercedes-Benz.

## Daimler-Benz fährt keine Rennen mehr

Dann zieht sich Daimler-Benz von den Rennen zurück: „Der Vorstand hat sich nach reiflicher Überlegung entschlossen, sich endgültig für einige Jahre ... vom Rennsport fernzuhalten."

Bei der traditionellen Schluß- und Siegesfeier in Untertürkheim erfahren alle Beteiligten, von der Presse bis zu den Rennfahrern, die bestürzende Mitteilung. Zwar lächeln auf einem Gruppenbild mit Dame – Gilberte Thirion – alle, doch wirkt das Lächeln recht künstlich. Rennleiter Neubauer scheint seinen Schmerz hinauszuschreien. Für ihn ist vorschnell das Lebensziel erreicht.

Warum, so fragen alle. Sicher, Mercedes-Benz hatte aller Welt bewiesen, daß es konstruktiv, technisch und in der harten Rennpraxis die schnellsten und erfolgreichsten Rennwagen herzustellen vermag. Von da einen Schluß auf die Qualität der Gebrauchswagen zu ziehen ist nur berechtigt. Und das hatte die Weltfirma bisher getan, und sie würde es auch wieder tun. Schon konnte man die Einspritzer-Pkw als Sportwagen kaufen. Der Auslöser, wie man heute sagt, war die Katastrophe von Le Mans, über die wir gleich berichten werden. Doch die Argumente lagen tiefer.

## Der Charakter der Rennen

Die Renn- und Rennsportwagen siegten auf den Rennstrecken in aller Welt. Doch warum zogen sich fast alle großen Firmen vom Renngeschäft zurück? Die Antwort ist einfach:

Der Charakter der Rennen hatte sich gewandelt. Waren die ersten Rennen 1894 bis 1902 Fahrten von Stadt zu Stadt, so waren die Rennen der zweiten Epoche 1903 bis 1914 bereits Rundstreckenrennen, große Preise eines Landes. In diesen Rennen „mauserte" sich das Auto von Rennen zu Rennen und von Jahr zu Jahr. Es wurde zu dem immer zuverlässigeren Straßentransportmittel – doch war es noch immer den begüterten Klassen vorbehalten.

Die Rennen der dritten Epoche von 1921 bis 1933 waren die Rennen mit Renn- und Sportwagen in der Zeit der aufblühenden Autoindustrie, der Weg zur Serien- ja, Massenherstellung des Automobils. Autofahren wurde immer allgemeiner.

1934 bis 1939 erhielt die Entwicklung des Autos einen kräftigen Anstoß nach vorne. Er kam aus der Überwindung der weltweiten Wirtschaftskrise. Jedermann erkannte nun die Vorteile dieses Fortbewegungsmittels. Besonders in Deutschland wurde der Autosport gefördert. Dazu kam die fortgeschrittene Technik des Kompressors. Der Zulauf zu den Autorennen, die Werbewirkungen aus den gewonnenen Rennen waren in einer Zeit des überhöhten Nationalgefühls außerordentlich. Autorennfahrer und Rennsieger waren Volkshelden. Man kann darüber nachdenken, welcher Sport heute die Attraktion der Autorennen abgelöst hat.

Völlig verändert sieht die Situation nach dem Zweiten Weltkrieg aus. Die Geschwindigkeit des Rennwagens ist – verglichen mit Düsenjets, bemannten Raketen und Weltraumfahrzeugen – keine Sensation mehr. Sie ist banal. Sie spielt auch im Straßenverkehr keine Rolle. Zwar kann man auf Autobahnen in Deutschland, der Schweiz, Frankreich, den USA überhöhte Geschwindigkeiten fahren, doch

*1 Juan Manuel Fangio, der Erfolgreichste aus dem Rennfahrerteam von Mercedes-Benz in den 50er Jahren.*

*2 Karl Kling, Sieger im Avus-Rennen, Berlin, 1954.*

*3 Rennsportwagen 300 SLR mit ausgefahrener Luftbremse, 1955. Der Wagen zählt zu den formelfreien Sportwagen und gewann 1955 die Mille Miglia von Brescia, das Internationale Eifel-Rennen mit Fangio, die Tourist Trophy und die Targa Florio.*

*4 Für die Formel-Rennen wurde der Rennwagen W 196 als 2,5-Liter-Formel-Rennwagen konstruiert. Es gab ihn mit Vollstromlinie und als Monoposto 1954 (Wagen mit Rädern, die außerhalb der Karosserie liegen).*

*5 Sensationell Fangios Sieg im Großen Preis von Frankreich 1954 in Reims. Er siegt Zweizehntel-Sekunden vor Kling, ebenfalls auf Mercedes W 196.*

*6 „Mille Miglia" am 1. 5. 1955. Weltmeister Juan Manuel Fangio auf Mercedes-Benz-Sportwagen 300 SLR kurz vor seinem Start in Brescia.*

1

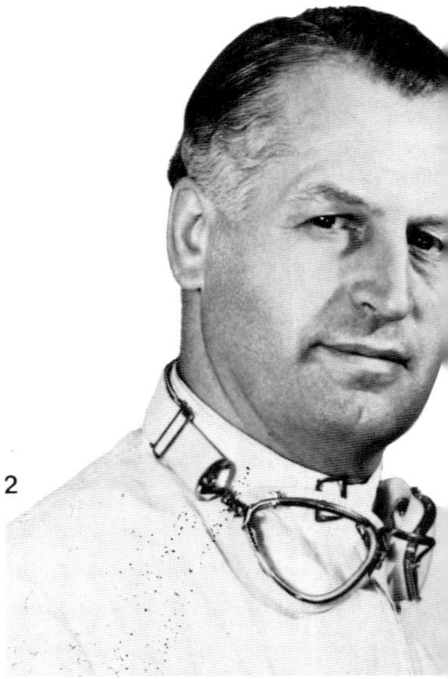

2

3

4

5

6

*Großer Preis von Monaco 22. 5. 1955.*
*Ein Foto, das die Atmosphäre eines Straßenrennens gut wiedergibt. Stirling Moss (6) im Kurvenkampf mit seinem Stallgefährten Fangio (2).*

1 „Großer Preis von Europa“ am 1. 8. 1954 auf dem Nürburgring. Überlegen führt Juan Manuel Fangio (Wagen Nr. 18) seinen Mercedes-Benz-Rennwagen zum Sieg.

2 „Gruppenbild mit Dame“ zum Abschluß der Rennbeteiligung. Auf dem Bild sind von links nach rechts zu sehen: Rennleiter Neubauer, Chefingenieur Nallinger, Ingenieur Uhlenhaut, Kling, Taruffi (auf dem Wagen sitzend), Simon (verdeckt), Fangio (Hand auf dem Wagen), Graf Trips, Engel, Moss, Gendebien, Gilberthe Thirion, Fitch, Herrmann, Tak (sitzend), Collins.

3 „Targa Florio“ am 16. 10. 1955. Einer der siegenden Mercedes-Benz-Sportwagen 300 SLR auf der schwierigen sizilianischen Rundstrecke.

1

2

3

ist dies aus Gründen der Verkehrsdichte entweder verboten oder in den meisten Fällen nicht möglich und auch gar nicht ratsam. Dennoch wäre es falsch, für die Bundesrepublik generell eine Geschwindigkeitsbegrenzung einzuführen. Die Konkurrenzfähigkeit unserer Autos auf den Weltmärkten wäre ebenso gefährdet wie die Einfallskraft unserer Konstrukteure im inneren Wettbewerb.

Zu den Gründen, sich vom Rennen zurückzuziehen, gehörte nicht nur die Tatsache, daß die Rennen mehr und mehr zur Supershow und Geschicklichkeitsattraktion der Fahrer und nicht der Marken wurden. Ökonomische Gründe kamen hinzu. Ein Heer bester Fachkräfte, Monteure, Ingenieure, Organisatoren, ein riesiges Team erstklassiger Kräfte war mit ungeheuren Kosten Tag und Nacht auf der ganzen Welt unterwegs. Lohnte sich das?

Die Ausbeute für den Gebrauchswagen war von Epoche zu Epoche schwächer. Die Entwicklung der Gebrauchswagen führte in andere Richtungen als die Entwicklung hochgezüchteter Rennwagen.

Die Katastrophe von Le Mans trat erschwerend zu diesen Argumenten hinzu:
Diese größte Katastrophe der Renngeschichte forderte neunzig Tote und über hundertfünfzig Schwerverletzte. Ein umstrittener Überholvorgang des Briten Hawthorn auf Jaguar mitten in einem Rudel von fünf dicht hintereinander folgenden Wagen, darunter ein überrundeter Austin-Healey mit Macklin und darauf drei Silberpfeile. Hawthorn schneidet Macklin, drängt Levegh mit seinem Mercedes nach links, der hebt noch die Hand, Fangio zu warnen.

„Plötzlich tut sich ein Vulkan vor Fangio auf: Durch die Luft fliegen Wagenteile, Rauch quillt, ein grüner Wagen, der quer über die Bahn geschleudert wird. Blitzschnell, wie nur ein Fangio reagiert, noch bevor er dieses furchtbare Ereignis richtig erfaßt hat, lenkt er seinen Wagen durch das Chaos.“ (Günther Molter)

Es ist die Marke Mercedes, die zuerst die Frage aufwirft, ob das Rennen unterbrochen oder beendet werden soll. Bisher, so teilt der Rennleiter Faroux mit, sind alle Rennen, auch bei Todesstürzen, weitergefahren worden. So nimmt denn auch dieses Rennen seinen Lauf.

Eine sofortige Aufgabe von Mercedes, die Rennleiter Neubauer erwägt, wird von Faroux abgelehnt mit der einleuchtenden Begründung, daß man dann infolge der Verstopfung der Abfahrtswege die Schwerverletzten nicht auf schnellstem Wege ins Krankenhaus fahren könne.

Die Mercedes-Leitung telefoniert um Mitternacht mit Untertürkheim. In diesem Augenblick führen Fangio und Kling vor Hawthorn. Generaldirektor Fritz Könecke entscheidet: „Ein Sieg unter solchen Umständen würde Euch keine Freude machen. Gebt auf!“

Mercedes-Benz bricht das Rennen ab, das Hawthorn gewinnt. Vier Jahre später verunglückt Hawthorn auf einer Landstraße in England bei dem Versuch, einen Mercedeswagen zu überholen. So viel zu Le Mans.

Jedenfalls genügen alle diese Argumente Vorstand und Aufsichtsrat von Mercedes-Benz mit dem Schluß der Rennsaison und dem Gewinn aller wichtigen Preise, sich vorerst von den Rennwagen- und Rennsportwagenrennen zurückzuziehen.

Es ist ein Symbol, wenn infolge der Rennereignisse von Mercedes-Benz bei der beschriebenen Abschlußfeier 1955 ein weißes Tuch über den Rennwagen 196, den W 196 Stromliner, den 300 SLR und den 300 SL im Fabrikhof gezogen wird. Die Wagen stehen wie Monumente bedeutender motorsportlicher Ereignisse nebeneinander.

## Nutzfahrzeugentwicklung bei Daimler

Ein Daimler ist ein gutes Thier,
Zieht wie ein Ochs, du siehst's allhier.
Er frißt nicht, wenn im Stall er steht
Und säuft nur, wenn die Arbeit geht;
Er drischt und sägt und pumpt Dir auch,
Wenn's Moos Dir fehlt, was oft der Brauch;
Er kriegt nicht Maul- noch Klauenseuch'
Und macht Dir keinen dummen Streich.
Er nimmt im Zorn Dich nicht aufs Horn,
Verzehrt Dir nicht Dein gutes Korn.
Drum kaufe nur ein solches Thier,
Dann bist versorgt Du für und für.

Cannstatt zum Volksfest 1897
Daimler-Motoren-Gesellschaft

Das Gedicht Gottlieb Daimlers stand unter der Überschrift „Für die Landwirtschaft“ und zeigte unter diesem Titel den ersten Daimler-Motor-Lastwagen, so wie er im ersten Prospekt der Daimler-Motoren-Gesellschaft dargestellt ist. Der Zweizylinder-Riemenwagen hatte den Motor am Heck, später unter dem Sitz, eine frühe Form des Unterflurmotors. Es gab ihn in vier Stärken mit den Transportgewichten zwischen 1,5 und 5,0 Tonnen. Die Geschwindigkeit betrug etwa 12 km/h.

Dieser neue, erfolgversprechende Typ auf dem Fahrzeugmarkt, weckte den Ehrgeiz der Firma Benz, die 1901 ebenfalls einen Lastwagen mit vorn angebrachtem Motor ausstellte. Es gab ihn in zwei Ausführungen mit 4,5 und 7 PS als Einzylindermotor.

Die erste Lieferung des Daimler-Lastwagens nach England läßt sich im Ablieferungs-Wagenbuch für den 1. Oktober 1896 nachweisen; Empfänger war die British Motor Syndicate Ltd., gegründet 1895 von Fréderick R. Simms und H. Lawson. Simms stand seit 1889 in geschäftlichen und freundschaftlichen Beziehungen zu Gottlieb Daimler. Die Gesellschaft hat bekanntlich später alle Daimler-Patente erworben, und die erste Lastwagenlieferung sowie die ersten Riemenwagentransporte nach England bedeuten den Beginn der englischen Automobilindustrie mit Sitz in Coventry.

Simms stellte auch die erste Verbindung zwischen Milnes und der Daimler-Motoren-GmbH in Untertürkheim und Marienfelde her.

Milnes, ein Fabrikant von Straßenbahnen, übernahm das Daimler-Nutzfahrzeugprogramm. Er lieferte später vor allem Linienomnibusse und Lastwagen. Der Krieg 1914 zerstörte die Zusammenarbeit der inzwischen gegründeten Milnes Daimler Mercedes Ltd. mit der Daimler-Motoren-Gesellschaft. Die Firma löste sich 1922 auf.

Angeregt vom französischen Benz-Vertreter Roger entstand in England fast zur gleichen Zeit – 1897 – die Produktion von Benz-Lieferwagen mit Sitz in Birmingham unter der Bezeichnung Hewets-Benz.

Während die ersten Benz-Omnibusse 1895 die Linie Siegen – Netphen – Deuz befuhren, traf der erste Daimler-Omnibus 1898 in England ein, bestellt von der Motor-Car-Company und begleitet von einem Fahrer, der bestätigte, daß der Omnibus „auf eigener Achse nach London" gefahren sei. 1899 begann in London der Liniendienst mit zwei Omnibussen, die mit Daimler-Motoren bestückt waren.

Um die Jahrhundertwende war in England, aber auch in Frankreich die Meinung verbreitet, daß der Benzinmotor zwar vielleicht für den Personenverkehr geeignet, der Dampfkraftwagen aber für Nutzfahrzeuge auf jeden Fall vorzuziehen sei. Einig war man sich darüber, daß das Pferd ganz verschwinden werde; der zunehmende Verkehr, Stauungen und Unfälle riefen die Tierschutzvereinigungen auf den Plan. Auch rechnete man sich aus, daß durch den Fortfall der Pferde vor Kutschen und Lastwagen der Verkehr im allgemeinen erleichtert werde.

In den USA war nach der sich auf Motoren von Pkw beschränkenden Daimler-Motor-Company (aufgelöst 1913) die Daimler Manufacturing Company mit Lastwagen und Lieferwagen erfolgreich hervorgetreten.

Auch in Österreich entstand aus einer Daimler-Vertretung eine Daimler-Produktion in Wiener-Neustadt. Sie war seit 1910 eine Aktiengesellschaft und wurde 1935 stillgelegt. Ihr Name Daimler blieb im Firmennamen des Konzerns Steyr-Daimler-Puch AG erhalten.

In Berlin-Marienfelde hatten Duttenhofer und Lorenz von der Daimler-Motoren-Gesellschaft 1897 mit einer Firma Altmann, die Petroleummotoren herstellte, Übernahmeverhandlungen geführt. Damals war, aus USA kommend, in Fachkreisen die Meinung verbreitet, dem Elektro-Wagen gehöre die Zukunft. Sie hätten „die aristokratische Aufgabe, in verkehrsreichen Straßen der Großstädte geräusch- und geruchlos zu verkehren, angenehmer, bequemer und schneller als das beste Pferdegespann ..." Dieser Trend scheiterte an dem Akkumulatorenproblem, das bis heute für den Straßenfahrzeugantrieb ein Problem geblieben ist.

Nach der Fusion mit der Daimler-Motoren-Gesellschaft 1902 wurde die Motorfahrzeug- und Motorenfabrik Berlin AG eine Zweigniederlassung der Daimler-Motoren-Gesellschaft. Der vorhandene Bestand an Elektrofahrzeugen wurde verkauft.

Von nun an produzierte Marienfelde neben Pkw-Typen vor allem Omnibusse, Gesellschaftswagen, so den bekannten Berliner Kremser, und Transportwagen, insbesondere für Bierbrauereien, Warenhäuser und Mühlenlieferanten.

Das Programm 1914 enthielt die Herstellung von Chassis mit Aufbauten für Omnibusse, Lastwagen, auch Kommunalfahrzeuge wie Feuerwehrwagen oder Sprengwagen.

Auch mit dem Bau von Dieselmotoren befaßte sich das Werk. Nach der Fusion 1926 waren es Instandsetzungsarbeiten, bis nach der Beendigung der Krise vor allem geländegängige Zweiachs- und Dreiachslastwagen sowie Spezialfahrzeuge hergestellt wurden.

Der Krieg endete 1945 für Marienfelde mit Zerstörung und Demontage. Erst 1948 nach der Berlin-Blockade wurde die Produktion von Dieselmotoren wieder aufgenommen.

## Nutzfahrzeugbau bei Benz

Bei der Firma Benz war es das Werk Gaggenau unweit Baden-Baden, das als „Bergmanns Industriewerke GmbH" sich schon 1895 mit dem Bau von Automobilen beschäftigte. 1910 kam es über eine Interessengemeinschaft (1907) zwischen Benz und dieser Firma zu einer Fusion; die „Süddeutsche Automobilfabrik Gaggenau" wurde in die Benzwerke Gaggenau GmbH umgewandelt; mithin ein Zweigwerk von Benz.

*Benz baut um die Jahrhundertwende einen Lastwagen und übernimmt die Beförderung von Hafer vom Bahnhof Mannheim zum Lagerhaus eines Großhändlers.*

*Fahrer Held fährt am Lager vor.*

*Der Großhändler: „Verflixte Dummheite! I will nix mit dem Wage gefahre hawe, die Kutscher kaafe mir sonscht kee Hawer mehr ab!"*

*Darauf baute Benz seinen Lastwagen wieder ab.*

*Aus „Lebensfahrt eines Erfinders"*

*1 Daimler-Lastwagen 2 t mit 6-PS-Otto-Motor und Riemen-Getriebe und Ritzel-Antrieb, 1896.*

*2 Mercedes-Benz-Lastwagen haben sich in schwierigstem Gelände, vor allem auch im Ausland bewährt.*

*3 Ein Mercedes-Benz-Kipper der Mittelklasse beim Straßenbau.*

*4 Der geländegängige 2-t-Lkw „Unimog U 1300 L".*

*5 Rettungswagen der Berufsfeuerwehr als Beispiel für den Einsatz von Mercedes-Benz-Nutzfahrzeugen im kommunalen Bereich.*

*6 Der Mercedes-Benz-Allradschlepper MB-trac 1500 wurde durch einen wirtschaftlichen Dieselmotor mit 110 kW (150 PS) angetrieben, der sich schon in vielen Mercedes-Benz-Nutzfahrzeugen weltweit bewährt hat.*

1

2

3

4

5

6

Bei der Fusion 1926 wurde der Lastwagenbau von Marienfelde nach Gaggenau verlegt. Bis zur Verlagerung nach Wörth wurden in Gaggenau auch Schwerlastwagen gebaut.

Nach 1945 wurden – vor allem seit 1951 – die Pläne für den Unimog reif, der seit 1951 dort produziert wurde und seit 1973 durch das MB-trac-Programm erweitert wurde.

## Der Unimog

1948 wurde von Daimler-Benz auf der ersten Nachkriegsausstellung der Deutschen Landwirtschaftlichen Gesellschaft ein universales Motorgerät, ein Unimog, vorgeführt. Es war Schlepper, Arbeitsmaschine und Transporter, alles in einem. Dabei war den Konstrukteuren der Auftrag gestellt worden: möglichst viele Arbeiten der Landwirtschaft auf einfache und ökonomische Weise von einem vielseitig verwendbaren Gesamtgerät in einem geländegängigen Fahrzeug erledigen zu lassen. Der Motor sollte in allen Gangarten, vom schnellen Tempo auf der Fahrstraße bis zum Kriechgang im Gelände, bei einfachster Bedienung seinen Dienst leisten. Entwickelt wurde das Fahrzeug zuerst 1945 bei der Firma Erhard und Söhne in Schwäbisch Gmünd; 1947 übernahm die Weiterentwicklung die Firma Böhringer in Göppingen. Die Idee eines landwirtschaftlichen Allzweckgerätes hatte 1944 der Daimler-Benz-Ingenieur Albert Friedrich.

1951 ging der Unimog in Gaggenau in Produktion. Merkmale waren die starre Vorder- und Hinterachse und der 25-PS-Dieselmotor OM 636 (18 kW), Spezialgetriebe, Vierradantrieb.

Seit 1972 kann man in Ergänzung des Unimog-Programms einen Allrad-Ackerschlepper bestellen, den es als MB-trac in verschiedenen Ausführungen gibt. Heute stellt sich die Unimog- und MB-trac-Reihe als ein umfassendes und vielseitiges Baukastensystem mit einem außergewöhnlichen Leistungsvolumen in der Land- und Forstwirtschaft, im kommunalen Bereich, in der Bauwirtschaft und in den verschiedensten Sparten der Industrie dar.

## Nutzfahrzeugentwicklung in den 70er Jahren

Die Gründer der Daimler-Benz-AG waren bekanntlich auch die ältesten Hersteller der mit einem Verbrennungsmotor betriebenen Nutzfahrzeuge. Schon der erste größere Prospekt der Daimler-Gesellschaft zeigt die außerordentliche Bandbreite der Verwendung des Daimler-Motors; darin ist auch der erste Lastkraftwagen abgebildet.

Auch in den späteren Jahren hat Daimler-Benz auf alle Anforderungen und für jeden Zweck Nutzfahrzeuge zu liefern gewußt, sei es im kommunalen Bereich als Straßenspreng- und -kehrmaschine, als Drehleiterwagen, als Kranken- und Rettungswagen oder als Müllwagen. Aus den drei Prototypen der Jahre 1949/51, einem 90-PS-Schnellastwagen mit 3,25 t, dem 120-PS-Lastwagen mit 5 t und dem 145-PS-Schwerlastwagen mit 6,6 t Nutzlast haben sich nach Aufhebung des alliierten Bauverbots eine Vielzahl verbesserter und auch vergrößerter Typen entwickelt.

1960 setzte eine gesetzliche Änderungsverordnung neue technische Grenzdaten für Lkws. Nun war es möglich, Lkws mit einem Lastzuggewicht bis zu 32 t zu bauen. 1962 standen acht Grundtypen mit rund 80 serienmäßigen Varianten zur Verfügung. 1964 gab es eine wichtige technische Änderung beim Dieselmotor. Das bisherige nach Prosper L'Orange benutzte Vorkammerverfahren wurde jetzt von dem wirtschaftlicheren Direkteinspritzverfahren abgelöst.

1969 kam beim zweiachsigen Typ LP 1632 die Schwebeaufhängung des 320-PS-Triebwerks und der kompakte 10-Zylinder-V-Motor, 1973 zwecks besserer Wartung des Motors das hydraulisch kippbare Führerhaus hinzu.

1971 wurde nach Verträgen mit „Rheinstahl AG" der Hanomag-Henschel-Bereich angegliedert, der zu einer Erweiterung des Mercedes-Benz-Lastwagenprogramms führte.

1971 hatte das Nutzfahrzeugprogramm eine Palette von 35 Grundmodellen in 800 serienmäßigen Varianten. Auch dieses riesige Angebot wurde und wird bis heute immer weiter ausgebaut, überprüft und ständig erweitert und verbessert. Daimler-Benz ist heute der Welt größter Produzent von Schwerlastwagen. Mit der Herstellung neu entwickelter leichter Wörther-Lkw mit einem zulässigen Gesamtgewicht zwischen 6,5 und heute 13 t verfügt Daimler-Benz in vier Leistungsklassen über 135 verschiedene Baumuster und 1800 Sonderausführungen. Mit dem Ziel einer weiteren Steigerung der Attraktivität des Omnibusses im öffentlichen Personennahverkehr wurde 1984 im übrigen auch ein neuer Linienomnibus, der O 405, vorgestellt.

Für das Unternehmen Daimler-Benz war es insgesamt stets von Vorteil, daß Pkw und Nfz entwickelt und hergestellt wurden. Wertvolle Impulse und Denkanstöße kamen so immer wieder auch vom jeweils anderen Bereich.

## Der Bus für Reisen, Stadt und Land

Der Omnibus ist ein Fahrzeug sui generis, weil er weder dem Sektor Personenkraftwagen noch dem Nutzfahrzeugbereich genaugenommen angehört. Er bedient den öffentlichen Fern- und Nahverkehr, nimmt aber auch Gelegenheitsverkehre im privaten Bereich wahr, gehört zu Bundesbahn und Bundespost und kommunalen Verkehrsverbänden. Er erfüllt aber auch öffentliche Aufgaben, die vom privaten Omnibusgewerbe auftragsweise ausgeführt werden, in weitem Umfang.

Der Siegeszug des Omnibusses in der ersten Zeit, gerade auf schwierigen Strecken, ließ sich auf die Dauer nicht aufhalten. Auch in den Städten setzten sich die Busse gegen die Straßenbahnen durch.

O-Busse mit einer elektrischen Oberleitung, die beschränkt ausweichfähig waren, aber jedenfalls keiner besonderen Fahrstraße bedurften, wurden in manchen Städten, zum Beispiel in Baden-Baden, 1947 eingeführt. Das hatte besondere Gründe: Der Leiter des Verkehrs, der die Beschlagnahme und den Abtransport in das Land des Siegers befürchtete, war mit dieser Wahl sehr zufrieden. Der Verkehr lief unbehindert.

Ende der 50er Jahre machte die Bundesbahn Versuche mit „Schiestrabussen", die mittels eines vorne anzubringenden Fahrgestells sowohl auf der Schiene wie – ohne das Gestell – auch auf der Straße fahren konnten.

Neuerdings propagiert Daimler-Benz das O-Bahn-System. Es ist ein Baukastensystem, das auf normalen Straßen, aber auch in Dualform auf spurgebundenen Teilstrecken, elektronisch geführt oder in Tunneln aus vorgefertigten Betonröhren mit 4,4 m Durchmesser eingesetzt oder gebaut werden kann. Ideen dazu liefert die Daimler-Benz-Forschungsgruppe Berlin.

Dieses vielfältig einsetzbare Massenverkehrsmittel des Personenverkehrs ist als Transportgefährt zuerst mit Benzinmotoren ausgestattet worden.

Sehr bald ist vor allem durch die Entwicklung im Bau von Lkws mit schnell laufenden Dieselmotoren auch der Bau von Omnibussen mit diesen Motoren intensiviert worden. Der Verkauf von Diesel-Omnibussen hatte nach dem Ersten Weltkrieg eine ansteigende Tendenz. Das stärkste Omnibusfahrgestell besaß als O 10 000 einen 150-PS-Sechszylinder-Diesel. Auch in den USA fand der Dieselmotor Eingang. Die rasche Entwicklung dort ist zweifellos den Anregungen der Daimler-Benz-Bauten zu verdanken.

Die Fusion von 1926 bewirkte eine Koordination der Konstruktionsrichtlinien von Gaggenau und Marienfelde. Gaggenau und später Mannheim lieferten die ersten Omnibusstahlaufbauten.

1948 ging die Fertigung weiter nach der Unterbrechung durch den Zweiten Weltkrieg. Mit vorne angeordneten Dieselmotoren von 90, 120 und 125 PS und einer Kapazität von 37, 60 und 65 Fahrgästen waren die drei Typen O 3500 und O 6000 die gebräuchlichsten. Sie waren in vielen Varianten erhältlich. Der Bus O 317 (1956) wurde anläßlich der IAA 1957 als moderner Großraumbus (120 Personen) vorgestellt.

Der O 302 mit Direkteinspritzung löste nach zehn Jahren den erfolgreichen O 321 H ab; der O 305 wurde als Stadtbus (VÖV) bekannt, ihn gab es – ein Überland- und Reisebus – mit Luftfederung in verschiedenen Varianten. Der O 303 erhielt als Nachfolger von O 302 ein neu entwickeltes automatisches Getriebe und eine serienmäßige Dachverstärkung. Neu ist der O 405, der auch in O-Systemen eingesetzt wird.

Durch fortgesetzte Verbesserung und ein modernes Design gehört Daimler-Benz zu den erfolgreichsten Anbietern von Bussen aller Art – auch Kleinbussen – auf dem großen internationalen Markt der Omnibusindustrie.

Die Omnibusse werden nicht nur im Inland, also in Mannheim und Düsseldorf, sondern auch in Brasilien, Argentinien, Iran und der Türkei gefertigt.

*Eine Neuerscheinung ist der O 405, der auch im O-System eingesetzt wird.*

# 10

# Eine Weltmarke stellt sich vor

## Öffentlichkeitsarbeit – Werbung – Imagepflege

Immer wieder ist die Rede davon, daß bei einer Weltausstellung in Paris oder Chikago der neue Wagen von Benz oder von Daimler Aufsehen erregt habe. Benz und Daimler sind regelmäßig auf Gewerbeausstellungen vertreten; sie beteiligen sich an Zuverlässigkeitsfahrten, sie beschicken die Rennen, sie machen Geschenke an bekannte Persönlichkeiten, sie lassen Prospekte anfertigen, und Gottlieb Daimler verbricht sogar zum Cannstatter Volksfest ein lustiges Gedicht in hübschen Knittelversen.

Beide Firmen haben begriffen, daß sie für ihre nicht nur neuen, sondern auch völlig unbekannten, ja, ungewöhnlichen Produkte in der Öffentlichkeit werben müssen, daß sie alles versuchen müssen, um nicht nur wie eine Jahrmarktsensation Aufsehen zu erregen und nach wenigen Tagen vergessen zu werden. Sie müssen beweisen, daß in diesen komischen Kutschen ohne Pferde eine großartige Zukunft steckt, etwas, was die Welt zu verändern imstande ist. Sie beide sind davon überzeugt, nicht aber die Presse und auch nicht die fachmännische Literatur, die noch um die Jahrhundertwende den straßenfahrenden Gaskraftmaschinen keine Chance gibt, während die Presse von Spielereien und interessanten, aber gefährlichen und aussichtslosen Experimenten spricht.

So ist der Weg zum Verkauf der Erfindungen genau so steil und steinig wie der Weg zur brauchbaren Erfindung selbst. Es zeigt sich, daß die Vorführungen Daimlers im Luftschiff Wölferts, im Straßen- und Eisenbahnbetrieb, im Motorbootbau alle insgesamt nicht viel bringen – denn alle die Apparate, die vom Selbstbeweger bewegt werden sollen, sind ihrerseits unvollkommen, und mit Wölferts Luftschiff stürzt eben auch Daimlers Motor brennend ab und zerschellt.

Hinzu kommt, daß eine große Anzahl von Erfindern, die, wie Daimler und Benz, ebenfalls einen Markt wittern, ihrerseits unvollkommene, unzuverlässige, ja, gefährliche Prototypen von Autos bauen, die ihrer schlechten Machart wegen den beiden ernsthaften Fabrikanten, wenigstens in Deutschland, das Geschäft verderben.

Erst die erfolgreichen Rennen und die Idee eines werbebegabten Laien, des Emil Jellinek im Falle Daimler, bringen das große Geschäft. Die berühmte Woche von Nizza 1901, die insgesamt 30 Mercedes-Siege in sieben Rennen der verschiedensten Art bringen, ohne daß auf den ersten Plätzen ein anderer Name als Mercedes auftaucht, ist ein ungeheurer Sprung nach vorn. Es ist ein Vorgang, wie er auch auf den Sportplätzen ganz selten ist: etwa wenn ein Läufer in mehreren Disziplinen seine Mitbewerber um viele Längen schlägt: eine echte Sensation.

Das damals erwachte Sportinteresse begeisterte sich vor allem an den erzielten Geschwindigkeiten. Geschwindigkeiten von fast 100 km/h waren, verglichen mit den schnellsten Pferden, auf Straßen noch nie erreicht worden. Zwar fuhr auch der schnellste Dampfwagen auf der Straße 100 km/h; aber mit welchem Aufwand! Und unter welchen Gefahren! Und es war vorauszusehen, daß diese kleinen, sehr schnellen Wagen noch im Anfangsstadium stünden, während die Dampflokomobile mit ihren ungeheuren Gewichten offenbar an den Grenzen ihrer Leistungsfähigkeit mindestens auf der Straße angelangt waren.

## Der große Durchbruch

Es waren die Rennen im Ausland, die den großen Durchbruch brachten; die Zuverlässigkeitsfahrten, die jetzt zu Beginn des Jahrhunderts in Deutschland begannen, waren geeignet, den Trend zu verstärken. Die „Ära Mercedes" machte ja sogar der Konkurrenzfirma, die eben zur Serienfabrikation übergegangen war, ernsthaft zu schaffen. Sie konnte nur dadurch sich aus ihrer Krise um 1903/04 erholen, daß sie so schnell wie möglich in die Fußstapfen von Mercedes trat. Und erst mit dem Blitzen-Benz, der Weltrekorde in der Geschwindigkeit holte, war sie wieder der Firma Mercedes ebenbürtig geworden.

Daß diese Rennbeteiligungen durch eine intensive Öffentlichkeitsarbeit, Annoncen und Prospekte – praktisch damals die einzigen Werbemittel – und durch ein möglichst weitverzweigtes Verkaufs- und Kundendienstnetz ergänzt wurden, das war selbstverständlich, wenn auch die Werbe- und Öffentlichkeitsarbeit damals noch nicht in eigenen Abteilungen verankert war, sondern von Mitgliedern der Geschäftsleitung und vor Ort von den Filialleitern ausgeführt wurde. Daß wichtige Entscheidungen in diesem Bereich schon damals vom Vorstand selbst entschieden wurden, zeigt der Vorgang um die Beteiligung an der Targa Florio 1955 – als schon der Rückzug aus dem Rennen allgemein entschieden war.

Damals, so berichtet der letzte Rennleiter, Neubauer, stand zur Frage, ob die Beteiligung an der Targa Florio, mit dem der begehrte und hoch angesehene Coupe des Constructeurs – zu deutsch Markenweltmeisterschaft – verbunden war, oder die Beteiligung an einem südamerikanischen Rennen wegen des dortigen Marktes wichtiger wäre. Man hatte sich schon für Südamerika entschieden, als die Argumente des zähen Neubauer für den Titelgewinn der Markenweltmeisterschaft dem Vorstand einleuchtend erschienen.

Begriffe wie Marktforschung, Meinungsforschung, Imageforschung und -pflege waren damals unbekannt. Dies alles sind Errungenschaften der Zeit nach dem Zweiten Weltkrieg. Sie kommen, wie die gesamte moderne Werbetechnik und die modernen Verfahren der Marktforschung und der Öffentlichkeitsarbeit aus den USA. Sie gehören heute zum aktuellen Instrumentarium der Automobilwirtschaft.

Es ist selbstverständlich, daß auch die Weltfirma Daimler-Benz dieses Instrumentarium beherrscht. In dem riesigen, manchmal zugegebenermaßen mißtönenden Konzert aller Motoren- und Autofabriken heben sich die Öffentlichkeitsarbeit und die Werbemittel von Daimler-Benz wirkungsvoll und harmonisch heraus.

Es sind die auf der Philosophie Daimlers und Benz' beruhenden Argumente, die auch heute noch nach den schwierigen Verhältnissen aufeinanderfolgender Energiekrisen das Käuferpublikum zu überzeugen vermögen.

Es ist das Produkt, nur das Produkt, einzig und allein das Produkt, das im Mittelpunkt dieser Philosophie steht. Um dies klarzumachen, haben wir in aller Ausführlichkeit die Geschichte erzählt, wie Benz einem Käufer gegenüber mit einem technischen Trick sein Produkt schlecht macht, weil er der Meinung war, in diesem mangelhaften Zustand dürfe er sein Werk nicht verkaufen. Es war Daimler, der es kategorisch ablehnte, einfach Wagen zu produzieren, ohne sie ständig zu verbessern und immer sicherer zu machen. Sicherheit ist wohl das wichtigste Argument im Verkauf.

Die Solidität, verbunden mit der Sicherheit, diese Grundlage eines technischen Images, stammt ebenso aus Daimlers weltanschaulicher Grundlage wie aus der jahrhundertealten Benzschen Tradition der Schmiede und Bürgermeister von Pfaffenroth.

Solidität ist das Merkmal eines jeden Mercedes, sei es ein Pkw oder ein Nutzfahrzeug, ein Müllwagen zum Beispiel. Mit dem Hinweis auf Solidität läßt sich werben, aber damit allein ist es nicht getan. Was Solidität mit dem sozialen Sektor, mit der Personalwirtschaft im besonderen zu tun hat, das ist heute jedermann klar.

Die Solidität, welche die Sicherheit verbürgt, war für die Firmenleitung, so ist aus den Geschäftsberichten zu entnehmen, stets mit dem technischen Fortschritt verbunden. Wer „die Perfektion der Technik" kennt, eine Philosophie von Friedrich Georg Jünger, der weiß, daß technisches Denken unablässig über Verbesserung, Vereinfachung, Rationalisierung nachsinnt; abstrakt gesagt, daß der Technik der Drang zur Perfektion innewohnt.

Maybach ist ein besonders gutes Beispiel dafür. Seine Skizzenbücher strotzen von Gedanken, Ideen, Entwürfen. Manchmal, bei gewissen hingeworfenen Zeichnungen, bei Bleistiftskizzen, fühlt man sich unwillkürlich einem großen italienischen Genie der Renaissancezeit nahe. Die gleiche Genialität ist bei dem Skizzenbuch von Joseph Beuys zu den aufgefundenen Notizen Leonardo da Vincis zu spüren. Auch hier tauchen Visionen phantastischer Maschinen, vierrädriger Fahrzeuge, auf.

Das Wort τέχνη begreift im Griechischen sowohl künstlerische wie auch technische Dinge. In diesen Zeichnungen ist die Einheit von Kunst und Technik wiederhergestellt.

Maybachs Wagenentwürfe – wir haben sie abgebildet – stammen wie aus einem genialen Nebel, noch nicht klar, aber in Umrissen zu erkennen. Ob es um das Kühlerproblem, die Glührohrzündung oder um den Riemenwagen geht: Maybach ist nie zufrieden, er probiert, zeichnet, studiert, sinnt nach. Er kennt keinen Arbeitsschluß, keinen Feierabend, in ihm denkt es, ein dauernder Impuls: die Perfektion der Technik. Nichts ist so vollkommen, daß es nicht noch vollkommener gemacht werden könnte. So nennen ihn die Franzosen voller Bewunderung den „König der Konstrukteure". Und alle Autofabriken atmen auf, als Maybach das Haus Daimler 1907 verläßt.

Sicherheit, Solidität, Fortschritt bei größtmöglichem Umweltschutz, darauf basieren die Aussagen der Öffentlichkeitsarbeit, der Imagepflege und der Werbung. Zu diesen drei Säulen tritt noch hinzu: ein modernes Design, das von jeher auf pure Spielereien verzichtet hat und eine

*Das Automagazin „Auto, Motor und Sport“ hat zusammen mit der Daimler-Benz AG den internationalen Plakatwettbewerb „100 Jahre Automobil“ ausgeschrieben. Aus 1300 Entwürfen hat die Jury die zwei besten ausgewählt. Der Preis betrug je 15 000,– DM.*

Ausstattung, die dem Fahrer und dem Fahrgast Bequemlichkeit garantiert.

Was wäre Pressearbeit, Werbung und Verkaufsförderung ohne Phantasie?

## Neuigkeiten müssen „verkauft" werden

Zur Öffentlichkeitsarbeit – auf Werbedeutsch Public relations – und zur Werbung ist noch zu sagen, daß Wandlungen der Firmenpolitik aber auch Umstellungen auf neue Strategien genauso wie neue Modelle zuvor von den Organen der Öffentlichkeitsarbeit und der Werbung unterstützt werden müssen. Oft genug ist in der Industrie irgendeine Änderung oder eine Anpassung schief gelaufen, weil sie nicht oder nicht genügend in Presse, Rundfunk und Fernsehen vorbereitet worden war, oder es war, wie man unter Profis sagt, die neue Politik nicht ausreichend „verkauft" worden. Es gehört zur Daimler-Benz-Tradition, daß seit Daimlers Zeiten bis heute die Kontakte zur Öffentlichkeit mit äußerster Sorgfalt gepflegt werden.

Auch war der Firmenleitung stets bewußt, daß in schwierigen Zeiten das Budget dieser Abteilungen eher erhöht als gekürzt werden dürfe. Information muß antizyklisch betrieben werden.

## Das neue Daimler-Benz-Museum

Das erste Daimler-Benz-Museum wurde 1961 aus Anlaß des Jubiläums „75 Jahre Motorisierung des Verkehrs" eröffnet. Dieses Museum hat zum Vorgänger eine Ausstellung, die aus Sammlungen der beiden Ursprungsfirmen stammt.

Aus Daimlers Grundidee für seinen, im Vergleich zu Dampfmaschinen und Gasmotoren, verblüffend leichten Schnelläufer ergab sich ja der „Dreifaltigkeitsgedanke": zu Lande, zu Wasser und in der Luft. Auch in der Luft? Daß der Buchhändler Wölfert mit seinem Leuchtgasluftschiff abstürzte, war ja nicht auf das Gewicht des Motors zurückzuführen, sondern darauf, daß sich vermutlich beim Öffnen des Ventils zwecks Landung das Gas an der Glührohrzündung des Motors entflammte.

Die ersten Autos von Daimler und Benz, das Bismarck-Boot „Marie", aber auch die späteren, berühmt gewordenen Wagen, der erste Mercedes, der Kaiserwagen, die Rennautos, Luftschiff- und Flugmotoren gab es zu sehen. Ein leibhaftiges Flugzeug hing von der Decke.

Freilich, es war alles ein bißchen eng; der Zugang zum Museum selbst, das ja inmitten des Untertürkheimer Werks lag, war erschwert, und bei Hauptversammlungen mußten viele Ausstellungsstücke den zahlreichen Aktionären Platz machen. Dennoch: ein nicht abreißender Strom von Besuchergruppen, der aus Schülern, Gesellschaften, Vereinen und Einzelpersonen bestand, war der beste Beweis für das weltweite Interesse an diesem Museum.

Am 1. Februar 1986 nun wird das neue, neu gestaltete Museum täglich – außer montags – von 9 bis 17 Uhr geöffnet sein (an Feiertagen geschlossen).

Das neue, öffentlich zugängliche Museum empfängt den Besucher mit einer großartigen Schau der neugeordneten Objekte, mit einer Fülle fulminanter Einfälle, dargeboten unter Verwendung der letzten Ausstellungs- und Medientechnik. Was hier dem Leiter des Museums, seinen Mitarbeitern, den Architekten, Designern und Beratern gelang, ist bewundernswert. Dieses Museum ist vermutlich in Europa einzigartig. Nicht nur der Raum selbst und die Ausstellungsfläche ist erweitert. Damit ist auch die Enge verschwunden. Das Museum ist nunmehr bei freiem Eintritt jedermann zugänglich.

Ein breiter, sanft ansteigender Gehweg führt durch das Museum nach oben – vorbei an 26 Stationen, die chronologisch die Geschichte des Hauses und des Motors auf allen Feldern, von den ersten „Selbstbewegern" bis zur Kompaktklasse, zur mittleren Klasse, zur neuen S-Klasse und der Roadster – der SL-Klasse – aufzeigen. Immer wieder ergeben sich beim Blick von diesem Gehband neue Perspektiven und Vergleichsmöglichkeiten zwischen verschiedenen Auto- und Motorepochen. Bei diesen Studien leitet den Besucher ein „soundstick", ein elektronischer Zauberstab, der ihn akustisch über das vor ihm stehende Schaustück und die Szene informiert. Im Stab befindet sich ein Empfänger und ein kleiner Lautsprecher.

Übrigens: Wer sich über den neuesten Stand der audiovisuellen Medientechnik informieren möchte, hat hier eine hervorragende Gelegenheit.

In der Museumsstation „Rennkino" laufen über eine Video-Großbildprojektion frühere Filme von Autorennen. In der Station „Prominenz auf Mercedes-Benz" ist ein großer Quasi-Fernseher in Betrieb, der sein Programm von einer Laserdisk (Bildplatte) erhält, auf der die Filmausschnitte digital gespeichert sind.

Im Untergeschoß gibt es „Touchscreens" (Berührungsbildschirme), die dem Zuschauer Zusatzinformationen zum Abruf anbieten. Er drückt dabei ein besonderes Feld auf dem Bildschirm, und sofort bringt der Schirm eine Sequenz, zum Beispiel über das „Dynamikauto" oder die „Raumlenkerachse".

Eine besondere Sensation ist die Multi-Media-Schau. Ein Sattelzug stellt mit seinem aufgeklappten Container die Schaubühne dar, auf der ein Laserdisk-gespeister Großbildprojektor und viele Dia-Projektoren eine audiovisuelle Reise in die Vergangenheit präsentieren.

Wer nach all diesen zahlreichen Eindrücken sich gerne ein wenig stärken möchte, hat in dem nach oben zur Glasdecke hin offenen Café die beste Gelegenheit dazu.

Aber nicht nur in diesem modernen Haus für erzählte Geschichte und Gegenwart des Motors in unserem Leben ist die Ideenwelt der beiden großen Gründerfiguren, Gottlieb Daimler und Karl Benz, sowie des genialen Mitarbeiters Wilhelm Maybach zu spüren. Hier ist auch auf die Geburtsstätte Daimlers in Schorndorf im Remstal hinzu-

裕仁天皇

*Bilder aus dem im Jahre 1986 zum 100jährigen Jubiläum neu gestalteten Museum.*

*Bild auf der nächsten Seite: Mercedes-Sieg bei der 11. Bandama-Rallye in Afrika 1979. Von 62 gestarteten Wagen erreichten nach 5700 Kilometern Fahrtstrecke noch 9 das Ziel. Darunter alle vier gestarteten Mercedes-Benz-Werkswagen der 5-Liter-Klasse (450 SLC 5.0), die die Plätze eins bis vier belegten.*

weisen sowie auf den ehemaligen Ruhesitz von Karl Benz und seiner Frau in Ladenburg bei Mannheim. Die Villa ist vom Konzern als Gedächtnisstätte renoviert worden.

Ganz besonders denkwürdig ist die Gottlieb-Daimler-Gedächtnisstätte in Bad Cannstatt, Taubenheimstraße 13. Die Villa Daimler ist im Zweiten Weltkrieg von Bomben zerstört worden. Doch ist die Werkstatt am ebenfalls zerstörten Gartenhaus wiederhergestellt worden; man sieht Paul Lincks kleines Büro und kann sich in der Werkstatt, die genau wie damals 1882 ausgestattet ist, vorstellen, wie die zwei Ingenieure, Daimler und Maybach, mit relativ primitiven Mitteln an ihren ersten Motoren, voran der „Standuhr“ herumbastelten. Wozu man sagen muß, daß im Schwäbischen die Worte „basteln“ und „tüfteln“ keinen kränkenden Unterton enthalten.

# 11 Ein wichtiger Entwicklungsabschnitt geht zu Ende

## Vorstufe zu neuen großen Entscheidungen

Trotz der grundsätzlichen Entscheidung, sich zunächst an Rennen nach der Saison 1955 nicht mehr zu beteiligen, entschied sich der Vorstand doch für die sportliche Beteiligung an Rallyes. Nachdem die eigentliche Rennepoche 1955 für Daimler-Benz beendet war und die Rennen immer mehr zu einer Spezialität geworden waren, zum eigentlichen Rennsport, studierte man die Erprobung von Gebrauchswagen auf den schwierigen Pisten. Aber auch diese Überlegung stand unter dem Vorbehalt jederzeitiger Änderung.

So sah man Mercedes-Triumphe mit Sport- und Tourenwagen bei einer Safari in Ostafrika und bei Alpenfahrten 1960, bei einer Rallye Algier–Zentralafrika 1961, bei der Rallye „Großer Straßenpreis von Argentinien", 1962, mit dem sensationellen Sieg des Damendoppels Ewy Rosqvist/Ursula Wirth auf 220 SE. Die beiden Damen siegten 1963 gleich noch einmal mit diesem Wagen beim Coupe des Dames in Monte Carlo. Von 1956 bis 1963 gab es 776 Siege auf Daimler-Benz-Tourenwagen in der ganzen Welt!

Nach den hervorragenden Erfahrungen mit dem Einspritzprinzip, das serienmäßig beim 300 SL erstmalig in Erscheinung trat, aber auch in 2,5-Liter-Formel-Rennwagen alle Erwartungen bestätigte, lag es nahe, auch einem Wagen der gehobenen Mittelklasse, wie es der 2,2-Liter-Typ war, das Einspritzsystem mitzugeben. Die Einspritzpumpe, dies das Grundprinzip, spritzt Benzin in die Ansaugleitung eines jeden der sechs Zylinder; ein besonderes Aggregat, mit der Pumpe verbunden, sorgt für Elastizität und Beweglichkeit auch bei besonderen Temperaturverhältnissen.

Damals – 1961 – gab es ein 220-SE-Coupé; es hatte den 120-PS-Einspritzmotor und auch vorne Scheibenbremsen; ein elegantes Fahrzeug.

Auch das 220-SE-Cabriolet, ein offener Wagen, sowie der neue 300 SE, der mit 160 PS eine Spitze von 175 km/h erreichte, wurden vorgestellt. Konstruktionsmerkmale: auf Wunsch vollautomatisches Getriebe eigener Konstruktion, Scheibenbremsen mit Servoverstärkung und Servolenkung.

Zugunsten der Serien 190 und 190 D lief 1962 die Produktion von 180 und 180 D ganz aus.

Zu Anfang der 60er Jahre erschienen die Typen 230 SL, 250 SL (1967), 280 SL (1967) und zuletzt (1971) der V8-Motor des 350 SL, aus denen die späteren Typen 380 SL und 500 SL hervorgegangen sind.

Ebenfalls zu Anfang der 60er Jahre begann eine neue Baureihe der Mittelklasse, die 1968 und 1976 wiederum durch neue Reihen ersetzt wurde.

Zur Orientierung ein kurzer Schwenk auf einige wichtige Daten der Weltgeschichte:

Von 1950 bis 1963 erhöht sich das Bruttosozialprodukt der Bundesrepublik Deutschland um mehr als das Dreifache. Schon in diesem Jahr errechnete man aus den Atomwaffenbeständen der UdSSR und den USA den absoluten Overkill. Vermutlich deshalb richtete man auch 1963 den „heißen Draht" ein, an dessen Enden in Moskau und Washington rote Telefone stehen.

Gustaf Gründgens, der Schauspieler, stirbt in Manila; Papst Johannes XXIII. erläßt die berühmte Enzyklika für den Weltfrieden kurz vor seinem Tode (1963). Theodor Heuss veröffentlicht seine Erinnerungen. Erwin H. Land stellt die Farbpolaroidkamera vor. 70% der Erdbevölkerung gelten als unterernährt. Chruschtschow besichtigt die Berliner Mauer. Adenauer unterzeichnet bei de Gaulle in Paris den Deutsch-Französischen Freundschaftsvertrag; Edith Piaf, der Spatz von Paris, ist nicht mehr.

*1 Mercedes-Benz-Typ 230. Fahrgestell für Innenlenker und Cabriolets. X-förmiger Ovalrohrrahmen aus dem Jahr 1938.*

*2 Mercedes-Benz 220 SE. Das elegante Cabriolet mit dem rassigen 134 HP/120-PS-Einspritzmotor, 1959.*

*3 Der 300 SL ist für viele seiner Bewunderer auch heute noch ein „Traumauto" (SL = Sport-Leicht). In den großen Sportwagenrennen 1952 erprobt – Siege im 24-Stunden-Rennen von Le Mans, Großer Preis von Deutschland und Carrera Panamericana in Mexiko – wurde er von 1954 bis 1958 serienmäßig als Sportwagen mit Flügeltüren (siehe Titelbildfoto) gebaut. Höchstgeschwindigkeit 267 km/h.*

*4 Hier war der Große Mercedes zur Erfüllung von Repräsentationsaufgaben vorgefahren.*

*5 1974 in Weiterentwicklung des Dieselprogramms gab es den Fünfzylinder-Dieselmotor 240 D 3.0, der eine Höchstgeschwindigkeit von 148 km/h erreichte.*

*6 Fernreisebus O 303, 1977.*

1

2

3

4

5

6

*1 Ausbildung am realen Objekt im Achsenwerk Kassel. Schnittmodell einer Lkw-Hinterachse.*

*2 Speziell eingerichtete Arbeitsplätze für behinderte Mitarbeiter.*

*3 Der rechnergesteuerte Rüttelprüfstand für Nutzfahrzeuge erspart Dauerfahrten auf Prüfstrecken.*

*4 Kommunalfahrzeug im Geräuschprüfstand.*

*5 Elektronische Meß- und Aufzeichnungsanlage für Geräuschprüfungen.*

*6 Lkw-Montage im Werk Wörth.*

1

2 3

4 5

6

1

1 *Versuche im Rahmen der Erprobung des Antiblockiersystems (ABS) mit beweglichen Dummies.*

2 *In Essen wurde die erste Mercedes-Benz-Spurbus-Verkehrslinie eröffnet. 21 Mercedes-Benz-Schubgelenkbusse O 305 G waren 1980 im Einsatz.*

3 *Die Form dieses Wagens der mittleren Klasse wurde im Windkanal endgültig gestaltet. Erfolg: Senkung des Verbrauchs, Steigerung der Beschleunigung und minimales Windgeräusch sind nur einige der Vorteile dieser Aerodynamik-Untersuchung.*

4 *Mit einem Sieg des Mercedes-Benz/Alpha Real endete die erste europäische Rallye für Solar-Mobile von Romanshorn nach Genf.*

2

3

Mercedes-Aerodynamik.
Das Vorbild aus dem Windkanal.
S-HP 5510

4

MERCEDES-BENZ
alpha real

1

*1  100 000 Omnibusse aus dem Werk Mannheim von 1949 bis 1980.*

*2  Schubgelenkbus O 405 G.*

*3  Mercedes-Benz-T-Reihe 200 TD, 250 TD, 300 TD Turbo, 300 TD 4-Matic, 200 T, 230 TE, 300 TE, 230 TE 4-Matic.*

*4  Unimog*

*5 und 6  Schwere Nutzfahrzeuge mit leistungsstarken, sparsamen Motoren.*

*7  Transporter*

2

3

4

RA-H 497
UNIMOG
1700
7-20
INTERNATIONALE SPEDITION
Preuss

5

HN-AJ 779

6

7

US-Präsident Kennedy wird in Dallas 1963 ermordet. Die Expedition: Erster Mensch zum Mond (21. Juli 1969) wird in den USA vorbereitet. 1961 betrug der Bestand an Pkw 6,3 und Lkw 0,76 – rund 7 Millionen Stück. 1981 sind es 23,5 Millionen Pkw auf den Straßen der Bundesrepublik. Und die Zahl der zugelassenen Fahrzeuge steigt weiter. Die Statistik stellt 1986 fest, daß auf jeden Haushalt in der Bundesrepublik ein Auto kommt.

Zurück zu der Entwicklung bei Daimler-Benz in den 70er Jahren: 1972 gelang es nach langjähriger Entwicklungsarbeit, zwei neue Motoren – M 110 – herauszubringen, deren Charakteristik zwei obenliegende Nockenwellen sind. 1972 wurde die neue Mercedes-Benz-S-Klasse vorgestellt. Ihr gehören an: drei neue S-Modelle, und zwar 280 S mit 160 PS (Vergaser, zwei obenliegende Nockenwellen), der 280 SE mit 185 PS (elektronische Einspritzung, zwei obenliegende Nockenwellen) und der 350 SE/SEL und 1975 der 450 SEL 6,9 (= 6,9-Liter-V8-Motor), der eine Spitzengeschwindigkeit von 225 km/h erreichte.

Die zunehmende Beliebtheit des Dieselmotors veranlaßte die Ingenieure, einen neuen, noch leistungskräftigeren Dieselmotor zu konstruieren. Das gelang ihnen 1976 mit einem Fünfzylinder OM 617, der im Typ 300 D eine Geschwindigkeit von 148 km/h erreicht.

Mit einem hochaufgeladenen Dieselmotor OM 617A erzielte übrigens das Versuchsfahrzeug C 111 bei Versuchen in der Zeit vom 12. bis 14. Juni 1976 Dauergeschwindigkeiten bis zu 254 km/h, was für die Zukunft der Pkw-Dieselmotoren erfolgversprechend war.

## Energie sparen

Die im Juni 1980 vorgestellten Sparmotoren brachten durch Gewichtseinsparung und durch Einbau in die strömungsgünstigeren Karosserien der Typen 380 SE und 500 SE bereits damals eine erhebliche Kraftstoffeinsparung von über 10%.

Der damals in Konstruktion befindliche, in der Presse sogenannte „kleine Mercedes“ (Typ 201), der in Sindelfingen und Bremen hergestellt wird, bringt gleichfalls einen bei gleichbleibender Leistung und Komfort erheblich geringeren Verbrauch an Kraftstoff.

Während fast alle anderen Unternehmen beträchtliche Einbußen in ihren Absatzzahlen hinnehmen mußten, hatte Daimler 1980 bis 1984 weiterhin Produktionssteigerungen im Pkw-Bereich zu verzeichnen. Erfolgreich waren auch das neue T-Modell, das seit 1980 in Bremen hergestellt wurde, und vor allem die neue Klasse vom 280 S bis zum 500 SEL. Diese erstmals eingeführten neuen Modelle vom Typ 190 über die neue S-Klasse bis zum T-Modell sind große Entscheidungen in der Geschichte des Hauses Daimler: sie bedeuten den Einzug in neue Märkte.

Die neuen Mercedes-Coupés 380 SEC und 500 SEC fielen durch besonders elegante, moderne Formgebung auf. Die Überraschung steckte unter der Motorhaube: das neue Energiekonzept sorgte für Sparsamkeit.

Die G-Modelle, geländegängige Pkws, stellten ein neues Produkt in Fortführung der in den 30er Jahren entwickelten geländegängigen Fahrzeuge mit Allradantrieb dar.

## Zukunftsorientierte Sicherheitsvorkehrungen und neue Antriebsarten

Daß das Wort Sicherheit in unserer waffenstarrenden Welt eine große Rolle spielt, ist verständlich. Sicherheit war übrigens im Verkehr auch in den alten Zeiten immer gefordert.

Sicherheit im Straßenverkehr ist nicht nur Sicherheit für den einzelnen Fahrer, sondern auch Sicherheit für die anderen. Doch die Geschwindigkeit und der Komfort, die zwar nach wie vor berücksichtigt werden müssen, haben die Fahne zu senken vor den neuen, eminent wichtigen Themen des Umweltschutzes und des Energieverbrauchs.

Beide haben eine gemeinsame Wurzel: die Erkenntnis, daß die Rohstoffe, die Vorräte und die natürlichen Existenzgrundlagen – Wasser, Luft und Erde – nicht unerschöpflich zur Verfügung stehen.

Was die Energievorräte betrifft, so wären sie vielleicht, vor allem im Hinblick auf Öl, Kohle und Gas, noch für mehr als eine Generation ausreichend. Der Club of Rome hatte da offenbar etwas zu schwarz gesehen. Doch diese Vorräte stehen im Grunde nicht allen, sondern nur wenigen zur Verfügung, und es ist nicht übertrieben, zu sagen, daß wir im Ernstfalle von den Eigentümern der Quellen, zum Beispiel in Nahost, abhängig sind.

Was die Umweltverschmutzung betrifft, so sind die mit Öl oder Ölderivaten betriebenen Kraftfahrzeuge nicht die einzigen, auf die man mit den Fingern deuten könnte. Es ist nicht nachgewiesen, daß das Waldsterben allein etwa von den Automobilen oder ihren Abgasen herstammt.

Mindestens ebenso bedeutend und schädigend sind die mit Kohle oder Öl betriebenen stationären Anlagen, vom Kohlekraftwerk bis zu den Heizungen der Haushalte. Wer nun das Waldsterben, das ja vor allem in bestimmten Höhenlagen angetroffen wird, wirklich verursacht, das hat man bis jetzt noch nicht herausgefunden. Die Lösung für den Pkw heißt Katalysator.

Die relativ neue Sachlage hat bei Daimler-Benz die Anstrengungen, die schon bisher gemacht wurden, noch bedeutend verstärkt. Für die Bereiche Forschung und Entwicklung hat Daimler-Benz im Berichtsjahr 1984 über 1,5 Mrd. DM aufgewendet. Auch sind in den Konstruktions- und Versuchsbereichen über 10 000 Mitarbeiter an der Verbesserung und Erneuerung der Produktpalette und der Anpassung an die neue Lage tätig. Auch in den weiteren Ausbau der Versuchs- und Prüfeinrichtungen wurden zirka 73 Millionen DM investiert.

Die Weiterentwicklung der Technik der Fahrzeuge im allgemeinen, im besonderen aber die Minderung von Umweltbelastung und Energieverbrauch, die Verbesserung der Sicherheit und damit zusammenhängend die

Erforschung neuer Verkehrssysteme und neuer Antriebsarten stehen auf dem Programm.

Neu dazugekommen ist zum Beispiel für das Prinzip der optimalen Radführung die Raumlenkerachse, erstmals in der neuen, in Kapitel 12 beschriebenen Kompaktklasse eingebaut. Sie garantiert nicht nur sichere Straßenlage in Kurven, sie stabilisiert auch den Geradeauslauf, hilft bei Lastwechseln. Um es deutlich zu sagen, sie reguliert auch „gutmütig" ein Fehlverhalten des Fahrers. Das macht die Kompaktklasse besonders sympathisch.

Überhaupt sind zur Erleichterung des Fahrers eine große Anzahl neuer Konstruktionen und Systeme vorhanden. So ist schon einige Zeit das Antiblockiersystem (ABS), das bei Vollbremsung das Blockieren der Räder verhindert, als Sonderausstattung verfügbar. Es wurde 1978 nach zwölfjähriger intensiver Entwicklungsarbeit in die Serie eingeführt. Dieses System setzt weltweit Maßstäbe für die Leistung Sicherheit. Dazu tritt, auf dem ABS-System aufbauend, eine neue Antriebsschlupfregelung (ASR), ein automatisches Sperrdifferential (ASD) und Mercedes-Benz-4-MATIC. Diese Systeme sind Teil des Daimler-Benz-Fahrdynamikkonzeptes. Die ASR verhindert das Durchdrehen der Räder, bewirkt eine Verbesserung der Traktion und verhindert in der Kurve das Ausbrechen des Hecks bei zuviel Gas. Das ASD ist ein automatisch schaltendes Sperrdifferential, welches für einen besseren Vortrieb sorgt. Die 4-MATIC ist ein automatisch zuschaltbarer Allradantrieb, welcher wirksam wird, wenn dem Fahrer die Antriebskraft des Heckantriebes nicht ausreicht oder er in einen fahrdynamischen Grenzfall kommt, in welchem die automatische Allrad-Zuschaltung mehr Fahrsicherheit bietet. Andererseits bedeutet dies, daß der Fahrer bei normalem Fahren mit dem gewohnten Heckantrieb fährt.

In Grenz- und Gefahrensituationen, bei extremen Wetter- und Klimabedingungen oder außergewöhnlichen Straßenverhältnissen gewährleistet dieses ineinandergreifende Konzept aus automatisch angepaßtem Fahrzeugverhalten und entsprechender Fahrerinformation derzeit ein Höchstmaß an aktiver Sicherheit, die einzigartig ist im internationalen Automobilbau.

Wer kennt nicht als Autofahrer das Gefühl der Unsicherheit in einer fremden Stadt oder auch bei größeren Fahrten in einem unbekannten Land? Das Herumsuchen nach Straßennamen, das eventuelle kurze Anhalten und Befragen eines Passanten, alles Unsicherheitsfaktoren, denen ein Forschungsprojekt „Zielführungssystem" gewidmet war. Es hat schon den elektronischen Kompaß für den Fahrer in einer unbekannten Stadt entwickelt, der nach vorher eingespeisten Daten mit seiner Kassette das Auto durch Hinweise ans Ziel bringen soll.

Auch ein Reiserechner ist bereits für die S-Klasse verfügbar. Er liefert eine ganze Anzahl wichtiger Daten: zurückgelegte Streckenlänge, Tankinhalt, Benzinverbrauch usw., die jeweils auf Knopfdruck abgerufen werden können.

Zur Sicherheit zählen die stoßaufnehmend gestaltete Karosserie, die stoßzehrend ausgebildete Front- und Heckpartie, der sichere Fahrgastraum, das Sicherheitslenkrad mit Pralltopf unter der Polsterplatte, die teleskopartig ineinander verschiebbare Lenksäule und Sicherheitsglas; ein aufprallgeschützter Tank und die Dreipunkt-Verankerung der Gurte gehören mit dazu. Seit Dezember 1980 kann auf Wunsch der automatische Luftsack (airbag) eingebaut werden.

Von Anfang an arbeitet die Firma an dem Problem der Fahrzeugsicherheit. Anfang 1971 wurde ein Experimentier-Sicherheitsfahrzeug (ESF) gebaut, an dem laufend neue Sicherheitstechniken erprobt wurden. Der C 111/IV stellte in Nardo 1979 mit 404 km/h einen inoffiziellen Weltrekord für Rundstrecken auf.

Zu den Forschungsaufgaben der Berliner Forschungsgruppe gehört zum Beispiel auch die Erprobung von Fahrzeugen mit Wasserstoffantrieb. Jeweils fünf Pkw 280 TE für Wasserstoff-Benzin-Mischbetrieb und fünf „Düsseldorfer" Transporter, Typ 310, für Wasserstoffbetrieb nehmen an dieser Flottenerprobung teil. Weitere Forschungs- und Entwicklungsprojekte aus jüngster Vergangenheit sind Fahrzeuge mit Elektroantrieb, Schichtladungsmotor, Methanol- und Äthanolbetrieb. Dazu gehören auch die Versuche mit einem schadstoffarmen Dieselmotor für Nutzfahrzeuge, mit einem geräuschisolierten Dieselmotor, der in einen Bus, Typ O 405, eingebaut ist, mit einem mit Erdgas betriebenem Motor und einem mit Flüssiggas betriebenem Motor, eingebaut in einem Müllwagen.

Zu erwähnen wäre noch der Elektrobus mit Hybridantrieb, der mit einem Dieselmotor, einem Generator, Batterien und einem Elektromotor ausgestattet ist. So kann man im Stadtkern elektrisch fahren, während man das Stadtvorland mit Dieselmotor, der zugleich die Batterien auflädt, befahren kann.

Daß sich die Forschungsarbeiten nicht nur auf Antriebs- oder Sicherheitsprobleme beziehen, zeigen die weitgespannten Erforschungen, die sich von der Zündkerze mit Magnetfeldunterstützung bis zur Beheizung von Autobahnen erstrecken. Von der Untersuchung neuer Werkstoffe, wie Keramik und Kunststoff, oder von der Erprobung faseroptischer Meßfühler und Magnetsensoren. Diese ungeheuren Anstrengungen zeigen, daß hier die älteste Automobilfabrik der Welt wie zu Zeiten der ersten Pioniere auch heute immer wieder nach neuen Wegen und Lösungen, jetzt auch auf dem Gebiet der Hochtechnologie, sucht.

## Kopf und Glieder: Das Unternehmen und seine Werke

Bei der Betrachtung der beiden Übersichten am Schluß des Buches über „die Daimler-Benz AG und ihre wichtigen Beteiligungsgesellschaften" sowie „Daimler-Benz in aller Welt" stellt man zuerst die starke Vertretung in allen

*1 Der fast schon historische Forschungs-Pkw „Auto 2000“ führte neben alternativ vorgesehenen Versuchsmotoren elektronische Fahrerinformationssysteme, ein rechnergesteuertes Anzeigensystem und eine Fahrprogrammwahl, um Motor und Automatikgetriebe beeinflussen zu können.*

*2 In diesem Zusammenhang ist besonders bedeutend ein neuer, für 25 Millionen DM errichteter Fahrsimulator, der in Berlin stationiert ist. Der einer riesigen Kuppel ähnliche Apparat simuliert eine realistische Fahrt in den unterschiedlichsten Verkehrssituationen. Und so wird es möglich, gewissermaßen laborähnlich Veränderungen im Wirkungskreis Fahrer/Fahrzeug/Straße eingehend zu untersuchen und zu studieren. Er ist zugleich ein wichtiges Hilfsmittel bei der Entwicklung und Konstruktion von Neufahrzeugen.*

1

2

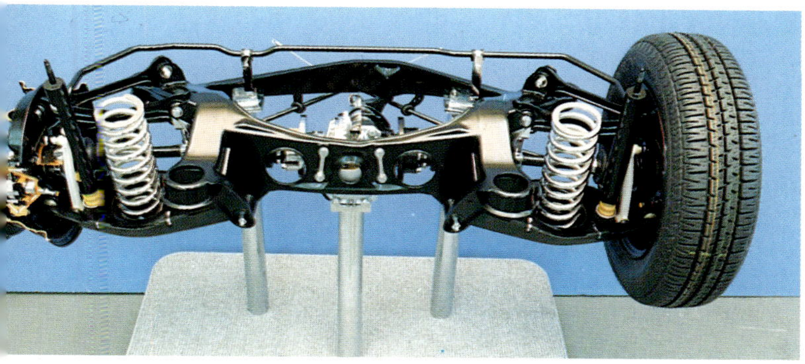

3

*3 Neu dazugekommen ist zum Beispiel für das Prinzip der optimalen Radführung die Raumlenkerachse, erstmals in der neuen, in Kapitel 12 beschriebenen Kompaktklasse eingebaut. Sie garantiert nicht nur sichere Straßenlage in Kurven, sie stabilisiert auch den Geradeauslauf, hilft bei Lastwechseln. Um es deutlich zu sagen, sie reguliert auch „gutmütig" ein Fehlverhalten des Fahrers. Das macht die Kompaktklasse besonders sympathisch. Überhaupt sind zur Erleichterung des Fahrers eine ganze Anzahl neuer Konstruktionen geschaffen worden.*

4

*4 Neu ist ein Fahrdynamikauto, das als Versuchsträger nach einem bestimmten Baukastensystem aus mehreren Teilen zusammengesetzt werden kann. Der Zweck besteht darin, ein möglichst leichtes und möglichst kurzes Versuchsfahrzeug zu bauen, das die Vergrößerung des Radstandes, des Gewichts und des Trägheitsmoments ermöglichte. Zur Illustration der Aufgaben dieses Fahrzeugs eine einzige: Wie verhält sich zum Beispiel ein Fahrzeug, das von seinem gesamten Gewicht 40% auf die Vorder- und 60% auf die Hinterachse verteilt fährt?*

*5 Mit dem 190 D 2.5 erweitert Daimler-Benz die Typenpalette der erfolgreichen Kompaktbaureihe 190 um eine attraktive, leistungsstärkere Dieselvariante. Hier der neue Fünfzylinder-Dieselmotor.*

5

industrialisierten Teilen der Welt und in Teilen, die als Dritte Welt Chancen für eine rasche industrielle Entwicklung zeigen, fest.

Schwerpunkte sind außer den europäischen Ländern – ausgenommen der Ostblock – vor allem Kanada und die USA sowie Südamerika mit Argentinien und Brasilien; ferner Südafrika sowie der Mittlere und Ferne Osten. Im Ausland befanden sich 1984 16 Produktionsgesellschaften, 25 Montagegesellschaften und sechs Lizenznehmer. Insgesamt stellen auf den fünf Kontinenten 4726 Mercedes-Benz-Verkaufs- und Servicestützpunkte wahrhaftig eine stolze Zahl dar.

Die Motoren- und Turbinen-Union München GmbH, München, und die Motoren- und Turbinen-Union Friedrichshafen GmbH, Friedrichshafen, sind inzwischen von Daimler-Benz übernommen worden. Die MTU stellt Flugtriebwerke und Motoren her; in sie wurden seinerzeit die Entwicklungen von Strömungstriebwerken bei Daimler-Benz eingebracht. Die MTU Friedrichshafen ist aus den Maybach-Motoren-Werken, Friedrichshafen, hervorgegangen.

Die Deutsche Automobilgesellschaft mbH Hannover, an der die Daimler-Benz AG und die Volkswagenwerk AG je zur Hälfte beteiligt sind, leistet Forschungs- und Entwicklungsarbeit auf dem Gebiet elektrischer Antriebs- und Speichersysteme.

Auch an Dornier besitzt Daimler-Benz nunmehr eine Mehrheitsbeteiligung. Zuletzt war auch an der AEG eine Beteiligung von Daimler-Benz in Aussicht genommen. Mehr darüber im nächsten Kapitel.

Keimzelle dieses gewaltigen Industrie-Imperiums war die kleine Werkstatt im Gartenhaus der Taubenheimstraße zu Cannstatt. Insofern schließt sich hier wieder der Kreis. Nur wenige der großen Industriefirmen dieser Welt und schon gar keine Automobilfirma kann wie Daimler-Benz behaupten, sie sei bereits von Anfang an dabei gewesen.

Eine zweite Keimzelle war die Benzsche Hinterhofwerkstatt in Mannheim, die sich zu dem Werk entwikkelte, das später mit der Untertürkheimer Daimler-Motoren-Gesellschaft fusionierte.

Nachfolgend die Beschreibung der elf Stammwerke. Das gesamte Produktionsprogramm dieser elf Stammwerke ist einheitlich zu einem Produktionsverbund zusammengefaßt. So wird eine Zusammenlegung von Produktionen möglich, die eine gleiche Fertigungstechnologie erfordern. Die Vorteile des Produktionsverbundes, der für alle elf Daimler-Benz-Werke gilt, liegen vor allen Dingen im gleichmäßig hohen Qualitätsstandard für alle Teile, Aggregate und Produkte, in der Erzielung wettbewerbsfähiger Herstellungskosten und in einer markt- und kundenorientierten Fertigungsflexibilität. Hinzu kommt der Vorteil einer stetigen Auslastung vorhandener Produktionskapazitäten und damit die Sicherung der Arbeitsplätze.

## Die Werke:

### Untertürkheim

1901 hatte man mit 440 000 qm gleich mehr als das Zehnfache des Cannstatter Seelberg-Werkgeländes in Untertürkheim im Neckartal inmitten von Weinbergen erworben, eine weise Vorausschau, die freilich immer noch nicht weit genug war. Zu Beginn des Ersten Weltkriegs wurden mit der Vergrößerung der Aufgaben und Aufträge Erweiterungen der Bauten notwendig, ebenso nach der Fusion zwischen den Firmen Daimler und Benz 1926. In Untertürkheim wird auch heute – 1986 – gebaut.

Untertürkheim ist Sitz der Zentrale, der Hauptverwaltung mit dem Vorstand. Als eigener Vorstandsbereich sind hier auch Forschung und Entwicklung angesiedelt. Direkt im Werksbereich liegt ferner auf einer Fläche von über acht Hektar eine Versuchs- und Teststrecke. Ergänzend hierzu bemüht sich Daimler-Benz zur Zeit um den Bau einer zusätzlichen Test- und Meßstrecke in der Nähe von Boxberg.

Früher waren Personenwagen- und Motorenbau in Untertürkheim zentralisiert. Heute ist das Werk Untertürkheim der Platz, an dem der gesamte Pkw-Motorenbau stattfindet.

Zum Werksbereich zählen die Werksteile Hedelfingen, Mettingen, Brühl, Zuffenhausen und Köngen. Insgesamt beschäftigt das Stammwerk 25 000 Mitarbeiter. Hier ist der Motorenbau vereinigt, auch werden Getriebe und Achsen für Personenwagen und Transporter gefertigt. Der Gesamtbereich Untertürkheim mit Verwaltung, Forschung und Entwicklung umfaßt 35 000 Mitarbeiter.

Untertürkheim, das Stammwerk, feierte 1979 sein 75jähriges Jubiläum.

### Werk Mannheim

Das Werk Mannheim, als zweite Keimzelle des Konzerns, entstand aus der kleinen Werkstatt von Karl Benz im alten Ortskern. Wie berichtet, stand am Anfang der Benzschen Laufbahn ein stationärer Gasmotor-Zweitakter, der, weiterentwickelt, in schwierigen Zeiten, wenn die Benzschen Viertaktautos nicht so großen Anklang fanden, den finanziellen Ausgleich herstellte.

Wie Daimler, so hat auch Benz – dieser allerdings mit einer gewissen Zeitverzögerung – das Fabrikgelände zweimal erweitern müssen; die 1899 erworbenen 30 000 qm wurden auf das Zehnfache durch Ankauf einer Fläche am Luzenberg vergrößert. 1909 begann dort der Betrieb.

Mit Eingliederung der „Süddeutschen Automobilfabrik Gaggenau" wurde 1910 der Bau von Nutzkraftfahrzeugen nach Gaggenau übertragen; in Mannheim baute man Pkw, Motoren, auch Flugmotoren.

Nach der Fusion wurde im Zuge verschiedener Neuordnungen und Aufteilungen die Motorenproduktion in Mannheim in der Form zusammengefaßt, daß sich heute das Werk Mannheim aus der Gießerei und den Produktionsstätten für Omnibusse über 8 t Gesamtgewicht mit

*Untertürkheim*

*Sindelfingen*

*Mannheim*

*Berlin*

einem Platzangebot von 32 bis 184 Personen bis zur Endmontage und aus dem Werk für die Herstellung von Nutzfahrzeugmotoren zusammensetzt. Das Werk beschäftigt 14 000 Mitarbeiter.

**Werk Sindelfingen**

Sindelfingen kann man insofern als ersten „Ableger" oder als Zweigwerk von Untertürkheim bezeichnen, als zu Beginn des Ersten Weltkrieges (1915) der neu aufgenommene Flugzeugbau mehr Werkraum erforderte. So wurde in Sindelfingen ein neues Werk errichtet, das heute das größte Daimler-Benz-Werk geworden ist.

Von 1919 bis 1927 wurden Leichtflugzeuge hergestellt. Der Flugzeugbauer Klemm ist für viele in Baden-Württemberg noch heute ein Begriff. Nach dem Ersten Weltkrieg wurde Sindelfingen der Herstellungsort für Karosserien aller Personenwagen.

Seit der Fusion verbreiterten sich die Aufgaben für Sindelfingen; die teuere handwerkliche Fertigung der Aufbauten machte einem rationalisierten Verfahren, nämlich der Herstellung gepreßter Stahlblechaufbauten, Platz. So entstand das heutige große Preßwerk.

Um immer hochwertiges Schnittholz parat zu haben, wurde die „Holzindustrie Bruchsal" erworben.

Seit 1945 wurde auch die Fahrzeugmontage von Untertürkheim nach Sindelfingen verlegt. Für die Baureihe W 123 von 1976, die vom 200 D bis zum 280 E reichte, wurde erstmals 1976 ein Pilotwerk geschaffen, das als Zwischenglied zwischen Produktionsvorbereitung und Großserienfertigung steht. Heute umfaßt das Pkw-Programm von Sindelfingen Zusammenbau der Karosserie, Lackierung und Montage bis zur Auslieferung des fabrikneuen Fahrzeugs an Händler oder Kunden.

Hier werden Fertigungsprogramme in jeder Hinsicht ohne Störung der laufenden Produktion abgewickelt, die Serienreife neuer Typen ermittelt und optimale Arbeitsmethoden psychisch und physisch erprobt. Der neue Mercedes 190/190 E wurde von Herbst 1982 an in Sindelfingen gebaut (später auch im Werk Bremen).

Seit November 1984 werden in Sindelfingen sieben neue Modelle der mittleren Klasse 200 D – 300 E produziert, welche die Modellreihe W 123 (200 D – 280 E) ablösen.

Die Belegschaft umfaßt zur Zeit über 40 000 Mitarbeiter.

**Werk Gaggenau**

In einem der Schwarzwaldtäler unweit Baden-Badens liegt das Werk Gaggenau des Konzerns, 1893 als „Bergmanns Industriewerke" gegründet. Nach einer frühen Interessengemeinschaft mit Benz wurde die inzwischen umbenannte „Süddeutsche Automobilfabrik Gaggenau", die für ihre stabilen Automobile bekannt war, als Zweigwerk unter dem Namen „Benz-Werke" in die Firma Benz eingegliedert. Hier wurde der erste Diesel-Lkw der Welt gebaut; die erste Probefahrt war im September 1923. Bei der Fusion mit Daimler wurde der in Marienfelde betriebene Lastwagenbau nach Gaggenau verlegt.

Nachdem die Schwierigkeiten 1945 überwunden waren, reiften 1951 die Pläne für den Unimog und 1973 für MB-trac. Heute werden im Produktionsverbund in Gaggenau zusammen mit dem Werksteil Rastatt vor allem auch Getriebe und Achsen für Nutzfahrzeugwerke gefertigt.

Der Werksteil Rastatt hat sich von 1980 an stufenweise zu einer modernen Nutzfahrzeug-Automatikgetriebefabrik entwickelt. Werk Gaggenau und Werksteil Rastatt beschäftigen 10 000 Mitarbeiter. Im Murgtal gibt es viele Familien, deren Mitglieder schon in der dritten Generation „beim Benz", wie man hier sagt, arbeiten.

**Werk Berlin-Marienfelde**

Es war der Pulverfabrikant Duttenhofer, der als Aufsichtsratsmitglied der Daimler-Motoren-Gesellschaft 1902 seine Gesellschaft bewog, die „Motor-Fahrzeug- und Motorenfabrik AG Berlin-Marienfelde" zu übernehmen. Im Süden von Berlin produzierte die Firma Verbrennungsmotoren, Lokomobile, aber auch Elektromobile und Elektroboote, dazu nach Lizenzen von Gottlieb Daimler Personen- und Lastwagen.

Nach Eingliederung des Werkes in die Daimler-Motoren-Gesellschaft stellte man die Produktion von Elektrofahrzeugen ein, da sie nicht in die Daimlersche Konzeption paßte. Man betrieb aber weiter den Bau von Lokomobilen (also auf der Straße fahrender Dampflokomotiven) und Schiffsmotoren, nahm den Bau von Omnibussen auf, ferner die Konstruktion von Dieselmotoren, insbesondere Schiffsmotoren. Bekanntlich wurde in Berlin-Marienfelde der schnellaufende Dieselmotor auf der Grundlage des Lufteinblaseverfahrens entwickelt. 1945 wurde das fast völlig zerstörte Werk seiner letzten Maschinen und Werkzeuge durch Demontage beraubt.

Heute beinhaltet die Produktion die Teilefertigung für Pkw und NFZ-Motoren, die Fertigung von Kleinaggregaten und die Herstellung von NFZ-Motoren. Rund 5000 Mitarbeiter werden im Werk beschäftigt.

Seit 1977 besteht eine besondere Forschungsgruppe in Berlin als Außenstelle der Daimler-Benz-Forschung in Untertürkheim. Das Ziel dieser Forschungsstelle sind grundsätzliche Untersuchungen zum Mobilitätsverhalten im Personenverkehr. Dazu gehört der schon erwähnte Fahrsimulator, der Verkehrssituationen künstlich aufzeigt, in denen sich der Fahrer zu bewähren versucht. Das bringt vor allen Dingen für das Fahrverhalten eines Fahrers in schwierigen Situationen, aber auch für die weitere Ausgestaltung der Verkehrssicherheit eines Fahrzeuges ganz besondere Aspekte.

**Werk Wörth**

Dieses größte Lastwagenmontagewerk Europas liegt in der Südostecke der Pfalz an der Eisenbahnstrecke Karlsruhe–Saargebiet–Frankreich. Das 1,5 Millionen qm große Gelände wurde 1960 aus Kapazitätsgründen erworben: Die Werke Sindelfingen, Mannheim und Gaggenau mußten dringend entlastet werden.

*Wörth*

*Bremen*

Seit 1972 voll ausgebaut hat Wörth heute als zentrales Montagewerk für den Lastkraftwagenbau dieselbe Bedeutung wie Sindelfingen für den Personenwagenbau. Das Werk besitzt ein zentrales Ersatzteillager für den Nutzfahrzeugbereich. Wörth erhält so vom Werk Mannheim die kompletten Lkw-Motoren und von Gaggenau weitere Aggregate; es montiert, und es liefert das Wörther Lkw-Programm aus.

Wörths Nutzfahrzeugangebot geht vom 6- bis 38-Tonner: Rund 60% der in der Bundesrepublik Deutschland zugelassenen Lastkraftwagen stammen aus Wörth. Über 50% der Wörther Produktion – 80 000 Lastwagen jährlich – gehen ins Ausland. Die Zuverlässigkeit der Lastwagen wird weithin gerühmt. Wörth fertigt auch Fahrerhäuser.

Das Werk beschäftigt heute rund 11 000 Mitarbeiter.

**Werk Kassel**

Hanomag und Henschel sind zwei alte Firmen, deren Gründung in die ersten Jahrzehnte des letzten Jahrhunderts zurückführt. Beide Firmen begannen zu Anfang der ersten industriellen Revolution mit Lokomotiven, Dampfmaschinen und Kesselanlagen. Von Hanomag ist nach dem Ersten Weltkrieg, 1924, der berühmte Kleinwagen, „das Kommißbrot" bekanntgeworden. Von 1935 an produzierte Henschel Flugzeuge. 1964 wurde die Firma Henschel durch die Rheinischen Stahlwerke Essen übernommen. Es beginnt die Zusammenarbeit mit der Rheinstahl-Tochter Hanomag auf dem Nutzfahrzeugsektor. 1969 übernahm Daimler-Benz 51% und 1970 die restlichen 49% der Hanomag-Henschel-Fahrzeugwerke. Die Werke Kassel, Bremen und Hamburg-Harburg produzierten noch bis 1977 unter der alten Firma. Anfang 1978 kamen dann alle drei Werke zur Daimler-Benz AG.

Heute produziert das Werk Kassel Vorder- und Hinterachsen in hoher Auflage für Nutzfahrzeuge. Kassel ist der größte europäische Hersteller von Nutzfahrzeugachsen. Das Werk beschäftigt rund 5000 Mitarbeiter.

**Werk Bremen**

Auch im Raum Bremen gab es Autopioniere. Vor allen Dingen wäre dabei Karl F. Borgward zu nennen. Seine Autokonstruktionen, am bekanntesten war wohl die „Isabella", fertigte er bis 1961. Dann geriet das Unternehmen in Konkurs und kam über verschiedene Hände 1971 in den Besitz der Daimler-Benz AG, womit es wiederum zu einem Automobilwerk wurde.

1973 übernahm das Werk die Transporter-Fertigung aus dem Werk Hamburg-Harburg. (1984 ist diese Aufgabe auf das Werk Düsseldorf übergegangen.)

Seit 1979 werden die Fahrzeuge der Mercedes-Benz-T-Reihe in Bremen gefertigt. Im selben Jahr fiel die Entscheidung über den Ausbau des Werkes und den Erwerb einer großen Erweiterungsfläche im Holterfeld.

1983 begann man mit der Vorserie Baureihe 190, und seither wird die kompakte neue Mercedes-Klasse dort in engem Lieferverbund mit Sindelfingen gebaut.

Das Werk beschäftigt rund 10 000 Mitarbeiter.

**Werk Hamburg-Harburg**

Seit 1978 ist Hamburg-Harburg als jüngstes Werk des Konzerns mit der Fertigung von Kfz-Teilen (Lenkung und Schaltung) für Personen- und Nutzfahrzeuge sowie mit der Herstellung von Gelenkwellen, Pedalanlagen und Rahmenteilen beschäftigt.

Das Werk, 1935 als Tempo-Werk in Hamburg-Harburg gegründet, gelangte über verschiedene Firmen im Januar 1978 in den Kreis der elf Inlandswerke des Stuttgarter Automobilkonzerns.

Das Werk beschäftigt 2600 Mitarbeiter.

**Werk Düsseldorf**

1961 wurde von Daimler-Benz mit dem Werk Düsseldorf eine Produktionsstätte der „Auto-Union" übernommen, die Kleinomnibusse und Transporter herstellte sowie Einzelteile für Pkws und Nutzfahrzeuge.

Seit Mitte 1984 werden die Transporter nur im Werk Düsseldorf gefertigt. Während das Werk Bremen bis Mitte 1984 Leichttransporter der 2- bis 4-Tonnen-Klasse herstellte, ist gerade dieses Produkt auf das Werk Düsseldorf übergegangen. Zugleich mit einer taktischen Verbesserung der Produktionsbedingungen im Nutzfahrzeugbereich ist diese Verlagerung Voraussetzung für die Erweiterung der Pkw-Kapazität in Bremen um mehr als 100 000 Fahrzeuge pro Jahr gewesen.

Heute ist Düsseldorf das zentrale Transporterwerk der Daimler-Benz AG. Zugleich werden Kleinomnibusse von 14 bis 26 Sitzen hergestellt. Die universellen Fahrgestelle mit Spezialaufbauten sind „Renner" auf dem Markt. Vom Wohnmobil bis zum Geldtransporter. Es gibt über 5000 Sonderausstattungen. Über 50% der Produktion werden exportiert.

Aus Düsseldorf kommt auch nahezu die gesamte Lenkungsfertigung. Seit 1986 haben alle Pkw serienmäßig Servolenkung. Mercedes-Benz-Lenkgetriebe sind technologische Spitzenprodukte.

Das Werk beschäftigt zirka 6000 Mitarbeiter.

**Werk Bad Homburg**

Das Werk Bad Homburg, ehemals der „Horex" gehörend, einer Motorradfabrik, produziert seit 1960 Motorensteuerungsteile und beliefert damit die Motorenwerke Untertürkheim, Mannheim, Gaggenau und Berlin sowie die zentralen Ersatzteillager Mettingen und Wörth.

Für die Aktivitäten auf dem Gebiet der Strahlturbinen und der schnellaufenden Dieselmotoren – bis 5000 PS – der neu erworbenen Motoren- und Turbinen-Union, München und Friedrichshafen, liefert ebenfalls das Werk Bad Homburg die speziellen Motorensteuerungsteile.

Das Werk beschäftigt 893 Mitarbeiter.

# 12

# Daimler-Benz heute

## Das Auto hat Geburtstag (1886–1986)

Das erste Kraftfahrzeug von Daimler, das erste von Benz: das war 1886. Stand am Anfang je ein Kraftfahrzeug von Daimler und Benz, so steht nach 100 Jahren ein Hochtechnologie-Konzern mit einem Umsatz 1986 von über 60 Mrd. DM und ca. 300 000 Beschäftigten im In- und Ausland. Standen am Anfang dieser Geschichte zwei einfache, zuverlässige Fahrzeuge, die praktisch nicht verkäuflich waren, so steht heute ein gigantisches Unternehmen.

Noch einmal zurück zum Anfang, zu den Erfindern. Daß wirkliche oder angebliche Erfinder wie Marcus oder Reithmann vorher mit Autos gefahren sind oder den kleinen, schnellaufenden Viertakter erfunden haben sollen, ist eine Behauptung, die sich bisher nicht beweisen ließ. Das trifft auch auf die angeblichen ausländischen Erfinder zu. Die Behauptung, das Auto vor Daimler und Benz erfunden zu haben, wird sich auch nicht beweisen lassen.

Was für eine großartige, aber auch verantwortungsschwere Legitimation. Ist es ein Geschenk der Geschichte an eine heute weltberühmte, weltweite Autofirma? Keineswegs. Wenn Daimler-Benz seinen Werde- oder Entwicklungsgang wahrheitsgemäß auf das erste Auto zurückführt, so ist dafür nicht nur die Geschichte und Tradition der Grund, sondern auch der Fleiß und das Ingenium der Erfinder, die weitsichtig an mehr als drei Generationen von Leitern, Ingenieuren, Mechanikern und Facharbeitern weitergegeben wurden, von den Alten an die Jungen, immer unter dem Daimler-Motto „Das Beste oder nichts".

Oder mit den Worten des ehemaligen Generaldirektors Kissel (1926–1942) „Masse spricht für sich selbst. Klasse bedarf des dauernden Leistungsbeweises." Damals gab es noch eine große Zahl anderer Autofabriken, auf die dieses Diktum gemünzt war.

Wir haben Beispiele aufgezeigt, wo der alte Benz wie der alte Daimler sich weigerten, Erzeugnisse an kauflustige Kunden zu verkaufen, die sie für nicht ausgereift hielten. Erinnernswert jene Szene, in der Benz sein erstes Vehikel „mit Fleiß" zum Bocken bringt, so daß der Käufer, an der einen Hand sein Weib, in der anderen den Koffer, entsetzt die Flucht ergreift.

Diese Schwaben, Alemannen, Rheinfranken sind nicht besser als andere deutsche Stämme, mit denen sie so vieles gemeinsam haben. Sie sind nur in manchen Punkten anders. Hier im Süddeutschen, wenn man Badener und Württemberger (nach der staatlichen Einteilung), also den in Schorndorf geborenen Daimler, den in Heilbronn geborenen Maybach und den Karlsruher Benz als Süddeutsche in diesem Sinn bezeichnen darf, wird Pünktlichkeit oft zur Pedanterie, Frömmigkeit zum Sektierertum, feinmechanische Begabung zur Tüftelei. „Spinner" und „Spintisierer" waren gebräuchliche, landesübliche Bezeichnungen für die ersten Automechaniker; Bezeichnungen, die diese nicht übelnahmen.

Solch besondere Begabungen wie Benz, Daimler und Maybach gedeihen auf fremdem Boden nicht. Das ist keine blasse Theorie, das kann man belegen. Von Daimler weiß man, daß seine Art den Deutzern nicht zusagte. Auch Maybach vertrug sich nicht mit dem dortigen Menschenschlag. In Deutz war man froh, als das „Schwabennest" auszog oder ausflog. Andererseits fühlten sich Daimler und Maybach in Cannstatt wohl. Sie waren zwar in aller Welt auf Ausstellungen und Konferenzen mit Industriebetrieben zu Hause; sie sprachen französisch und englisch mit ihren Interessenten oder Kunden; aber sie kehrten immer wieder zurück wie jene griechische Sagengestalt, die aus der Berührung mit der Heimaterde neue Kraft schöpfte. Auch ihren Ruhesitz fanden sie an dieser Stelle. Wer darüber lächelt, beweist nur, daß er die Saga vom Auto nicht „erfahren" hat. Am und im Automobil ist so viel Mythisches, für den Verstand Unverständliches, zugleich so viel „Opfer“mut und „Opfer“tod, daß die angeblich selbstverständlichen Dinge unwirklich werden.

Wiewohl technischer Natur, ist das Auto auch eine Quelle irrationaler Emotionen. Die Automobilfabrikanten, ihre Ingenieure und Designer könnten davon ein Lied singen.

Benz ist aus Wien, wo er eine Stellung bei einer großen Eisenkonstruktionsfirma annahm, nach vier Wochen unverrichteter Dinge zurückgekehrt. Daimler lockten günstige Sonderangebote und Möglichkeiten in Rußland nicht, dem Wilhelm Maybach macht nach „Jellinek-Mercedes“ 1899 Vater Jellinek eine Sonderofferte, die sich hören läßt. Er, Maybach, sei der Mann des Benzinmotors und des Automobils. Er, Jellinek, der Mann der Organisation und des Vertriebs. Er, Jellinek, wisse, wie man erfolgreich Geschäfte mache. Maybach sei ein Genie der technischen Konstruktionen. Zusammen seien sie nicht zu schlagen. Eine Fabrik in Paris, ein Zehnjahresvertrag, hunderttausend Goldfranken Jahresgehalt und Gewinnanteile unter Bürgschaft von Crédit Lyonnais. Was dagegen ist Cannstatt? Aber Maybach will nicht. Er will im Lande bleiben. So kann man sagen, daß Erfindung, Standort und Idee des Autos zuerst landschaftsbezogen waren.

Es ist das Land an Neckar, Rhein und Bodensee, das diesen Gründungen wie beim Wein, das besondere „Bodengefährtle“ mitgab, es ist der Menschenschlag, dem Fleiß und handwerkliche Tüchtigkeit nachgerühmt wurden, und es ist endlich ein patriarchalischer Zug in den Gründergestalten Daimler und Benz, welche die Härte des Kampfes zwischen Kapital und Arbeit nicht so klirrend scharf austragen ließ. Noch heute kann man fragen, wo die Arbeiter ihre Arbeit finden. Man wird sie sagen hören: „Ich schaff' beim Daimler“ oder „Ich schaff' beim Benz“, eine Auskunft, die ebenso Stolz wie Zuversicht ausdrückt. Gewissermaßen sind diese Namen Gütesiegel.

In den Wirren der ersten Gesellschaftsjahre um 1900 war vom Standortwechsel nach Ettlingen oder auch an andere Orte die Rede. Es blieb bei Untertürkheim. Und so ist es auch kein Zufall, daß eine der ersten und größten Zulieferfirmen, die Firma Robert Bosch GmbH war und blieb. Und als der geniale Konstrukteur Porsche, der der Daimler-Gesellschaft als Konstrukteur diente, diese Firma verließ, gründete er einige Zeit später sein Werk letztlich in Stuttgart-Zuffenhausen.

Das hat nichts mit Lokalpatriotismus zu tun. Die Leiter der Daimler-Benz AG sind weltläufige Leute. Auch anderswo werden gute Autos gebaut. Nur eben nicht solche, wie es der Mercedes ist. Es ist ein Höchstmaß von Übereinstimmung aller Teile, es ist die innere Harmonie, die diesem Auto seinen weltweiten Ruf verschafft hat. Und es ist der gute Stern, der diesem Werk seinen Weg weist trotz Trümmer und totaler Zerstörung. Nach zwei Weltkriegen war es jedesmal die Marke Mercedes-Benz, die in den Rennen und Leistungsprüfungen aufhorchen ließ. Es ist eine Marke, die heute mit Pkws und Nutzfahrzeugen in über 170 Ländern dieser Erde präsent ist.

Auch wenn heute in Zeitungen und Zeitschriften mit der Schaffung des neuen Großkonzerns „von den Schwaben“ die Rede ist, so handelt es sich hier nur darum, daß man als Stammsitz Stuttgart nennt. Jeder weiß, daß die ehemaligen Stämme und Stammeslande längst durcheinander gewirbelt worden sind. Heute sind Fachleute aus aller Herren Lande tätig, wertvolle Menschen, deren Ingenium und Fleiß vieles zu verdanken ist.

Ein weiter, langer, manchmal schwieriger Weg. Doch immer wieder und so auch heute: ein erfolgreicher Weg. Er beginnt, wir haben es im Buch auf den ersten Seiten miterlebt, mit den ersten schnellaufenden Motoren bei Daimler im Reitrad, der Kutsche, im Boot, in Straßen- und Eisenbahnen und in den ersten Luftschiffen.

Bei Benz ist von vornherein die Idee des Autos, zuerst auf drei, dann auf vier Rädern, dominant. Keiner von beiden verkauft in der ersten Zeit auch nur ein Stück dieser unnützen Vehikel – es gibt doch Pferde! Daimler gelingt es, mit seinen Motoren in Frankreich Fuß zu fassen.

Der Aufschwung beider Firmen trotz der verheerenden Folgen des Ersten Weltkriegs, die Fusion der beiden, die das erste serienreife, funktionierende Automobil konstruierten, der Wettkampf zwischen der dominierenden Bahn und dem Auto, der in den Schicksalsjahren vor dem Zweiten Weltkrieg durch die Konstruktion und Benützung der Autobahnen, aber auch durch die Flächenbedienung des „Selbstbewegers“ zugunsten des Autos ausging, das alles ist in der hundertjährigen Geschichte des Autos enthalten.

Doch da taucht auch schon die Frage auf: Wie geht es weiter? Hier sollte man nicht vergessen, daß die Erfinderfirma Daimler-Benz auf diese Frage in all den Jahren des Bestehens immer eine Antwort gegeben hat. Diese Antwort ist ebenso konservativ wie modern: Sie hat Gottlieb Daimler formuliert in dem Anspruch nach höchster Qualität: Das Beste oder nichts.

So verläßt auch heute kein Erzeugnis die Werkstätten von Daimler-Benz, das nicht in jedem Fertigungszustand mit den modernsten Mitteln geprüft und kontrolliert worden ist.

Darüber hinaus werden stichprobenweise, aber in einem nicht bekanntgegebenen Turnus von Kontrolleuren Prüfungen der Werkstücke vorgenommen. Die Mitarbeiter sehen darin eine Selbstverständlichkeit.

Eine zweite, große, Daimler besonders wichtige Richtlinie, die er nie aus den Augen verlor, lautete: Daimler zu Lande, zu Wasser und in der Luft. Dieser „Dreifaltigkeitsgedanke“ Daimlers ist zum Jubiläumsjahr in überraschend großartiger Weise wieder wahr geworden.

Auch für Karl Benz war Qualität etwas Selbstverständliches. Wir erinnern uns, wie er einem der ersten Käufer einen Mangel seines Fabrikats so drastisch vorführte, daß der Käufer voller Entsetzen die Flucht ergriff. Der Fortschritt, ein Wort heute oft mit Häme behängt, ist ein Gedanke, der mit der Technik und mit der Zivilisation einhergeht. Technik zerstöre die Natur, sie sei die Quelle

S-EV 4949

300 E
A HA 175

*Mercedes-Benz 190 E 2.3-16. Die sportliche Version der Mercedes-Kompaktklasse.*

1

*1 Der neue Mercedes-Benz 190 D/190 D 2.5 ist mit seiner kompletten Triebwerkkapselung einer der leisesten Diesel-Pkw auf dem Markt.*

*2 Der 300 SL Roadster.*

2

der Umweltverschmutzung, erschöpfe die irdischen Vorräte und bringe uns letztlich mit Atomraketen und Neutronenbomben die völlige Zerstörung und den Untergang. Daran ist nur so viel wahr, daß es der Mensch ist, in dessen Wille und Hand es liegt, diesen Prozeß umzukehren und zu verwandeln.

Wenn dem Fortschritt die Perfektion, der Drang zu immerwährender Verbesserung eines technischen Produkts entspricht, so der Qualität das ständig zunehmende Bemühen, bei größter Wirksamkeit des Produkts den kleinsten Schaden in der Umwelt anzurichten.

Ausgelöst hat diese Erkenntnis die zunehmende Verschlechterung des Erdbodens, die Verschmutzung der Luft und des Wassers. Die Natur antwortete mit der Erscheinung des Waldsterbens, mit der Vergiftung der Quellen und des Trinkwassers und mit Teichen und Seen, die kein Leben mehr enthalten.

Wiewohl der Anteil der Autoabgase an diesen Verwüstungen der Höhe nach bisher nicht nachgewiesen ist, so hat sich doch die Autoindustrie und hier vor allem Daimler-Benz veranlaßt gesehen, ihre Erfahrungen mit den bekanntlich sehr hohen Entgiftungsansprüchen der USA, was Auspuffgase betrifft, in den deutschen Markt einzubringen. Von sofort an ist die ganze Palette der neuen Typen, die anschließend vorgestellt wird, mit Katalysatoren lieferbar.

Schon vor der neuen Serie war Daimler-Benz bemüht, die Motoren bei hoher Leistung so sparsam wie möglich, so unschädlich wie erreichbar auszulegen. Dies beweist auch die Auflage einer neuen Dieselserie in drei Variationen, die die Firma selbst als „von Grund auf neu“ mit einer Vielzahl von erstaunlichen Eigenschaften als neue Generation beschreibt.

Doch bevor das neue, umweltfreundliche Personenwagenprogramm vorgestellt werden soll, eine kurze historische Vorbemerkung zum Spitzenfabrikat von Mercedes-Benz, dem Flaggschiff, das fast jede Autofirma als Topleistung führt. Viele Menschen halten diese Höchstleistung für etwas im Grunde Unnötiges, für eine Art Luxuskarosse, die entbehrlich wäre. Sie sind erstaunt, wenn sie hören, daß dieses Fabrikat tatsächlich ebenso ernsthaft wie dringend gebraucht wird.

## Von der Staatskarosse zum Flaggschiff

Sowohl Benz wie Daimler spürten das Bedürfnis, repräsentative Wagen zu schaffen, Wagen, die zu Ende des letzten und zu Beginn dieses Jahrhunderts mit den Herrschaftswagen und den Staatskarossen mithalten sollten. Solch einem großartigen, aufgeputzten Fahrzeug, das mit dem zylinderbewehrten Kutscher auf hohem Bock, den brennenden Fackeln zur Seite und dem stehenden Diener dahinter, vier-, manchmal achtspännig vorbeirasselte, diesem beeindruckenden Schauspiel mußte man etwas entgegensetzen, wenn man die Straßen erobern wollte.

Ringsum ruhet die Stadt;
still wird die erleuchtete Gasse,
Und mit Fackeln geschmückt,
rauschen die Wagen hinweg.

(Hölderlin „Brot und Wein“, 1801)

Heute ist die Pferdekutsche eine nostalgische Rarität, wenn sie weiß gestrichen für romantische Hochzeitspaare vom Brauthaus zur Kirche fährt.

Autobahnen, städtische Straßen, Landstraßen sind angefüllt mit Gebrumm und Tosen von Millionen Motorfahrzeugen, alles Enkel aus Daimlers und Benzens Hand.

Heute dominiert der Geruch von verbranntem Benzin oder Dieselöl auf der Straße. Damals waren der Dunst der schwitzenden Pferdeleiber, der Duft des Ledergeschirrs, des Hafers, ja, der Roßäpfel, der Leitgeruch des ausgehenden Jahrhunderts auf der Straße.

Bald gibt es keinen mehr, der den Klang der eisenbeschlagenen Hufe auf den Pflastersteinen, das Geklirr des Pferdegeschirrs, das Schnauben der wartenden Rösser an den Krippen oder Haferbeuteln im Ohr hat.

Doch genug mit nostalgischen Bildern. Die Vergangenheit war keine heile Welt. Hunger und Armut gab es wie heute, das soziale Sicherheitsnetz war damals recht lückenhaft. Doch immer ist die Vergangenheit vergoldet.

Seit diesen anderen Sinneseindrücken haben wir uns verändert, hat sich die Welt verändert. Die spürbare Hektik, die Zunahme der Geschwindigkeit in allen Bereichen, vor allem in der Arbeitsleistung, steigerte sich proportional mit der Geschwindigkeit der Kraftwagen, später der Flugzeuge, der künstlichen Satelliten.

Aus dieser Beschleunigung entstanden die Großstädte, die Industriereviere, die Ballungszentren. Den Anfang hatte 1835 die Eisenbahn gemacht. Sie hatte auf den großen Transversalen die Warenzüge, die pferdebespannten, die Schiffszüge entlang dem Treidelweg beseitigt. Doch das flache Land zu erobern, die engmaschige Verknüpfung herzustellen, das hatten Daimler und Benz mit den Autos bewirkt. Sie hatten die individuelle Freiheit, die Freizügigkeit im eigentlichen Sinn für jedermann ermöglicht. Das war ein entschiedener Fortschritt. Aber auch der Nachteile sind wir uns bewußt.

Zurück zur Repräsentation! Den fackelgeschmückten, rauschenden Staatskarossen stellte Daimler schon 1903 eine Großlimousine mit einem 9,2-Liter-60-PS-Motor entgegen; ihr folgte der 90-PS-Wagen, von dem die meisten Exemplare damals beim Fabrikbrand zerstört wurden.

Besonderem Repräsentationswillen aber entsprang der 1906 von Benz konstruierte Prinz-Heinrich-Wagen, dessen Design bestechend war.

Mit der steilen Zunahme der Wirtschaftskraft in den 30er Jahren wuchs das Bedürfnis nach einem „großen Mercedes“. Es ist der erste Typ 1930, ein Achtzylinder von 7,7 Liter mit 150 PS oder mit Kompressor 200 PS und einem zweiten repräsentativen Typ 1938 mit Schwingachsfahrgestell und 155/230 PS!

Der dritte „große Mercedes“ war der Typ 600 lang, 250 PS, von 1963. Erst im Juni 1981, nach einer 18jährigen Produktionszeit, verließ der letzte von insgesamt 2677 in Einzelfertigung gebauten Mercedes-Benz 600 das Daimler-Werk in Sindelfingen.

Nach der offiziellen Beschreibung handelte es sich um „eine Verbindung von großzügiger Repräsentation mit einer technischen Ausstattung, die in ihrer Vollständigkeit, Reife und Fortschrittlichkeit ihresgleichen sucht. Bei der Formgebung wurde auf modische Einflüsse zugunsten einer Eleganz verzichtet, deren souveräne Ruhe zeitlos ist“. Dieses Flaggschiff der Mercedes-Benz-Flotte übertraf in Form, Ausstattung und Fahrverhalten auch die größten amerikanischen Straßenkreuzer. Aber auch Flaggschiffe altern und werden zu historischen Konstruktionen. Insoweit sind sie doch nicht ganz zeitlos.

Das neue Flaggschiff heißt 560 SEL oder als Coupé 560 SEC. Von 5,0 Liter ist das V8-Leichtmetalltriebwerk auf 5,6 Liter Hubraum vergrößert worden; die Kraft ist sofort spürbar, wenn man das Gaspedal betätigt. Durch eine neue, souveräne Federdämpferabstimmung, durch die vor allen Dingen kleine Fahrbahnunebenheiten überhaupt nicht mehr empfunden werden, befindet man sich in einer Art Schwebezustand. Wenn es den bekannten Ausspruch gibt, daß Fliegen schöner sei, so scheint es bei dem außerordentlichen Komfort und den besonderen Erleichterungen des Fahrens vielleicht gerecht, zu sagen, daß das Fahren mit diesem Flaggschiff mindestens so schön sei wie das Fliegen.

## Vorstellung der neuen Mercedes-Klassen

Die Zunahme der Wirtschaftskraft seit 1948 entsprach einem langsam wachsenden, gediegenen Wohlstand in breiten Schichten der Bevölkerung. Das Auto war allmählich, diese Feststellung allerdings betrifft den Menschen und weniger das Auto, zu einem Statussymbol geworden. Das Auto ist als Werkzeug weder gut noch böse. Entscheidend ist, was die Menschen daraus machen. Töricht ist deshalb, wer das Auto von vornherein verketzert.

Übrigens muß man wohl unterscheiden zwischen Image und Statussymbol. Das Statussymbol sagt aus: Ich bin als junger Mann zum Beispiel jetzt so weit, daß ich mir einen Wagen leisten kann. Je höher mein Einkommen, je höher die Klasse. Wenn sich dieser Mann einen Mercedes kaufen kann, so hat er automatisch an dem Image der Firma teil, das zu den höchsten Fahrzeugimages in Deutschland und der Welt zählt. Das Image bedeutet Qualität, Zuverlässigkeit und hohen Wiederverkaufswert. Daß es auch Komfort und Schönheit beinhaltet, ist ein zusätzlicher Vorteil. Auf das Design kommen wir noch zu sprechen.

Nach diesen Prinzipien sind auch die neuen Typen, die jetzt vorgestellt werden, konzipiert.

## Die Kompaktklasse

Die Kompaktklasse, die einen deutlichen Einschnitt in der bisherigen Personenwagenproduktion darstellt, begann mit der Vorstellung des in der Presse sogenannten „kleinen Mercedes“ 1982/83. Firmenintern hieß er Baureihe W 201! Die Benziner-Modelle sind: 190 77 kW (105 PS), 190 E 90 kW (122 PS), 190 E 2.6 122 kW (166 PS).

Die Öffentlichkeit, die besonders auf diesen neuen Typ gespannt war, beobachtete die ersten Auftritte dieser neuen Klasse mit Skepsis. „Wie? Dieses Heck? Und innen muß es ziemlich eng zugehen.“ Nichts davon traf zu. Nach kurzem Zögern setzte allgemeine Zustimmung ein; die Produktion konnte dem Kaufansturm kaum nachkommen, und – was das sicherste Zeichen für den Erfolg war: man ahmte nach.

Es blieb nicht bei dem 190 und 190 E (E = Einspritzer). Zugleich kam in dieser sogenannten Kompaktklasse der Diesel-Typ 190 D (53 kW = 72 PS) dazu, ihm folgte das Diesel-Spitzenmodell mit 2,5-Liter-Fünfzylindermotor, serienmäßig mit Fünfganggetriebe (66 kW = 90 PS). Der Dieseltyp, steuerlich begünstigt, weil umweltfreundlich, zeigt eine besondere Note, weil er nicht „nagelt“. Man hat durch eine besondere Triebwerkeinkapselung erreicht, daß der Motorlauf im Geräusch dem der Benziner gleichkommt. Die Raumlenker-Hinterachse, die übrigens auch bei der gesamten Kompaktklasse, also auch bei 190, 190 E vorhanden ist, diese neue Achse gewährt höchste Fahrsicherheit.

Zur Kompaktklasse zählt auch inzwischen der bekannte 16-Ventiler (190 E 2.3-16, 136 kW = 185 PS). Es ist eine sportliche Version dieser Kompaktklasse. Auch sie mit der Raumlenker-Hinterachse.

## Die mittlere Mercedes-Klasse

Die mittlere Mercedes-Klasse stuft sich über den Benziner, Typ 200, über 230 E, 260 E bis zum 300 E. Diese Klasse kann man als Kernstück des Mercedes-Programms bezeichnen. Auch sie ist mit der Raumlenker-Hinterachse ausgestattet. Es ist der geräumige Wagen für die Familie, aber auch für den Beruf, vor allem für Menschen, die täglich auf Reisen sind. „Da kann man“, sagt der Vertriebsleiter eines großen Verlags, „keinen Kleinwagen fahren. Ich brauche ein richtiges Auto.“ Es stimmt; für ihn ist es das richtige Auto.

Die mittlere Mercedes-Klasse führt drei Dieselmodelle. Neu ist hier das Vierzylinder-(200)-Triebwerk, 53 kW (72 PS), ein Fünf- und ein Sechszylinder-Triebwerk (250 D, 66 kW [90PS] und 300 D, 80 kW [109 PS]). Die lange Lebensdauer des Mercedes-Diesel, die neue Geräuscharmut – erreicht durch Verkapselung des Triebwerks – und die Umweltfreundlichkeit zusammen mit der Ökonomie des Dieselbetriebs verbürgen ein angenehmes, sicheres Fahren. Eine Taxifahrerin sagte: „Manche Autos geben in meinem Beruf schon bei 100 000 Fahrkilometern den Geist auf. Diese hier bringen es bei guter Behandlung oft ohne größere Reparatur auf das Dreifache."

Die neue T-Reihe zeigt schon in ihrem äußeren Erscheinungsbild als Kombi, wofür sie entworfen wurde. Sport und Spiel, Freizeit und Urlaub, aber auch Beruf und Nutzung. Unter ihren drei Diesel-Versionen, 200 TD (53 kW = 72 PS), 250 TD (66 kW = 90 PS), 300 TD Turbo (105 kW = 143 PS), befindet sich auch ein Turbo.

Die T-Serie wird ergänzt durch drei Benziner: 200 T (80 kW = 109 PS), 230 TE (100 kW = 136 PS), 300 TE (138 kW = 188 PS).

## Leitbild

Für das neue Programm der S-Klasse übernehmen wir gerne die firmeneigenen Schlagworte: Leitbild in Leistung und Linie. Bei dieser neuen Präsentation werden die schon bekannten Typen der sechs Jahre alten S-Klasse auf den neuesten Stand gebracht und um einige neue Typen – zum Beispiel das sogenannte Flaggschiff – erweitert.

Es handelt sich um die Sechs- und Achtzylinder-Modelle 260 SE (122 kW = 166 PS), 300 SE/SEL (138 kW = 188 PS), 420 SE/SEL (160 kW = 218 PS), 500 SE/SEL (180 kW = 245 PS), 560 SEL (200 kW = 272 PS).

Dazu kommen die Coupés dieser Klasse in den drei Varianten 420 SEC, 500 SEC, 560 SEC mit den oben angeführten Daten entsprechender Leistung. „Die schönste Form des Mercedes-Fahrens!"

Die seit 1971 zur Verfügung stehenden Roadster erbringen als 300 SL, 420 SL und 500 SL jeweils die zu diesen Zahlen oben bei den 6- und 8-Zylinder-Modellen angegebene Leistung.

Sämtliche Modelle sind für Nachrüstung oder Katalysator vorgesehen. Soviel zu den neuen Mercedes-Klassen.

Bei dieser Darstellung darf besonders der Nutzfahrzeugbereich, auf den wir hier noch einmal zu sprechen kommen, nicht vergessen werden. Er erbringt nahezu die Hälfte des Umsatzes der Automobilproduktion und stellt insofern ein wichtiges, zweites Bein der Firma dar.

## Wie alle Premieren

Premieren sind eine außerordentlich interessante, aber auch gefährliche Unternehmung. Die großen Intendanten der Schauspiel- und Opernhäuser starren gespannt vom Regisseur über die männlichen und weiblichen Stars bis herunter zum kleinen Requisiteur, wie sich die Produktion verkauft, das heißt beim Publikum ankommt. Ein Mißerfolg, ein Verriß kann das Ende einer großen Karriere bedeuten.

Nicht ganz so, aber in manchem ähnlich, ist es auch bei den großen Firmen, die die neuen Produkte anbieten oder anbieten müssen, weil sie zu Recht der Meinung sind, daß ihre Produkte durch Zeit und Fortschritt der Technik veralten.

So ist es auch bei Daimler-Benz, freilich nicht so, wie es bei den großen Bühnen zugeht. Es gibt da gewisse Unterschiede, gewaltige Unterschiede. So hat zum Beispiel Daimler-Benz mit seiner Kompaktserie einmal einen Vorstoß unternommen, um zu sehen, wie eine solche neue Konstruktion ankommt. Das war nicht von vornherein sicher, wie wir wissen. Aber die Käufer haben nach kurzem Zögern zugegriffen, und schon vor der Hauptversammlung im Juni 1985 war klar, daß die Kompaktserie ein großer Erfolg werden würde. In der Hauptversammlung und später in der 51. Internationalen Automobil-Ausstellung 1985 wurden schon die neuen Klassen von Mercedes vorgestellt, und auch sie erfüllten voll das Ziel der Firma. Es gab so viele Käufer, daß man die Nachfrage kaum befriedigen konnte. Ein großes Lob für die hervorragenden Designer der Firma. Auch diesmal waren sie wieder erfolgreich.

Auch die Finanzsituation der Firma konnte wieder, wie in den vergangenen Jahren, als ungewöhnlich günstig dargestellt werden, und die Tatsache, daß auch die Presse anerkannte, daß Daimler-Benz mit seinen Produkten in der Welt führend ist, trug dazu bei, den Optimismus des Vorstandes, des Aufsichtsrates und der ganzen Vollversammlung zu stärken.

Doch dieser hohe Level ist keineswegs ein Polster zum Ausruhen. Der Vorstandsvorsitzende sagte es in der Hauptversammlung am 3. Juli 1985 sehr deutlich: „Mengensteigerungen gehen bei uns nicht auf Kosten der Qualität des Produktes oder gar der Betreuung. Schon vom Markt her ist eine Imageschädigung durch Verlust der Exklusivität zwar kaum zu sehen, beträgt er doch für USA heute 0,8%, in Westeuropa außer der BRD 1,2%."

Dies gilt auch für den schwierigeren, weil zum Teil stagnierenden Nutzfahrzeugbau im In- und Ausland, der aber ebenfalls in weiter Sicht zukunftsträchtig ist. Noch ein Wort zu einer Bedrohung, die vielleicht einen Schatten auf diese günstigen Aussichten werfen könnte. Es geht um die Abgasreinigungstechnik. Hier gibt es eine starke Gruppe von Verfechtern der Theorie einer generellen Geschwindigkeitsbegrenzung in Deutschland. Das freilich würde nur gewissen außereuropäischen Billiganbietern von Massenware helfen. Richtiger ist es sicher, die Reinigungstechnik immer effektiver zu machen, wie es Daimler-Benz getan hat.

Im Jubiläumsjahr wird die neueste Abgastechnik bei allen Benzin-Modellen verfügbar sein. Damit steht das Automobilangebot an führender Stelle – weltweit.

## Neue Märkte Innovationsschub

Diese sichere Spitzenposition erlaubte es, unter Beibehaltung, Pflege und ständiger Perfektionierung des angestammten Automobilbaues als nach wie vor bleibendem Schwerpunkt der Firma nach neuen Ufern Ausschau zu halten. Auch hier ist die Firma einem nur schlummernden Gedanken Gottlieb Daimlers gefolgt, der nie aufgegeben, aber immer wieder, vor allem durch den Ausgang der beiden Weltkriege, unterdrückt worden ist. Es geht um den Grundgedanken Gottlieb Daimlers, der hier – weiter blickend als der gleichzeitig erfindende Karl Benz – die Losung ausgab:

zu Lande, zu Wasser und in der Luft.

Es war gleichzeitig die Deutung des dreistrahligen Mercedes-Sterns.

Hier denkt man an den Einsatz des Daimler-Maybach-Schnelläufers in Kraftwagen und Eisenbahnen, in ersten Motorbooten und in den frühen Luftfahrzeugen wie Ballonen, Parsevals, Zeppelinen und Flugzeugen.

Daimlers Gedanke war es, sich an den anderen neuen Verkehrstechniken zu beteiligen, jeweils zum Nutzen des neuen Verkehrsmittels. Inzwischen haben die nimmermüden Ingenieure neue Verkehrsräume entdeckt. Seit dem ersten Sputnik-Unternehmen, der Mondlandungen der Amerikaner und einiger weiterer Länder, die sich der Raumfahrttechnik widmen, gibt es, und nicht nur in der Raumfahrt, das Gebiet der Hochtechnologie, wozu auch besonders das weite Feld der Spezialelektronik zählt, das bis in die Medizin reicht.

## Der große Sprung in den Hochtechnologiekonzern

Da fielen den Automobilbauern aus Stuttgart-Untertürkheim beim Ausschauhalten zwei Firmen auf, zu denen sie teils in enger Beziehung waren, wie bei MTU, teils wie bei Dornier, „eine sinnvolle Ergänzung der bisherigen Aufgabengebiete“ von Daimler-Benz erblickten.

Wie sich aus der Tabelle Beteiligungsgesellschaften ergibt, waren die Motoren- und Turbinen-Union (MTU) München und Friedrichshafen schon zu Teilen bei Daimler-Benz. Anfang 1985 kaufte Daimler-Benz von MAN (Maschinenfabrik Augsburg-Nürnberg) die zweite Hälfte von MTU München. Wenige Monate später erwarb Daimler-Benz die Mehrheitsbeteiligung bei Dornier, Friedrichshafen.

Dafür gab es Gründe. Einmal die Fortsetzung des qualitativen Wachstums im Automobilbau durch die Hinzufügung neuer Techniken, zum zweiten führt dieser Weg zu neuen Ufern, das heißt neuen, großen Märkten, und zu einer neuen Zukunft. Im Falle der MTU geht und ging es um Antriebssysteme im Sinne Gottlieb Daimlers „Dreifaltigkeitstheorie“, jedoch in völlig neuen Techniken.

Im Falle Dornier gewinnt Daimler-Benz Anschluß an den Flugzeugbau, an die Raumfahrt, an die Informations- und Umwelttechnik. Auch die Entwicklung neuer Werkstoffe ist wichtig bei MTU wie Dornier für die Autofirma Daimler-Benz.

Dabei verspricht Daimler-Benz die eigenständige Zukunft für beide Großfirmen. MTU hat jetzt auch aus dem ITT-Konzern die L'Orange GmbH übernommen, eine Firma für Einspritzgeräte. Wir erinnern uns an den Namen L'Orange aus der Entwicklungsgeschichte des Diesels.

Inzwischen hat auch eine Fusion zwischen Daimler-Benz und AEG stattgefunden. Mit über 60 Milliarden Umsatz ist Daimler-Benz dadurch der größte deutsche Industriekonzern geworden.

Diese Tochterfirmen stärken die hohe Daimler-Benz-Position weiter. Ausgehend davon, daß Daimler-Benz über seine ganze Angebotspalette auf den Märkten „derzeit technisch führend“ ist, kann man sicherlich annehmen, daß das Jubiläumsjahr 1986 auch ein Jubeljahr für die Leitung, die Mitarbeiter und die Aktionäre ist. Dazu kann man nur gratulieren.

Die Erschließung neuer, großer Märkte mit frischen Ideen und Produkten wird gewiß unserer Volkswirtschaft im ganzen zugute kommen.

Daimler-Benz wird mit fortschrittlicher Technik bei strenger Beachtung humaner Aspekte selbstbewußt und kraftvoll in das kommende Jahrtausend eintreten.

*Bild auf der nächsten Seite: Der 560 SEC.*

S HV 9814

## Konzerngesellschaften

### Inland

**Holzindustrie Bruchsal GmbH Bruchsal**
DM 10.000.000.–
Bet. 100%

**Maschinenfabrik Esslingen AG Esslingen a. N.**
DM 42.515.000.–
Bet. 97,1%

**Hanomag-Henschel GmbH Hannover**
DM 4.000.000.–
Bet. 100%

**Industriehandel Handels- und Industrieausrüstungsgesellschaft mbH Stuttgart**
DM 5.000.000.–
Bet. 100%

**Mercedes-Leasing-GmbH Stuttgart**
DM 40.000.000.–
Bet. 100%

**Daimler-Benz-Wohnungsbau GmbH Stuttgart**
DM 26.000.000.–
Bet. 100%

### Ausland

**Daimler-Benz of North America Holding Company, Inc. New York/USA**
US $ 35.932.628.–
(DM 113,1 Mill.)
Bet. 100%

**Mercedes-Benz of North America, Inc. Montvale, N.J./USA**
US $ 60.000.000.–
(DM 188,9 Mill.)
Bet. 100%

**Mercedes-Benz Canada, Inc. Toronto/Kanada**
Can. $ 5.000.000.–
(DM 11,9 Mill.)
Bet. 100%

**Freightliner Corp. Portland, Oregon/USA**
US $ 180.000.000.–
(DM 566,6 Mill.)
Bet. 100%

**Mercedes-Benz Credit Corp. Norwalk, Connecticut/USA**
US $ 60.013.700.–
(DM 188,9 Mill.)
Bet. 83%

**Mercedes-Benz Argentina S.A. Buenos Aires/Argentinien**
$ a 252.952.564.–
(DM 4,4 Mill.)
Bet. 100%

**Mercedes-Benz España S.A. Madrid/Spanien**
Ptas. 15.638.314.000.–
(DM 283,8 Mill.)
Bet. 64,2%

**Mercedes-Benz (Australia) Pty. Ltd. Mulgrave, Melbourne/Australien**
A$ 20.000.000.–
(DM 52,0 Mill.) Bet. 100%

**Mercedes-Benz Hellas S.A. Athen/Griechenland**
Dr. 800.000.000.–
(DM 19,6 Mill.)
Bet. 100%

**Mercedes-Benz do Brasil S.A. São Bernardo do Campo/Brasilien**
Cr $ 880.000.000.000
(DM 869,7 Mill.) Bet. 100%

**Sociedade Técnica de Fundições Gerais S.A. (SOFUNGE) São Paulo/Brasilien**
Cr $ 12.000.000.000
(DM 11,9 Mill.) Bet. 100%

**Mercedes-Benz of South Africa (Pty.) Ltd. Pretoria/Republik Südafrika**
R 2.500.000.–
(DM 4,0 Mill.)
Bet. 50,1%

**Car Distributors Assembly (Pty.) Ltd. (CDA) East London/Republik Südafrika**
R 256.000.–
(DM 0,4 Mill.)
Bet. 100%

**Mercedes-Benz Italia S.p.A. Rom/Italien**
Lit. 65.000.000.000
(DM 105,8 Mill.)
Bet. 88,5%

**Mercedes-Benz (United Kingdom) Ltd. Milton Keynes/Großbritannien**
£ 30.000.000.–
(DM 109,7 Mill.)
Bet. 100%

**SOFIDEL S.A. Rocquencourt/Frankreich**
FF 90.000.000.–
(DM 29,4 Mill.)
Bet. 99,5%

**Daimler-Benz Holding Belgium S.A./N.V. Brüssel/Belgien**
bfrs. 2.420.000.000.–
(DM 120,8 Mill.)
Bet. 100%

**P.T. Star Engines Indonesia Jakarta/Indonesien**
Rp. 3.784.406.250.–
(DM 11,0 Mill.)
Bet. 60%

**Daimler-Benz Holding AG Zürich/Schweiz**
sfr. 147.000.000.–
(DM 178,5 Mill.)
Bet. 100%

**Daimler-Benz Finanz AG Zürich/Schweiz**
sfr. 30.000.000.–
(DM 36,4 Mill.)
Bet. 100%

**Daimler-Benz Finanz-Holding S.A. Luxemburg**
sfr. 25.000.000.–
(DM 30,4 Mill.)
Bet. 100%

**Merfina S.p.A. Rom/Italien**
Lit. 6.000.000.000
(DM 9,8 Mill.)
Bet. 85%

**Mercedes-Benz (Schweiz) AG Zürich/Schweiz**
sfr. 6.000.000.–
(DM 7,3 Mill.)
Bet. 51%

**Mercedes-Benz Nederland B.V. Utrecht/Niederlande**
hfl. 57.000.000.–
(DM 50,5 Mill.)
Bet. 100%

**Mercedes-Benz France S.A. Rocquencourt/Frankreich**
FF 230.000.000.–
(DM 75,1 Mill.)
Bet. 100%

**Mercedes-Benz Finance Belgium S.A./N.V. Brüssel/Belgien**
bfrs. 181.000.000.–
(DM 9,0 Mill.)
Bet. 100%

**Mercedes-Benz Belgium S.A./N.V. Brüssel/Belgien**
bfrs. 1.800.050.000.–
(DM 89,8 Mill.)
Bet. 100%

## Sonstige Beteiligungsgesellschaften

### Inland

**MTU Motoren- und Turbinen-Union München GmbH**
**München** [1]
DM 156.600.000.–
Bet. 50%

**MTU Motoren- und Turbinen-Union Friedrichshafen GmbH**
**Friedrichshafen**
DM 50.000.000.–
Bet. 83,8%

**MTU Maintenance GmbH**
**Langenhagen**
DM 30.000.000.–
Bet. 100%

**AG Kühnle, Kopp & Kausch**
**Frankenthal**
DM 14.000.000.–
Bet. 61,6% [2]

**Deutsche Automobilgesellschaft mbH**
**Hannover**
DM 5.000.000.–
Bet. 50%

**12 Wohnungsbaugesellschaften**
**darunter:**

**Sindelfinger Wohnstätten GmbH**
**Sindelfingen**
DM 44.260.000.–
Bet. 50% ●

**Wohnbau Wörth a. Rh. GmbH**
**Wörth a. Rh.**
DM 7.000.000.–
Bet. 50% ●

**Wohnbau Gaggenau GmbH**
**Gaggenau**
DM 5.000.000.–
Bet. 50%

### Ausland

**Anambra Motor Manufacturing Co. Ltd. (ANAMMCO)**
**Enugu/Nigeria**
₦ 24.000.000.–
(DM 93,3 Mill.)
Bet. 40%

**National Automobile Industry Company Ltd. (NAI)**
**Jeddah/Saudi Arabien**
SR 70.000.000.–
(DM 61,6 Mill.)
Bet. 26%

**Otobüs ve Motorlu Araçlar Sanayii Anonim Sirketi (OTOMARSAN)**
**Istanbul/Türkei**
TL 9.000.000.000.–
(DM 64,0 Mill.) Bet. 36% ●

**P.T. German Motor Manufacturing**
**Jakarta/Indonesien**
Rp. 5.103.000.000.–
(DM 14,9 Mill.)
Bet. 33,3% ●

**P.T. Star Motors Indonesia**
**Jakarta/Indonesien**
Rp. 846.720.000.–
(DM 2,5 Mill.)
Bet. 49%

**Iranian Diesel Engine Manufacturing Company (IDEM)**
**Täbris/Iran**
Rl. 2.000.000.000.–
(DM 67,1 Mill.)
Bet. 30%

**Tata Engineering and Locomotive Comp. Ltd. (TELCO)**
**Bombay/Indien**
iR 542.590.000.–
(DM 138,4 Mill.)
Bet. 12,4% ●

**Bajaj Tempo Ltd.**
**Poona/Indien**
iR 31.855.858.–
(DM 8,1 Mill.)
Bet. 26,1%

**Daimler-Benz Österreich Vertriebsgesellschaft mbH**
**Salzburg/Österreich**
öS 1.000.000.–
(DM 0,1 Mill.)
Bet. 50%

**NAW Nutzfahrzeuggesellschaft Arbon & Wetzikon AG**
**Arbon/Schweiz**
sfr. 15.000.000.–
(DM 18,2 Mill.) Bet. 40%

Gesellschaften mit eigener Fertigung oder Montage
Vertriebs- und Dienstleistungsgesellschaften
Anlage-, Finanzierungs- und Holdinggesellschaften
Sonstige Gesellschaften
( ) Kapital umgerechnet in DM zu Jahresendkursen
[1] Am 14. März 1985 hat Daimler-Benz von M.A.N. deren 50%igen Anteil an der MTU München erworben
[2] Beteiligungsanteil 61,6% vom stimmberechtigten Stammaktienkapital (DM 7.000.000.–)
● Neuzugänge bzw. Änderungen

1985 hat Daimler-Benz übernommen: MTU München und Friedrichshafen ganz und die Firma Dornier mit einer Mehrheitsbeteiligung.

Die Tabelle stammt mit freundlicher Genehmigung der Daimler-Benz AG aus dem Geschäftsbericht 1984.

# Daimler-Benz in aller Welt

## Daimler-Benz im Inland

| | Tätigkeitsgebiet, Hauptprodukte | |
|---|---|---|
| Zentrale Bereiche | Verwaltung, Vertrieb<br>Forschung und Entwicklung | |
| **Produktionswerke** | | |
| Sindelfingen | Karosserie- und Montagewerk für Pkw,<br>Zentrales Ersatzteillager für Pkw | |
| Untertürkheim | Fertigung von Motoren, Achsen und<br>Getrieben, Gießerei, Schmiede; Versuch | |
| Bremen | Karosserie- und Montagewerk für Pkw | |
| Bad Homburg | Fertigung von Motorsteuerungsteilen | |
| Mannheim | Fertigung von Nfz- und Industrie-Motoren,<br>Karosserie und Montagewerk für Omnibusse,<br>Gießerei | |
| Wörth | Lkw-Montage einschließlich Fahrerhausbau,<br>Zentrales Ersatzteillager für Nutzfahrzeuge | |
| Gaggenau | Karosserie- und Montagewerk für Unimog und<br>MB-trac; Fertigung von Nfz-Getrieben<br>und Außenplanetenachsen | |
| Düsseldorf | Karosserie- und Montagewerk<br>für Transporter und Kleinomnibusse,<br>Fertigung von Lenkungen für Pkw und Nfz | |
| Kassel | Fertigung von Nfz-Achsen | |
| Berlin-Marienfelde | Teilefertigung für Pkw- und Nfz-Motoren,<br>Fertigung von Kleinaggregaten und<br>Herstellung von Nfz-Motoren | |
| Hamburg | Herstellung von Fahrgestellteilen<br>und Kleinaggregaten für Pkw und Nfz | |
| **Hanomag-Henschel GmbH, Hannover** | Ersatzteillager,<br>Stanzteile für Nfz | |
| **Holzindustrie Bruchsal GmbH, Bruchsal** | Sägewerk,<br>Holzverarbeitung | |
| **Motorenwerke** | | |
| MTU München | Luftfahrttriebwerke, Gasturbinen | |
| MTU Friedrichshafen | Schnellaufende Hochleistungsdieselmotoren | |
| MTU Maintenance, Langenhagen | Reparatur von zivilen Flugtriebwerken | |
| **Mercedes-Benz-Verkaufs- und Servicestützpunkte** | | **1.157** |
| | Niederlassungen | 96 |
| | Großvertreter | 28 |
| | Vertreter | 443 |
| | Vertragswerkstätten | 590 |

## Daimler-Benz im Ausland

| | | |
|---|---|---|
| **Produktion und Montage** | | |
| | Produktionswerke | 16 |
| | Montagewerke | 25 |
| | Lizenznehmer | 6 |
| **Mercedes-Benz-Verkaufs- und Servicestützpunkte** | | **4.726** |
| | Vertriebsgesellschaften | 21 |
| | Niederlassungen | 470 |
| | Generalvertreter | 120 |
| | Interessenvertreter | 41 |
| | Vertragshändler/Agenten | 3.375 |
| | Vertragswerkstätten | 699 |

Brüssel
Utrecht
London
Paris
Arbon
Zürich
Wetzikon
Vitoria
Madrid
Barcelona
Rom
Wien
Graz
Salzburg
Belgrad
Istanbul
Athen
Aksaray
Täbris
Teheran
Seoul
Karachi
Jamshedpur
Jeddah
Dakar
Bombay
Taipeh
Abidjan
Accra
Enugu
Poona
Bangkok
Manila/Pasig
Colombo
Nairobi
Petaling Jaya
Dar-es-Salaam
Luanda
Lusaka
Jakarta/
Wanaherang
Pretoria
Antananarivo
Maputo
East London
Kapstadt/
Atlantis
Melbourne/
Mulgrave
Wellington

## Ein Wort des Dankes

Vorab Dank meiner lieben Frau, Dank gebührt ebenso Herrn Günther Molter und Herrn Max-Gerrit von Pein, Frau Evamaria Francke-Neu und Frau Maria Feifel, Herrn Rainer Karnowski, Herrn Dr. Uli Kostenbader und Herrn Michael Rau von Daimler-Benz, dem Herrn Verleger Michael Stadler und Herrn Verlagsleiter Adolf Vetter – nicht zuletzt vielen anderen, liebenswürdigen Mitarbeitern der Daimler-Benz AG für Geduld, Rat und Hilfe.

## Bildnachweis

Die Bilder stammen aus dem Archiv Daimler-Benz, dem Bildarchiv der Württembergischen Landesbibliothek sowie aus Privatarchiven der Familie Benz und von Frau Dr. Clara Pfäfflin.

## Literatur

*Benz, Carl:* Lebensfahrt eines deutschen Erfinders. Erinnerungen eines Achtzigjährigen. Leipzig. 1925
*Beuys, Joseph:* Zeichnungen zu „Codices Madrid" von Leonardo da Vinci. Stuttgart. 1975
*Buergle, Klaus, Richard von Frankenberg:* Autotypen gestern und heute. Stuttgart. 2. überarb. Aufl. 1970

*Caracciola, Rudolf:* Meine Welt. Wiesbaden. 1960

Daimler-Benz-Report. Untertürkheim. 1979
DMG 1890–1915. Zum 25jährigen Bestehen der Daimler-Motoren-Gesellschaft. Bearb. von G. Braunbeck. Stuttgart-Untertürkheim. Daimler-Motoren-Gesellschaft. 1915
*Diesel, Eugen;* G. Goldbeck; Friedrich Schildberger: Vom Motor zum Auto. Fünf Männer und ihr Werk. Stuttgart. 1958
*Dollinger, Hans:* Die totale Autogesellschaft. München. 1972

*Fabre, Maurice:* Geschichte der Verkehrsmittel zu Lande. Lausanne. 1964
*Fleischhauer, Werner:* Das Bildnis in Württemberg 1760–1860. Stuttgart. 1939
*Frankenberg, Richard von; Marco Matteucci:* Geschichte des Automobils. Künzelsau. 1973

*Hölderlin, Friedrich:* Gedichte. Stuttgart. 1955
*Hoffmann, R.:* Daimler-Benz AG, Musterbetriebe deutscher Wirtschaft, Band 12: Die Automobil-Industrie. Daimler-Benz AG, Berlin. 1930

*Italiaander, Rolf:* Ferdinand Graf von Zeppelin. Konstanz. 1980

*Jellinek-Mercedes, Guy:* Mein Vater der Herr Mercedes. Wien, Berlin, Stuttgart. 1962
*Jünger, Friedrich Georg:* Die Perfektion der Technik, Frankfurt. 1953

*List, Friedrich:* Das nationale System der politischen Ökonomie. Stuttgart. 1925
*Lhote:* Felsbilder der Sahara. Würzburg. 1963

*Maybach, Wilhelm:* Gedächtnisausstellungskatalog. Heilbronn. 1979
*Maybach, Karl:* Katalog zur Gedächtnisausstellung. Heilbronn. 1980
*Mayer, Max, Dr.-Ing.:* Lokomotiven, Wagen und Bergbahnen – Maschinenfabrik Esslingen. Berlin. 1924
*Molter, Günther:* Juan Manuel Fangio. Stuttgart. 1969

*Oswald, Werner:* Deutsche Autos 1920–1945. Alle deutschen Personenwagen der damaligen Zeit. Stuttgart. 1977

*Rauck, Max:* Wilhelm Maybach. Aarau. 1979
Renngeschichte der Daimler-Benz AG und ihrer Ursprungsfirmen. Gesamtbearbeitung Friedrich B. von Lengerke und Max Rauck. Stuttgart-Untertürkheim. 2. Aufl. o. J.
*Rowe, Harvey T.:* Männer, Frauen und Motoren. Die Erinnerungen des Rennleiters Alfred Neubauer. Stuttgart. 2. Aufl. 1978

*Sass, Friedrich:* Geschichte des deutschen Verbrennungsmotorenbaues von 1860–1918. Berlin. 1962
*Schildberger, Friedrich:* Chronik der Mercedes-Benz-Fahrzeuge und -Motoren. Stuttgart-Untertürkheim. 1978
*Schildberger, Friedrich:* History of Mercedes-Benz Motor Vehicles and Engines. Stuttgart-Untertürkheim. 1973
*Schildberger, Friedrich:* Mercedes-Benz 75 Jahre Nutzfahrzeuge-Entwicklung 1896–1971. Stuttgart-Untertürkheim. 1971
*Schildberger, Friedrich:* 75 Jahre Motorisierung des Verkehrs. Ein Jubiläumsbericht aus Geschichte und Gegenwart der Daimler-Benz AG. Stuttgart-Untertürkheim. 1961
*Schildberger, Friedrich:* Gottlieb Daimler, Wilhelm Maybach und Karl Benz. Sonderdruck aus „Vom Motor zum Auto". Stuttgart-Untertürkheim. 1971
*Schildberger, Friedrich:* Gottlieb Daimler und Karl Benz. Pioniere der Automobilindustrie. Persönlichkeit und Geschichte, Band 93. Göttingen. 1976
*Schrader, Halwart;* Carlo Demand: Mercedes-Kompressorwagen. München. 1979
*Schrader, Halwart:* Autos. München. 1975
*Seherr-Thoss, H. C. Graf von:* Die deutsche Automobilindustrie. Stuttgart. 1979
*Siebertz, Paul:* Karl Benz. Ein Pionier der Verkehrsmotorisierung. München und Berlin. 1943
*Siebertz, Paul:* Gottlieb Daimler. Ein Revolutionär der Technik. Stuttgart. 1943, 1950
*Siebertz, Paul:* Karl Benz und sein Lebenswerk. Dokumente und Berichte. Stuttgart-Untertürkheim. 1953
*Siebertz, Paul:* Gottlieb Daimler zum Gedächtnis. Eine Dokumenten-Sammlung. Stuttgart-Untertürkheim. 1950
*Siebertz, Paul:* Mercedes-Konstruktionen in fünf Jahrzehnten. Eine Chronik. Stuttgart-Untertürkheim. 1951
*Siebertz, Paul:* 30 Jahre Mercedes-Benz-Diesel-Lastwagen. Zur Geschichte des Fahrzeug-Dieselmotors. Stuttgart-Untertürkheim. 1953
*Stein, Ralph;* W. M. Schnitzler: Die großen Automobile. München. 1971
*Stein, Ralph:* Das große Buch vom Automobil. Vom Oldtimer zum Traummobil. München. 1974
*Stein:* Kulturfahrplan. Berlin. 1980

*Tragatsch, Erwin:* Das große Sport- und Rennwagenbuch. Bern, Stuttgart. 1968
*Tragatsch, Erwin:* Die großen Rennjahre 1919–1939. Bern, Stuttgart. 1973

*Walz-Waitz:* Verkehrsmärkte der Bahn, Probleme und Prognosen. Darmstadt. 1972
Welterfolge mit Touren- und Rennwagen in sieben Jahrzehnten. Stuttgart-Untertürkheim. 1968
*Walz, Werner:* Deutschlands Eisenbahn 1835–1985, Stuttgart. 1985

Geschäftsberichte der Daimler-Benz AG bis 1980

Zeitungen, Zeitschriften, Magazine (im Text zitiert)

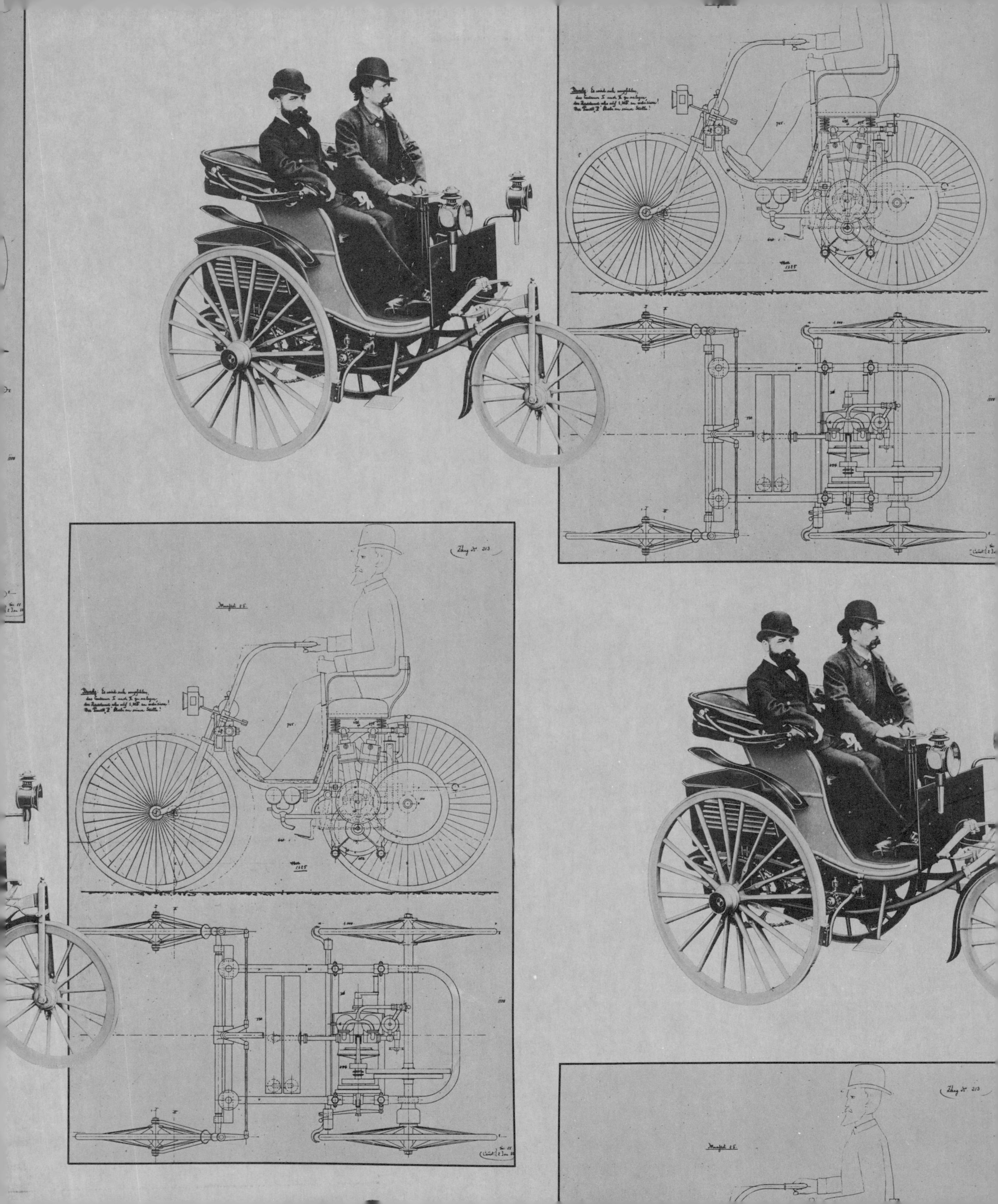